U0892415

宪法在香港特别行政区的实施与监督

Implementation and Supervision of the Constitution in the Hong Kong Special Administrative Region

刘志刚　著

本书系2016年国家社科基金重点项目『健全与完善我国宪法实施路径与宪法监督制度研究』（16AFX006）阶段性研究成果

公法文丛

法律出版社
LAW PRESS·CHINA

刘志刚

1971年出生于河南汤阴。法学博士、博士后。现任复旦大学法学院教授，博士研究生导师。主要研究宪法学与行政法学，关注宪法与部门法的关系、立法制度、法律规范的冲突解决规则、中国特色社会主义人权理论、香港基本法、党内法规等。出版学术著作10余部，发表学术论文70余篇。代表作：《立宪主义语境下宪法与民法的关系》《立宪主义视野下的公法问题》《基本权利对民事法律行为效力的影响及其限度》《宪法私法适用的法理分析》等。主持国家级重大项目2项、国家重点项目1项、司法部重点项目2项，以及教育部、司法部、上海市等各类省部级科研项目20余项。

目　录

引　言

宪法实施,是指宪法规范在现实生活中的贯彻落实,即将宪法文本上抽象的权利义务关系转化为现实生活中具体的权利义务关系,将宪法所承载的人民的意志转化为具体社会关系中的人的行为。宪法实施是宪法彰显其作为法的刚性特征,实现对社会秩序之宏观统合作用,进而维护宪法权威的必备环节。宪法实施主要有两部分内容。其一,宪法适用。所谓宪法适用,是指特定的国家有权机关依据宪法规定的内容和程序,贯彻、执行宪法的职权行为。宪法适用既包括国家代议机关、行政机关依据宪法行使职权的活动,也包括司法机关依据宪法审理案件、检察监督案件的活动。其二,宪法遵守。所谓宪法遵守,是指一切国家机关、社会组织和公民个人在社会活动中以宪法为根本的行为准则,不与之相抵触。宪法遵守的内涵包括:享有宪法赋予的权利;履行宪法赋予的义务;不违反宪法中的禁止性规定。宪法遵守既是宪法实施最基本的方式,也是宪法实施最基本的要求。根据不同的标准,可以把宪法实施的方式分解为不同的类型,例如,根据宪法实施行为的具体表现样式,可以将宪法实施分为行为实施和规范实施;根据宪法实施主体所为之职权行为与宪法的关联度,可以将宪法实施分为直接实施和间接实施,前者如全国人大及其常委会依据宪法制定法律,后者如行政机关依据法律制定规章;根据宪法实施行为的启动机制,可以将宪法实施分为主动实施和被动实施;根据宪法实施与违宪事实在时间上的关联度,可以将宪法实施分为事前依照实施和事后追惩实施,前者是指狭义的宪法实施,后者是指宪法监督;根据宪法实施方式的复杂程度,可以将宪法实施分为单一方式实施和综合方式实施;根据宪法实施主体的专门性,可以将宪法实施分为专门实施和一般实施,前者是指宪法适用,后者是指宪法遵守。

本书所说的宪法实施,主要是从宪法适用的角度着眼的,基本上不涉及宪法遵守方面的内容。关于宪法实施与宪法监督之间的关系,学界的理解不甚一致:有的观点将二者之间的关系视为平行的关系;有的观点将二者视为包容与被包容的关系,即宪法实施包括宪法监督,宪法监督是宪法实施的一种形式;还有观点将二者之间的关系视为一种交叉关系。笔者倾向认为,宪法实施与宪法监督之间是平行关系,以此为基础,在框架结构上将二者分开。在宪法实施的内涵及方式方面,本书主要着眼于宪法的直接实施、主动实施,不过多涉及宪法的间接实施、被动实施;既关注行为实施,也关注规范实施。目前,我国《宪法》[1]不是行政机关行政执法的直接行为依据,法院在审理案件时也不能直接依据《宪法》。因此,在本书的语境中,宪法实施主要表现为全国人大及其常委会依据宪法行使职权,行政执法、司法审判并不属于宪法实施的范畴。同时,由于本书所关注的主要是宪法的直接实施,因此,地方国家机关依据法律、法规行使职权的行为则不属于本书中宪法实施的范畴。如此一来,宪法实施的方式在实践中则主要表现为全国人大及其常委会依据宪法行使职权的行为。就宪法在我国香港特别行政区的实施而言,尤其如此。

宪法在我国香港特别行政区的实施,既包括宪法的遵守,也包括宪法的适用。从宪法遵守的角度来说,宪法是国家的根本大法,具有最高的法律效力,是香港重要的宪制基础,香港特别行政区一切公权机关、各政党和各社会团体、区域组织以及所有香港特别行政区居民(以下简称

---

[1] 如无特别说明,"《宪法》"均指我国现行《宪法》。

香港居民)都必须遵守宪法,不能排斥宪法在香港特别行政区的适用,甚至公然践踏宪法的权威。从宪法适用的角度来说,基于"一国两制"的方针,香港特别行政区实行高度自治,依照《香港特别行政区基本法》(以下简称《香港基本法》)的规定享有立法权、行政管理权、独立的司法权和终审权,因此,中央层面在香港特别行政区适用宪法的主体主要是全国人大及其常委会。在香港特别行政区内部,由于我国是单一制的国家,该种国家结构形式并未因香港特别行政区的设立而发生任何实质性的改变,因此,香港特别行政区公权机关理论上并不是宪法在香港特别行政区的适用主体。但是,由于香港特别行政区实行的是普通法,且宪法在香港特别行政区具有理论上的当然效力,因此,香港特别行政区法院适用宪法审理案件似乎就具有了现实层面的认同基础。而且,经由香港特别行政区终审法院在"吴嘉玲案"中所作的终审裁决,香港特别行政区法院还从《香港基本法》中挖掘出了自身拥有的违基审查权,在普通法"先例拘束"原则的塑造下,该种权力已经在事实上被确立下来。由于香港特别行政区法院在审理案件、审查立法会法律时有可能会涉及对宪法的适用,因此,香港特别行政区法院就在事实上成为宪法在香港特别行政区的适用主体。从逻辑上来说,宪法监督所指向的对象应当是宪法实施,全国人大及其常委会在香港特别行政区适用宪法的诸种行为,如它们作出的相关决定、《香港基本法》、基本法解释、在香港特别行政区实施的全国性法律等,均应被纳入宪法监督的范畴。但是,由于我国实行的是人民代表大会制度,由全国人大及其常委会行使宪法监督权,因此,我国《宪法》及相关法律中并未对此作出明确规定,它们在规范层面不属于宪法监督的范围。依据《香港基本法》,全国人大常委会对香港特别行政区立法机关制定的法律有违基审查权,但是,由于全国人大常委会同时还拥有宪法解释权和基本法解释权,而基本法解释权和违基审查权是关联在一起的,加之《宪法》在香港特别行政区具有理论上的当然效力,因此,全国人大常委会在行使违基审查权的时候就不可避免地将其对《宪法》的理解注入对《香港基本法》的解释之中,并进而通过违基审查权的外观形式表现出来,如此一来,全国人大常委会的违基审查权就具有了宪法监督的意义。依据《香港基本法》,香港特别行政区具有独立的司法权和终审权,因此,尽管香港特别行政区法院是事实上的宪法适用主体,但它的司法裁判行为却不适合作为宪法监督的对象。但是,由于香港特别行政区法院行使违基审查权时有可能涉及对全国人大及其常委会相关立法行为的审查,因此,在全国人大常委会不可以审查香港特别行政区法院司法裁决的限制性前提下,正视全国人大常委会违基审查权与香港特别行政区法院违基审查权的竞合现象,并妥当地处理和解决好二者之间的衔接问题,对于维护《宪法》和《香港基本法》的权威就显见地具有了至关重要的意义。这一点,应当是当前我们思考香港特别行政区宪法监督问题的关键点所在。

本书拟在前述思路的引领下,在框架性分析宪法在香港特别行政区适用问题的基础上,逐层阐述宪法在香港特别行政区实施的诸种方式,如全国人大及其常委会所作的宪法实施性决定、《香港基本法》、基本法解释、全国性法律等,而后在此基础上结合香港特别行政区的具体情况,对宪法在香港特别行政区的宪法监督问题作一个总体性的归纳总结。如是安排,是否妥当,敬请各位读者指正。

第一章　宪法在香港特别行政区的实施概说

《宪法》和《香港基本法》是香港特别行政区共同的宪制基础，宪法在香港特别行政区的实施与监督对于维护宪法权威、建构香港特别行政区的宪制秩序至关重要。本章拟对宪法在香港特别行政区实施的一些基本情况作一框架性的分析，以为后文其他章节的展开提供一个话语平台和背景基础。

第一节　宪法在香港特别行政区实施的框架性分析

所谓宪法实施，是指宪法规范在现实生活中的贯彻落实，即将宪法文字上的、抽象的权利义务关系转化为现实生活中生动的、具体的权利义务关系，并进而将宪法规范所体现的人民意志转化为具体社会关系中的人的行为。宪法实施反映着宪法制定颁布后的实际运行状态，是宪法调整特定社会关系（宪法关系）的基本形式。[1] 宪法实施包括两部分内容。其一，宪法适用。所谓宪法适用，是指特定的国家机关依照宪法规定，在具体活动中贯彻、执行宪法的行为。它既包括国家代议机关、行政机关实施宪法的活动，也包括国家司法机关实施宪法的活动。其二，宪法遵守。宪法遵守通常包括三个方面的含义：一是享有宪法赋予的权

---

〔1〕 参见周叶中主编：《宪法》（第2版），高等教育出版社、北京大学出版社2005年版，第359页。

利;二是履行宪法规定的义务;三是不违反宪法规定的禁止性命令。[1] 宪法实施主要是通过宪法适用体现的。因此,对宪法在香港特别行政区实施的研究,实际上主要是围绕宪法在香港特别行政区的适用展开的。目前,学界对宪法在香港特别行政区的适用问题的理解存在诸多分歧,主要观点包括:"宪法整体有效、部分不适用说""宪法效力区际差异说""宪法自我限制说""基本法变通适用宪法说""部分条款失却效力补充适用说""基本法是宪法的特别法说""基本法中介说""宪法在特别行政区适用及它与基本法的关系不确定论""宪法效力和直接适用适度区分说""既要区分宪法效力和宪法适用,又不能割裂宪法条文来讨论宪法效力说"等。[2] 前述观点的视角不甚相同,但核心观点方面有相通之处。笔者拟结合其中主要的观点,对宪法在香港特别行政区的适用问题展开框架性的分析评述,具体从以下三个方面展开。

一、反对宪法在香港特别行政区适用的观点及对此应当秉持的基本立场

反对宪法在香港特别行政区适用的观点不乏其例。例如,有学者提出"宪法在特别行政区无效说"。该观点认为,虽然 1997 年后香港特别行政区开始成为中国的一个地方行政区域,但它不实行社会主义制度,仍然保持原来的资本主义制度和生活方式,50 年不会改变。如果社会主义性质的宪法在香港特别行政区发生效力,将违背"一国两制"的精神,并使《香港基本法》无法实施。所以,宪法在香港特别行政区不能发生任何法律效力。[3] 该观点显然不成立,它仅仅注意到了"两制",却忘记了作为其前提存在的"一国"及承载"一国"精神的宪法。还有学者提

---

〔1〕 参见周叶中主编:《宪法》(第 2 版),高等教育出版社、北京大学出版社 2005 年版,第 359 页。

〔2〕 参见邹平学:《宪法在香港特别行政区的效力和适用研究述评》,载《深圳大学学报》(人文社会科学版)2013 年第 5 期。

〔3〕 参见丁焕春:《论我国宪法对香港特别行政区的法律效力》,载《法学评论》1991 年第 3 期。

出了“基本法与宪法脱钩论”。该观点认为,“根据宪法制定基本法是可以的,但基本法一旦制定出来,就要同宪法脱钩,香港特别行政区只按照基本法办事,不适用宪法的规定。有人换一种说法,基本法已经包含了宪法的精神,适用基本法也就等于适用了宪法,叫作‘宪法透过基本法适用于香港’”。[1] 对此,时任全国人大常委会副秘书长乔晓阳同志进行了反驳,指出:“如果认为只有香港基本法在香港实施,而作为香港基本法立法依据的宪法的效力却不及于香港,是难以理解的,在逻辑上是矛盾的,在实践中是很不利于‘一国两制’方针和香港基本法实施的。宪法的效力如果不及于香港,基本法也便成了无源之水、无本之木。很难解释,脱离了宪法,‘一国两制’方针和香港基本法能够单独获得法律效力。”[2]此外,还有学者提出,根据我国政府对香港、澳门两个特别行政区政策50年不变的规定,宪法在特别行政区的效力将被冻结50年。[3]该观点显然不成立。其原因在于:“一国两制”的完整内涵应当包括“一国”和“两制”两个部分,不能片面地强调基于“两制”而实行的香港特别行政区、澳门特别行政区政策50年不变,应当同时强调作为其前提的“一国”及承载“一国”精神的宪法。试问,如果宪法在香港特别行政区被冻结了,《香港基本法》的效力来源何在呢?

在《香港基本法》的起草过程中,有人认为,《宪法》不适用于香港特别行政区,因为《宪法》第31条与《宪法》序言、第1条、第5条等是抵触的。《宪法》序言规定了四项基本原则,第1条规定社会主义制度是中国的根本制度,禁止任何组织和个人破坏社会主义制度,《宪法》第5条规定一切法律都不得同宪法相抵触,《宪法》第31条的内容却与《宪法》序言及上述条文的内容相反,按照《宪法》第31条起草的香港特别行政区

---

〔1〕 王叔文主编:《香港特别行政区基本法导论》,中国民主法制出版社、中共中央党校出版社2006年版,第143页。

〔2〕 乔晓阳:《如何正确理解和处理好“一国两制”下中央与香港特别行政区的关系》,载全国人大常委会香港基本法委员会、全国人大常委会澳门基本法委员会办公室编:《中央有关部门发言人及负责人关于基本法问题的谈话和演讲》,中国民主法制出版社2011年版,第139页。

〔3〕 参见焦洪昌主编:《港澳基本法》,北京大学出版社2007年版,第26页。

基本法当然也和《宪法》序言及许多条文相抵触,因此,《宪法》应当不适用于香港特别行政区,否则《香港基本法》就会因为和《宪法》相抵触而失去效力。[1] 对此,有学者提出不同意见,认为前述观点事实上等同于,将宪法内的一些条文和另外一些条文对立起来,将基本法与宪法的关系互相对立起来,是不正确的。中国是社会主义国家,它的宪法是社会主义的宪法,为了维护国家的统一和领土完整,并考虑到我国香港特别行政区、澳门特别行政区、台湾地区的历史和现实情况,才作出了《宪法》第31条的规定,允许在我国香港特别行政区、澳门特别行政区、台湾地区保持原来的资本主义制度和生活方式。在内地广阔的行政区域实行社会主义制度,在我国香港特别行政区、澳门特别行政区、台湾地区这些局部地区保持资本主义制度,这是一种整体和局部、一般和特殊的关系,从整体和一般情况来说,在中国是实行社会主义,从局部和特殊情况来说,某些地区实行资本主义制度,50年不变。这并不影响中国还是一个社会主义国家。《宪法》和其第31条的关系恰恰是正确处理了一般和特殊的关系,有了第31条的特殊规定,特别行政区的建立就合乎宪法,基本法的起草就是合宪的,基本法规定的制度和政策不但不和宪法相抵触,而且由于合乎《宪法》第31条而合宪,有宪法的保障。[2]

笔者认为,宪法适用于香港特别行政区,宪法规范间的形式冲突不足以否认宪法在香港特别行政区的适用,具体理由如下。

其一,宪法序言不具有高于宪法规范的效力。19世纪的各国宪法大多在其序言中只是阐述制宪的历史事实,学界并无关于宪法序言效力的争论。从20世纪初开始,“各国宪法才除此之外,又宣布了宪法制定的宗旨、目的等,因此,宪法序言的法律性质问题,才引起各国宪法学者

---

[1] 参见香港特别行政区基本法咨询委员会中央与特别行政区的关系专责小组:《基本法与宪法的关系(最后报告)》(1987年)。另可参见萧蔚云:《论中华人民共和国宪法与香港特别行政区基本法的关系》,载《北京大学学报》(哲学社会科学版)1990年第3期。

[2] 参见萧蔚云:《论中华人民共和国宪法与香港特别行政区基本法的关系》,载《北京大学学报》(哲学社会科学版)1990年第3期。

的普遍关注”。[1] 围绕宪法序言的效力问题,学界主要有三种主张:“无效力说”“有效力说”“部分效力说”。[2] 在承认宪法序言具有法律效力的主张之中,有人认为,宪法序言不仅具有和正文一样的法律效力,而且还具有高于宪法正文的效力,也就是宪法序言的效力比宪法正文的效力还要强。[3] 对此,笔者认为,宪法序言具有和宪法规范类同的宪法效力。但是,由于宪法序言在外观形式上迥异于宪法规范的特点,其效力不同于宪法规范,有些内容表现为直接的宪法效力,有些内容表现为间接的宪法效力,具体要视其表述的内容而定。但是,认为宪法序言具有高于宪法正文效力的观点缺乏实证法层面的依据。我国《宪法》序言最后一段指出,“本宪法以法律的形式确认了中国各民族人民奋斗的成果,规定了国家的根本制度和根本任务,是国家的根本法,具有最高的法律效力”。依据该规定,无论是宪法序言,还是宪法规范,均属于宪法的有机组成部分,彼此间并不存在效力上的高低之分。立基于此,以《宪法》第 31 条违反《宪法》序言为由否认《宪法》在香港特别行政区的适用是难以成立的。

其二,《宪法》第 31 条是为解决我国台湾地区等类问题而作出的制度设计。宪法序言是正确理解和适用宪法规范的依据。我国《宪法》序言共包括 12 个自然段,其中,第 7 自然段确立了四项基本原则,第 9 自然段规定了我国台湾问题。后者指出,“台湾是中华人民共和国的神圣领土的一部分。完成统一祖国的大业是包括台湾同胞在内的全中国人民的神圣职责”。从直观上来看,《宪法》第 31 条所确立的特别行政区制度是违反《宪法》序言第 7 自然段所确立的四项基本原则的,但该项制度恰恰是为了解决我国台湾问题而设计的宪法制度。1979 年元旦,全国人大常委会发表了《告台湾同胞书》,宣布了争取和平统一祖国的大政方针,指出在解决祖国统一问题时,将“尊重台湾现状和台湾各界人士

---

[1] 董璠舆:《关于宪法序言及其法律效力》,载《政法论坛》1987 年第 1 期。
[2] 韩大元主编:《比较宪法学》(第 2 版),高等教育出版社 2008 年版,第 118 ~ 121 页。
[3] 参见韩大元主编:《比较宪法学》(第 2 版),高等教育出版社 2008 年版,第 121 页。

的意见,采取合情合理的政策和办法,不使台湾人民蒙受损失"。1981年国庆节前夕,时任全国人大常委会委员长叶剑英同志代表党和国家提出了关于我国台湾地区和平统一的9条方针,其主要内容为:国家实现统一后,台湾地区可以作为特别行政区,享有高度的自治权。1982年11月26日宪法修改委员会副主任委员彭真向第五届全国人大第五次会议所作的《关于中华人民共和国宪法修改草案的报告》中,曾对《宪法》第31条作了详细的说明。彭真指出,1981年"国庆节前夕,全国人民代表大会常务委员会委员长叶剑英同志发表谈话指出,实现和平统一后,台湾可作为特别行政区,享有高度的自治权。这种自治权,包括台湾现行社会、经济制度不变,生活方式不变,同外国的经济、文化关系不变等等。考虑到这种特殊情况的需要",[1]才有《宪法》第31条的规定。"在维护国家的主权、统一和领土完整的原则方面,我们是绝不含糊的。同时,在具体政策、措施方面,我们又有很大的灵活性,充分照顾台湾地方的现实情况和台湾人民以及各方面人士的意愿。这是我们处理这类问题的基本立场。"[2]

其三,全国人大有权通过法律形式确立香港特别行政区的基本制度,不受《宪法》序言及《宪法》第1条、第5条的影响。《宪法》第62条第3项规定,全国人大有权"制定和修改刑事的、民事的、国家机构的和其他的基本法律";第13项规定,全国人大有权"决定特别行政区的设立及其制度"。《宪法》第31条规定,"国家在必要时得设立特别行政区。在特别行政区内实行的制度按照具体情况由全国人民代表大会以法律规定"。对前述《宪法》规定综合分析之后所得出的结论如下:第一,全国人大对于包括香港特别行政区在内的特别行政区的设立及制度安排具有决定权,不受《宪法》序言所确立的四项基本原则及《宪法》第1条所规定的社会主义制度的限制;第二,特别行政区内实行的制度由全国人大通过法律的形式加以决定,该种立法和全国人大制定基本法律的权

---

〔1〕《中华人民共和国宪法》,人民出版社1982年版,第10页、第72页。

〔2〕同上。

力是两种平行的权力，但所受的限制是不甚相同的；第三，全国人大通过法律确定特别行政区实行的制度时要依据"一国两制"的原则，不受《宪法》序言及第1条、第5条的限制；第四，全国人大制定刑事、民事、国家机构相关等基本法律时，没有径行决定其内容的权力，应受制于《宪法》序言及《宪法》中其他规定的限制。

综合前述，笔者认为，以《宪法》第31条和《宪法》序言及第1条、第5条之间存在冲突为由，否认《宪法》在香港特别行政区适用性的观点是不成立的。

二、认为宪法应当通过《香港基本法》在香港特别行政区适用的观点及对此应当秉持的立场

围绕《香港基本法》的性质，学界存在诸多理解上的分歧。有的学者将其界定为"小宪法"，[1]有的学者将其界定为"代议机关的制定法、宪法的下位法"，[2]也有学者在确定其基本法律性质的前提下，将其延伸理解为"中央与地方关系法"[3]"宪法性法律"。[4] 此处，笔者无意对此作进一步的展开，此处仅择取和本部分主题有关的"宪法的特别法说"作关联性分析，以进一步探究宪法在香港特别行政区的适用。学界有观点认为，否认宪法对特别行政区的法律效力的观点是不对的，但是，宪法在特别行政区的适用是经由基本法实现的。例如，有学者指出，"特别行政区基本法既非'小宪法'，也非代议机关的制定法，而是宪法的特别法。这取决于特别行政区基本法的内容、功能、名称和法律效力等。对特别行政区基本法的法律性质的界定，不仅是学理问题，也是一个直接涉及特别行政区制度的实际运行，乃至宪法的实际运行的问题。特别

---

〔1〕 杨静辉、李祥琴：《港澳基本法比较研究》，北京大学出版社1997年版，第15页；郑贤君：《我国宪法解释技术的发展——评全国人大常委会99〈香港特别行政区基本法〉释法例》，载《中国法学》2000年第4期。

〔2〕 许崇德：《港澳基本法教程》，中国人民大学出版社1994年版，第16页。

〔3〕 孙笑侠：《法律对行政的控制》，山东人民出版社1999年版，第85页；郑贤君：《联邦制和单一制下国家整体与部分之间关系之理论比较》，载《法学家》1998年第4期。

〔4〕 刘茂林：《香港基本法是宪法性法律》，载《法学家》2007年第3期。

行政区基本法以其宪法的特别法这一性质，不因与宪法的抵触而无效；宪法对特别行政区的效力是通过其特别法，即特别行政区基本法得以实现的”。[1] “如果关于特别行政区基本法为宪法的特别法的判断能够成立，那么，《宪法》对特别行政区的效力问题就能很容易地得到解决：宪法乃是通过其特别法对特别行政区发生法律效力，只要作为宪法特别法的特别行政区基本法对特别行政区发生法律效力，也就意味着宪法对特别行政区发生了法律效力。换言之，宪法对特别行政区的法律效力并不是以普通的形态表现出来，而是采取了特殊的形态。正是宪法对特别行政区的特殊形态的法律效力，才使得特别行政区依宪法的特别法不实行社会主义制度。这并不否认而恰恰是表现了宪法对特别行政区的法律效力。”[2]对于该学者所提出的宪法经由特别行政区基本法发生效力一说，学界先前已有学者论及，提出所谓“基本法中介说”。该观点认为，“基本法是我国《宪法》对特别行政区发生法律效力的直接结果”，“《宪法》的效力是通过基本法来实现的”。[3] 从直观层面来看，该观点并未直接谈及宪法在特别行政区的适用问题，而是把宪法在特别行政区的适用寄希望于基本法，将基本法视为宪法在特别行政区发生法律效力的中介。与前种观点相比，该种观点没有像前者那样将基本法视为宪法的特别法，而是将其视为宪法的下位法。

有学者认为，从理论上来说，宪法既是中国内地的宪法，也是香港特别行政区的宪法。但是，在“一国两制”原则的框定下，《宪法》中除第 31 条外，一般不直接适用于香港特别行政区。《宪法》第 31 条是一个特别条款，它是为了制定适用于涉及特别行政区制度的特别法律而奠定宪法基础的条款。这个条款与《宪法》的其他条款之间存在巨大的差异。该观点既不同意多数学者所秉持的立场，即《宪法》除第 31 条外，其他条款

---

〔1〕 李琦：《特别行政区基本法之性质：宪法的特别法》，载《厦门大学学报》（哲学社会科学版）2002 年第 5 期。

〔2〕 同上。

〔3〕 丁焕春：《论我国宪法对香港特别行政区的法律效力》，载《法学评论》1991 年第 3 期。

均不适用于香港特别行政区,也不同意国内少数学者所主张的立场,即不仅《宪法》第31条可以适用于香港特别行政区,其他条款也可以适用于香港特别行政区。[1] 该观点的基本立场为:"中国宪法除了第三十一条外,有部分是适用于香港的,但不直接实施。"[2] 从直观层面来看,前述观点与上文所谈及之《宪法》经由《香港基本法》在香港特别行政区适用的观点不甚相同,但仔细梳理之后可以发现,它们的本质其实是一样的,即均认为《宪法》在香港特别行政区具有法律效力,但要经由《香港基本法》在香港特别行政区适用,而不是直接适用。它们的不同之处仅在于:《宪法》究竟是部分条款经由基本法在香港特别行政区适用,还是全部条款均可以经由基本法在香港特别行政区适用。对此,笔者更倾向于认为,由于"一国两制"原则的限制,《宪法》中仅有部分条款在香港特别行政区适用。该类条款固然可以经由《香港基本法》在香港特别行政区适用,但也并不必然全部通过《香港基本法》方才能够得到适用。笔者认为,《香港基本法》不是《宪法》的特别法,而是由全国人大制定的基本法律。相较于《宪法》,《香港基本法》属于下位法,《宪法》经由《香港基本法》在香港特别行政区实施,但后者不足以结构性取代《宪法》在香港特别行政区的适用。对此,笔者拟从以下方面展开分析。

其一,《香港基本法》是依据《宪法》制定的基本法律。《宪法》第31条规定,"国家在必要时得设立特别行政区。在特别行政区内实行的制度按照具体情况由全国人民代表大会以法律规定"。该条是特别行政区由以设立的宪法依据。依据该规定,特别行政区的设立只能由全国人大决定,而且应该通过法律的形式加以规定。根据《宪法》第62条第3项对全国人大立法权的界定,它所制定的《香港基本法》应该是基本法律。立基于此,《香港基本法》必须根据《宪法》加以制定。对此,《中华人民共和国政府和大不列颠及北爱尔兰联合王国政府关于香港问题的联合

[1] See Dr Priscilla Leung Mei-fun, *The Hong Kong Basic Law: Hybrid of Common Law and Chinese Law*, LexisNexis, 2006, p. 11.

[2] 梁美芬:《中国宪法在香港适用问题》,载香港《文汇报》2005年2月2日,第A18版。

声明》(以下简称《中英联合声明》)及《香港基本法》中均作了明确规定。《中英联合声明》第3点指出,“中华人民共和国政府声明,中华人民共和国对香港的基本政策方针如下:(一)为了维护国家的统一和领土完整,并考虑到香港的历史和现实情况,中华人民共和国决定在对香港恢复行使主权时,根据中华人民共和国宪法第三十一条的规定,设立特别行政区”。同时,《中英联合声明》附件一的第1点又指明,“中华人民共和国全国人民代表大会将根据中华人民共和国宪法制定并颁布中华人民共和国香港特别行政区基本法,规定香港特别行政区成立后不实行社会主义的制度和政策,保持香港原有的资本主义制度和生活方式,五十年不变”。《香港基本法》序言规定,“为了维护国家的统一和领土完整,保持香港的繁荣和稳定,并考虑到香港的历史和现实情况,国家决定,在对香港恢复行使主权时,根据中华人民共和国宪法第三十一条的规定,设立香港特别行政区,并按照‘一个国家,两种制度’的方针,不在香港实行社会主义的制度和政策。国家对香港的基本方针政策,已由中国政府在中英联合声明中予以阐明。根据中华人民共和国宪法,全国人民代表大会特制定中华人民共和国香港特别行政区基本法,规定香港特别行政区实行的制度,以保障国家对香港的基本方针政策的实施”。综合前述,笔者认为,《香港基本法》是依据《宪法》制定的,其性质属于基本法律,相较于《宪法》,处于下位法的地位。

其二,《香港基本法》不足以结构性取代《宪法》在香港特别行政区的适用。“宪法的特别法说”反对将《香港基本法》视为“小宪法”的观点,其理由为:“其一,在承认中国为单一制国家的前提下,依单一制国家之逻辑,在《中华人民共和国宪法》之外不可能有另外一部宪法的存在并发生效力;其二,宪法是主权行为的产物,并不需要也不应该以实在法为前提,而特别行政区基本法恰是以作为实在法的《中华人民共和国宪法》为其前提和依据的;其三,宪法所具有的是普遍的和一般的法律效力。特别行政区基本法并不具有普遍的和一般的法律效力,其法律效力只及于特别行政区的具体设立及其制度设计。”[1]对此，笔者秉持相同立场。但是，对于该学者进而提出的“基本法不是宪法的下位法”“基本法作为宪法的特别法”的观点，笔者秉持相反立场。笔者认为，前述观点的目的在于应对和解决《香港基本法》所作制度设计迥异于《宪法》规定的困境，与“小宪法说”由以产生的初衷是一致的。但是，该种观点所导致的实际结果是，《香港基本法》结构性取代了《宪法》在香港特别行政区的适用，《香港基本法》成为《宪法》在香港特别行政区发挥效力的唯一管道，否定了《宪法》在香港特别行政区的直接效力。该种结果与“小宪法说”所导致的结果实际上是一样的，本质上都是在事实上排斥《宪法》在香港特别行政区的适用。那么，《香港基本法》的内容是否足以结构性取代《宪法》在香港特别行政区的适用呢？笔者秉持否定的立场。笔者认为，该种结构性取代在事实上的结果是，认为只有《宪法》第31条适用于香港特别行政区，《宪法》的其他条文在该地区均不适用。这不仅与《宪法》的根本法地位、最高法律效力相违背，而且在事实上也行不通。《宪法》中的许多规定，如《宪法》第三章所规定的全国人大、国家主席、国务院等中央国家机关的产生、组成、职权和任期等内容，均与香港特别行政区存在直接的关系，前述中央国家机关均直接与香港特别行政区发生国家事务关系或者代表包括香港特别行政区在内的全国行使职权，如果这些《宪法》条文对香港特别行政区不适用的话，国家权力的运作秩序将会发生紊乱。立基于此，笔者认为，《香港基本法》固然是依据《宪法》制定的，且对香港特别行政区实行的制度进行了周详设计，但并不足以结构性取代《宪法》在该地区的适用。

三、认为宪法在香港特别行政区整体有效，但部分条款在香港特别行政区不适用的观点及对此应当秉持的立场

有观点认为，中国《宪法》只有第31条适用于香港特别行政区，其他

---

〔1〕 李琦：《特别行政区基本法之性质：宪法的特别法》，载《厦门大学学报》（哲学社会科学版）2002年第5期。

条款在香港特别行政区无效。该种观点早在 1990 年《香港基本法》制定时就遭到了一些学者的质疑。有学者认为,该种观点既与《宪法》是国家的具有最高效力的法律不相符,而且在事实上也是行不通的。[1] 那么,是否应当在《香港基本法》中明确规定《宪法》中哪些条文在香港特别行政区适用呢?有学者指出,这个问题涉及《宪法》与《香港基本法》的关系。"因为宪法是根本法,所以我国宪法第六十七条规定,解释宪法属于全国人大常委会的职权,如果香港特别行政区基本法可以解释、规定宪法哪些条文适用或不适用于香港特别行政区,则不仅违反宪法第六十七条规定,而且不符合宪法是一个国家的根本法这一宪法学原理,全国人民代表大会也未赋予香港特别行政区基本法起草委员会这样的权力。"[2] 对此,笔者秉持相同立场。诚如前述,《宪法》第 31 条是香港特别行政区由以设立的宪法依据,但是《宪法》在特别行政区的适用范围并不局限于该条规定,《宪法》作为一个整体在香港特别行政区均具有适用性,《香港基本法》不足以结构性取代《宪法》在该地区的适用。然而,问题的症结在于:《宪法》中关涉社会主义制度的内容并不适用于香港特别行政区,全国人大有权依据"一国两制"的方针在香港特别行政区实行特殊的资本主义制度。为了避免和《宪法》中的相关规定产生冲突,《香港基本法》第 11 条第 1 款规定,"根据中华人民共和国宪法第三十一条,香港特别行政区的制度和政策,包括社会、经济制度,有关保障居民的基本权利和自由的制度,行政管理、立法和司法方面的制度,以及有关政策,均以本法的规定为依据"。依据该规定,《香港基本法》在上述方面具有优先适用的效力,不得以其违反《宪法》中的相关规定为由,转而适用《宪法》中的相关内容。但是,对于舍此而外的其他内容,《宪法》是否可以适用呢?有学者认为,"如果一定要说明宪法哪些条文适用于香港,哪些条文不适用,这在技术上也是有困难的,因为宪法有的条

---

〔1〕 参见萧蔚云:《论中华人民共和国宪法与香港特别行政区基本法的关系》,载《北京大学学报》(哲学社会科学版)1990 年第 3 期。

〔2〕 同上。

文明显适用或不适用,但有的条文却是半条适用,半条不适用,要按条文写明适用、不适用是很不容易的”。那么,“如果基本法不规定宪法的哪些条文适用或者不适用于香港特别行政区,宪法如何适用于香港的问题是否可以得到妥善的解决?”[1] 该学者认为是可以的。在该学者看来,“宪法关于四项基本原则、社会主义制度、地方国家权力机关和行政机关、国家审判机关和检察机关等内容,不适用于香港特别行政区,而有关国家主权、国防、外交、最高国家权力机关和最高国家行政机关、国旗、国徽、首都等规定,则应当适用。更详细一些的适用与否问题,在香港特别行政区基本法中也有规定。所以宪法的哪些条文适用或不适用于香港特别行政区的问题基本上是明确的”。[2]

笔者认为,《宪法》在香港特别行政区整体上是有法律效力的,《宪法》不仅适用于中国内地,也适用于香港特别行政区。事实上,《香港基本法》依据《宪法》制定本身就是《宪法》在香港特别行政区适用的表现形式。当然,诚如前文所述,《香港基本法》并不足以结构性取代《宪法》在香港特别行政区的适用。而且,笔者也倾向于认为,《宪法》在香港特别行政区整体具有法律效力,但并不是所有的条款均在香港特别行政区适用,《香港基本法》无法承担具体框定适用于香港特别行政区之宪法条款的责任。那么,《宪法》中究竟哪些条款在香港特别行政区适用、哪些条款不适用呢? 对此,笔者拟从以下两个方面进行分析。

(一)《宪法》中可以适用于香港特别行政区的内容

《宪法》中究竟哪些条文可以在香港特别行政区适用,《宪法》和《香港基本法》中均未规定。在《香港基本法》的制定过程中,“曾有人提出,在基本法中把宪法中不适用于香港特别行政区的条文一一列举出来,这种办法证明是行不通的。第一,宪法的某些条文不适用于香港,主要指宪法规定的社会主义制度和政策,宪法中的其他条文,有的条文对香港

---

〔1〕 萧蔚云:《论中华人民共和国宪法与香港特别行政区基本法的关系》,载《北京大学学报》(哲学社会科学版)1990年第3期。

〔2〕 同上。

特别行政区部分适用,部分不适用,或者半条适用,半条不适用。一一列举,在立法技术上是难以做到的。第二,基本法是子法,宪法是母法,如基本法规定宪法的条文不适用于香港,就是子法限制母法,这违反了一般的法理,而且会导致基本法是否有效的问题。第三,如果采用列举办法,就势必将基本法写得十分庞杂,不成其为一部名实相符的基本法。基本法起草委员会在反复讨论和修改后,对处理宪法的哪些条文不适用于香港的问题时,采用一种十分妥善的办法,即基本法第十一条的规定”。[1] 笔者认为,该种做法在处理《宪法》适用于香港特别行政区的内容方面确实有其绝妙之处,由《香港基本法》具体界定宪法适用的具体内容在法理上无法成立,实践层面也不可行。但是,该种做法令人质疑的地方在于:《香港基本法》固然与常规意义上的基本法律不甚相同,但是其性质依然是基本法律,而不是宪法。《香港基本法》与《宪法》相比,应该是下位法。果如是,作为下位法的《香港基本法》怎么能够通过限制作为上位法的《宪法》的适用而取得优先适用的效力呢?诚然,《宪法》第 31 条赋予全国人大通过法律的形式规定特别行政区制度的权力,但是,规定特别行政区制度的法在性质上是法律,而不是宪法,也不是前述学者所说的“宪法的特别法”,既然如此,其优先于《宪法》适用的根据何在呢?有学者认为,“除已有的《宪法》第三十一条规定外,还应在今后的宪法修正案中,对有关国体、政体的条款作出补充规定,或另增特别行政区专章,明文规定特别行政区不实行社会主义制度,放弃明显具有社会主义性质的宪法条文对特别行政区的适用,以解决目前宪法与《香港基本法》这种法律逻辑上的矛盾”。[2] 对此,笔者秉持相同立场。笔者认为,《香港基本法》中不适宜具体规定可以适用的《宪法》条文,除前述学者所说的理由外,其原因还在于,由《香港基本法》具体规定《宪法》

---

〔1〕 张荣顺:《略论我国宪法与香港特别行政区基本法的关系》,载《中外法学》1990 年第 6 期。

〔2〕 王立:《试论我国宪法与香港基本法的法律关系》,载《南昌大学学报》(人文社会科学版)1991 年第 2 期。

的适用范围将侵犯《宪法》第 67 条第 1 项赋予全国人大常委会的宪法解释权，混淆宪法解释与立法在外观表现形式上的界限。与之相比，在《宪法》中设专章规定《宪法》在特别行政区的适用范围不存在上述法理层面的问题。目前，《宪法》条文中可以适用于香港特别行政区的内容总体上是清楚的，如有关国家主权、国防、外交、最高国家权力机关和最高国家行政机关、国旗、国徽、首都等的规定，均应当适用。反之，《宪法》中关于四项基本原则、社会主义制度、地方国家权力机关和行政机关、国家审判机关和检察机关等内容，均不适用于香港特别行政区。然而，由于到目前为止《宪法》对此并未予以明确，全国人大常委会也未作出规范性的宪法解释，因此，这一原本在基本法制定过程中已经趋向于清晰的事情随着时间的流变又逐步变得模糊起来。

(二)厘定宪法在香港特别行政区适用内容的原则

诚如前述，宪法在香港特别行政区具有整体上的适用性，但是，由于《宪法》和《香港基本法》对此均未作出明确规定，由此衍生出实践层面的诸多问题。笔者认为，在承认《宪法》整体适用于香港特别行政区的前提下，目前应以"一国两制"作为总的指导原则确定《宪法》适用于香港特别行政区的具体内容。《宪法》中关涉国家主权、国家统一的规定，如有关中央国家机关的组成和职权、国家标志、公民资格(国籍)等体现"一国"的规定，均应在香港特别行政区实施。《宪法》中有关"制度"的规定，如关于实行和完善社会主义制度的规定，不适用于香港特别行政区，应依据《香港基本法》中的相关规定。在确定《宪法》适用于香港特别行政区的具体内容方面，"一国"是参考的重心，"两制"是参考的基础。正如国务院新闻办在其发布的《"一国两制"在香港特别行政区的实践》白皮书中所指出的那样，"'一国'是实行'两制'的前提和基础，'两制'从属和派生于'一国'，并统一于'一国'之内"。该论断应作为厘定宪法在香港特别行政区适用内容的依据和标准。依据《香港基本法》第 11 条的规定，香港特别行政区的制度和政策，包括社会、经济制度，有关保障居民的基本权利和自由的制度，行政管理、立法和司法方面的制度以及有关政策,均适用该基本法的规定。对此,学界并不存在理解上的歧义。但是,对于该基本法中没有明确规定的事项,应该适用该基本法呢,还是应该适用《宪法》?学理上对此存在一定的理解歧义,“剩余权力”问题就是其中典型的实例。“剩余权力”问题最早发端于1986年《香港基本法》制定时,当时香港特别行政区代表李柱铭等人提出要求在《香港基本法》里明文规定由中央行使的权力和香港特别行政区享有的权力之外的权力(所谓的“剩余权力”)归香港特别行政区行使,[1]其主要观点是,“在即将建立的香港特别行政区制度下,由中央政府行使国防、外交事务的权力。国防、外交以外的其他权力作为‘剩余权力’,应该概括地由特别行政区行使”。[2] 该观点提出之后,学界进行了激烈争论。《香港基本法》第20条确证了该观点的不可行性。该条规定,“香港特别行政区可享有全国人民代表大会和全国人民代表大会常务委员会及中央人民政府授予的其他权力”。这也就是说,香港特别行政区所拥有的权力以其基本法所规定的为限,没有所谓的“剩余权力”。围绕该问题而产生的争论原本随着《香港基本法》第20条的出台已经得到了制度性的解决,但是,随着实践的发展,香港社会中一些人逐渐淡忘了此前已经达成的制度性共识,模糊了对特别行政区所处地位的应有体认,再次提出“剩余权力”问题作为论证香港特别行政区政治体制决定权归属问题的理论支撑,[3]在一定程度上误导了香港特别行政区民众。其基本观点为:“既然基本法明确列举了属于中央和属于特别行政区的权力,那么基本法未明确列举的权力,尤其是随着实践发展而产生的权力,香港特别行政区是否可以不经过中央的同意或者授权而直接行

---

〔1〕 参见王叔文主编:《香港特别行政区基本法导论》,中共中央党校出版社1990年版,第116页。

〔2〕 李元起、黄若谷:《论特别行政区制度下的“剩余权力”问题》,载《北方法学》2008年第2期。

〔3〕 参见《香港特首立法会产生办法修改 中央有决定权》,载新华网:http://news.xinhuanet.com/newscenter/2004-04/06/content_1404428.htm,2020年6月18日最后访问。

使?"[1]笔者认为,《香港基本法》对该种情形并未作出明确规定,因而无法依据《香港基本法》第 11 条所确立的法律适用精神、基本法的相关规定加以处理。那么,在该种情形下《宪法》是否可以适用呢? 从直观上来看,《宪法》中也并未直接言及该问题。但是,《宪法》中实际上提供了解决此类问题的答案。《宪法》序言第 11 自然段规定,"中华人民共和国是全国各族人民共同缔造的统一的多民族国家"。依据该规定,我国实行单一制的国家结构形式。在单一制国家结构形式下,是不存在联邦制国家所谓的"剩余权力"问题的,该种权力本质上属于单一制国家里中央没有授予地方的本源性权力。[2] 对该种所谓的"剩余权力"固然可以作归属于香港特别行政区的解读,但是,基于"一国"的指导方针及由其衍生出的不得违反单一制国家结构形式的底线原则,该种解读无效,前述《宪法》序言第 11 自然段的规定得以出场,发挥效力。

第二节　宪法在香港特别行政区的实施形式

习近平总书记在《庆祝香港回归祖国二十周年大会上的讲话》中强调,"宪法与基本法共同构成香港的宪制基础。宪法是国家根本大法,是特别行政区制度的法律渊源"。党的十九大报告进一步明确,"保持香港长期繁荣稳定,必须严格依照宪法和基本法办事,完善相关的制度和机制"。由此可见,《宪法》在香港特别行政区的地位与实施问题是中央高度关注的重大理论和实践问题。此前,学界对此进行了深入的研究。但是,从学界的前期研究成果来看,似乎对《宪法》能否在香港特别行政区实施更关注,对《宪法》在香港特别行政区的具体实施方式缺乏深入的研究。[3] 笔者认为,宪法适用是宪法在香港特别行政区实施的主要

---

〔1〕 李元起、黄若谷:《论特别行政区制度下的"剩余权力"问题》,载《北方法学》2008 年第 2 期。

〔2〕 参见张定淮、孟东:《是"剩余权力",还是"保留性的本源权力"? ——中央与港、澳特区权力关系中一个值得关注的提法》,载深圳大学当代港澳政治研究所编:《当代中国政治研究报告》(第 7 辑),社会科学文献出版社 2009 年版,第 246 ~ 258 页。

〔3〕 参见王振民、孙成:《香港法院适用中国宪法问题研究》,载《政治与法律》2014 年第 4 期。

方式。由于特别行政区实行高度自治,香港特别行政区享有行政管理权、立法权、独立的司法权和终审权,宪法在香港特别行政区的适用方式主要表现为全国人大及其常委会依据《宪法》规定,在具体活动中贯彻、执行《宪法》的行为。对此,具体从以下几个方面展开论述。

一、全国人大及其常委会围绕香港问题实施宪法的类型化分析

全国人大及其常委会围绕香港问题实施宪法的方式主要表现为立法、解释基本法、作出相关决定等形式,其实施方式与它们的权力行使方式直接关联。有学者统计,截至 2019 年,全国人大及其常委会针对香港问题先后通过了 45 份规范性文件。其中,至少有 33 份规范性文件涉及宪法实施问题。[1] 除此之外,全国人大所作全国性法律文件中也有涉及宪法在香港特别行政区实施的内容。总体来看,全国人大及其常委会实施宪法的方式主要有以下几种类型。

(一)全国人大批准《中英联合声明》的决定

1985 年 4 月 10 日,第六届全国人民代表大会第三次会议审议了国务院关于提请审议批准《中英联合声明》的议案,决定批准 1984 年 12 月 19 日由赵紫阳总理代表中国政府签署的《中英联合声明》,包括附件一《中华人民共和国政府对香港的基本方针政策的具体说明》、附件二《关于中英联合联络小组》和附件三《关于土地契约》。从直观层面来看,全国人大审议通过的前述决定中并未出现“宪法”二字,但该决定实施宪法的性质是非常明显的。其原因如下。第一,当时《宪法》中关于全国人大及其常委会相关职权的规定。《宪法》第 62 条第 13 项规定,全国人大有权“决定特别行政区的设立及其制度”;《宪法》第 67 条第 14 项规定,全国人大常委会有权“决定同外国缔结的条约和重要协定的批准和废除”。第二,全国人大作出前述决定的背景。1984 年 9 月 17 日,中英两国围绕香港问题达成协议,并于同年 9 月 26 日对协议文本进行了草

---

〔1〕 参见孙成:《全国人大及其常委会针对香港问题实施宪法的实践——以 33 份规范性文件为样本》,载《北京社会科学》2019 年第 4 期。

签。此后不久，时任外交部部长的吴学谦代表国务院向全国人大常委会提交了《就提请审议关于中英香港问题协议文件的报告》。在全国人大常委会在审议过程中，考虑前述协议中涉及香港特别行政区的设立及其制度的内容不属于自己的职权范围，所以在决议中提出在两国政府正式签署《中英联合声明》后，由全国人大对该条约进行审议和批准。全国人大 1985 年 4 月 10 日所作批准《中英联合声明》的决定就是在该种背景下，依据《宪法》第 62 条第 13 项、第 67 条第 14 项的规定作出的。

（二）全国人大及其常委会围绕香港问题制定的法律、作出的决定

全国人大及其常委会围绕香港问题先后制定了 2 部法律，作出了 5 份决议、决定。其中，《香港基本法》《香港驻军法》《全国人民代表大会关于设立香港特别行政区的决定》《全国人民代表大会关于〈中华人民共和国香港特别行政区基本法〉的决定》处于核心地位，它们在性质上均属于对《宪法》的实施。1990 年 4 月 4 日，第七届全国人大第三次会议根据《宪法》第 31 条和第 62 条第 13 项的规定，作出《全国人民代表大会关于设立香港特别行政区的决定》。该决定的主体内容为："一、自 1997 年 7 月 1 日起设立香港特别行政区；二、香港特别行政区的区域包括香港岛、九龙半岛以及所辖的岛屿和附近海域。香港特别行政区的行政区域图由国务院另行公布。"同日，第七届全国人大第三次会议审议通过《香港基本法》。该法序言第 3 自然段指出，"根据中华人民共和国宪法，全国人民代表大会制定中华人民共和国香港特别行政区基本法，规定香港特别行政区实行的制度，以保障国家对香港的基本方针政策的实施"。同日，第七届全国人大第三次会议还审议通过《全国人民代表大会关于〈中华人民共和国香港特别行政区基本法〉的决定》。该决定指出："香港特别行政区基本法是根据《中华人民共和国宪法》按照香港的具体情况制定的，是符合宪法的。"1996 年 12 月 30 日，第八届全国人大常委会第二十三次会议审议通过《香港驻军法》。该法第 1 条规定，"为了保障中央人民政府派驻香港特别行政区负责防务的军队依法履行职责,维护国家的主权、统一、领土完整和香港的安全,根据宪法和香港特别行政区基本法,制定本法”。

(三)全国人大常委会对《国籍法》和《香港基本法》的解释

根据《香港基本法》第18条和附件三的规定,《国籍法》自1997年7月1日起在香港特别行政区实施。考虑香港的历史背景和现实情况,1996年5月15日,第八届全国人大常委会第十九次会议审议通过《全国人大常委会关于〈中华人民共和国国籍法〉在香港特别行政区实施的几个问题的解释》。该解释对《国籍法》在“国籍原始取得认定”、“外国护照与中国国籍关系”、“国籍变更申报”以及“国籍申请审批权”等四个方面作了变通,为在“一国两制”原则下灵活处理《国籍法》在香港的实施问题提供了法律依据。从直观层面来看,该解释文本并未提及《宪法》,但其内容显然与《宪法》之间存在直接的逻辑关联,是典型的宪法实施行为。1997年香港回归后,全国人大常委会先后对《香港基本法》作过5次解释,分别为:(1)1999年6月26日《全国人民代表大会常务委员会关于〈中华人民共和国香港特别行政区基本法〉第二十二条第四款和第二十四条第二款第(三)项的解释》;(2)2004年4月6日《全国人民代表大会常务委员会关于〈中华人民共和国香港特别行政区基本法〉附件一第七条和附件二第三条的解释》;(3)2005年4月27日《全国人民代表大会关于〈中华人民共和国香港特别行政区基本法〉第五十三条第二款的解释》;(4)2011年8月26日《全国人民代表大会关于〈中华人民共和国香港特别行政区基本法〉第十三条第一款和第十九条的解释》;(5)2016年11月7日《全国人民代表大会关于〈中华人民共和国香港特别行政区基本法〉第一百零四条的解释》。前述5次解释中均明确写明其解释依据,即“根据《中华人民共和国宪法》第六十七条第四款和《中华人民共和国香港特别行政区基本法》第一百五十八条第一款的规定”,其宪法实施的性质非常明显。当然,前述5次解释在实施宪法方面发挥的作用不甚一致,有学者将其分为两类。(1)实施《宪法》主要是为了在《香港基本法》第158条第1款外,进一步为全国人大及其常委会拥有基本法的解释权增加说服力,《宪法》在全国人大常委会解释基本法的结论方面不起决定性作用。前述1999年人大释法、2005年人大释法、2011年人大释法以及2016年人大释法均属于该种类型。(2)《宪法》除了强化全国人大常委会的基本法解释权之外,对释法结论也产生实质性的影响。前述2004年全国人大释法即属于该种类型。[1]

(四)全国人大常委会针对“一地两检”问题作出的决定

香港回归后,随着中国内地与香港特别行政区之间交往的日趋频繁,原有的通关口岸已经无法满足深港两地之间的交通运输需要,经中央政府与香港特别行政区政府协商,决定创设新的深圳湾口岸。在项目实施过程中,受大桥港方一侧地理条件所限,无法设立检查设施。香港特别行政区政府建议将整个口岸区都建在深圳一侧,分为深、港两个口岸区,实行“一地两检”。该建议涉及“一国两制”与法律适用的重大问题,国务院提请全国人大常委会予以决定。时任国务院港澳办副主任的陈佐洱在《关于〈国务院关于提请审议授权香港特别行政区对深圳湾口岸港方口岸区实施管辖的议案〉的说明》中解释说,“由于港方口岸区位于深圳市行政区域内,要使香港能够对其进行有效管理,涉及行政管理权和司法管辖权,涉及香港法律的适用问题,所以必须依据宪法,由全国人大常委会决定,才具有最为充分的法律地位和权威”。2006年10月31日,第十届全国人大常委会第二十四次会议审议通过《全国人大常委会关于授权香港特别行政区对深圳湾口岸港方口岸区实施管辖的决定》。从直观层面来看,该决定并未直接言及《宪法》,但是,依据《宪法》第31条和第62条第14项的规定,只有全国人大方才有权根据“一国两制”原则决定特别行政区的设立及其实施的制度,该种权力是总括性的,其内涵显然应当包括决定特别行政区自治权范围扩展的权力。尽管该决定是全国人大常委会作出的,而不是由全国人大作出的,但是,应当将其视为全国人大对全国人大常委会的一种授权。因此,该决定是一种典

---

〔1〕 参见孙成:《全国人大及其常委会针对香港问题实施宪法的实践——以33份规范性文件为样本》,载《北京社会科学》2019年第4期。

型的宪法实施。11 年之后,全国人大常委会再次采取类同的方式实施宪法,该次宪法实施的内容也是围绕“一地两检”问题展开的。2017 年 12 月 27 日,第十二届全国人大常委会第三十一次会议表决通过决定,批准《内地与香港特别行政区关于在广深港高铁西九龙站设立口岸实施“一地两检”的合作安排》,确认该合作安排符合《宪法》和《香港基本法》,香港特别行政区应当立法保障该合作安排得以落实。

(五)全国人大批准和通过的国民经济和社会发展计划中涉及香港的内容

《宪法》第 89 条第 5 项规定,国务院负责编制和执行国民经济和社会发展计划和国家预算;第 62 条第 9 项规定,全国人大有权审查和批准国民经济和社会发展计划和计划执行情况的报告。依据前述规定,国务院编制和执行国民经济和社会发展计划、全国人大审查和批准国民经济和社会发展计划均属于实施《宪法》的行为。从理论上来说,如果前述计划的内容涉及香港特别行政区,就属于在香港特别行政区实施《宪法》的行为。但是,国民经济和社会发展计划是否可以涵盖香港特别行政区呢?从直观层面来看,似乎是不可以的。其原因在于:香港特别行政区实行高度自治,享有广泛的自治权。香港特别行政区有权依照《香港基本法》的有关规定自行处理有关行政事务,包括特别行政区的经济、财政、金融、贸易、工商业、土地、航运、民航、教育、科学、文化、体育、宗教、劳工、社会服务等事项。因此,香港特别行政区的国民经济和社会发展计划似乎应当由其自行处置。但是,《香港基本法》第五章关于“经济”的专章规定中并未明确规定内地熟悉的规划权,这样一来,该种权力究竟是否属于香港特别行政区自治范围内所固有的权力似乎有些模糊。从实践来看,全国人大审查和批准的“十一五”规划纲要中首次提及香港特别行政区,主要内容包括:加强和推动内地同港澳在基础设施建设、产业发展、资源利用、环境保护等方面的合作;支持香港特别行政区发展金融、航运、旅游、信息等服务业,保持香港特别行政区国际金融、贸易、航运等中心的地位。[1] 对此，有观点认为，这是香港特别行政区发展难得的机遇，香港特别行政区应该抓住机会，搭上国家发展的顺风车。[2] 但也有观点认为，香港特别行政区纯粹是"被规划"，[3] 其意思无非是说，这是香港特别行政区自治范围内的事情，应当由香港特别行政区自行处置。笔者认为，审查和批准国民经济和社会发展计划是全国人大的宪法权力，而且，我国的国家结构形式是单一制，尽管由于"一国两制"方面的原因，香港特别行政区拥有独立的行政管理权，但这并不意味着国家不能在宏观方面且不影响香港特别行政区行使自治权的前提下编制涉及香港特别行政区的国民经济和社会发展计划。只要这种计划在程序上具有正当性，就无可置疑。事实上，在"十一五"规划编制过程中，中央政府主动向香港特别行政区政府咨询意见，香港特别行政区政府并未反对并且提出了若干意见。[4] 这足以说明，享有独立的经济管理权的香港特别行政区政府同意将规划的效力引入香港特别行政区，香港特别行政区并非"被规划"，中央对香港特别行政区行使基于《宪法》的规划权由于香港特别行政区的同意获得了程序上的正当性。

二、香港特别行政区法院对宪法的适用

（一）香港特别行政区法院适用宪法的类型化分析

香港回归后，香港特别行政区各级法院在司法审判中适用宪法的情况不乏其例。有学者将其归纳为四种类型，[5] 但是，由于其归纳的第四种类型[6] 中并不涉及香港特别行政区法院对宪法的适用，因此，香港特

〔1〕 参见《中华人民共和国国民经济和社会发展第十一个五年规划纲要》，2006 年 3 月 14 日第十届全国人大第四次会议批准。

〔2〕 参见《港媒关注"十一五"首纳香港　吁港人抓住发展机遇》，载北方网：http://news.Enorth.com.cn/system/2006/03/06/001249086.shtml，2020 年 8 月 6 日最后访问。

〔3〕 参见罗琦萍：《十一五规划提及香港是一个突破》，载新浪网：http://finance.sina.com.cn/g/20060316/15012423345.shtml，2020 年 8 月 6 日最后访问。

〔4〕 同上。

〔5〕 参见王振民、孙成：《香港法院适用中国宪法问题研究》，载《政治与法律》2014 年第 4 期。

〔6〕 此即当事人或证人提出适用《宪法》，但法院没有回应。

别行政区法院在司法审判中适用宪法的类型实际上只有三种,具体如下。

(1)在特定案件的审判中将宪法作为裁判依据。该种情形的典型判例如"丁某淼案"和"华某轮案"。"丁某淼案"起因于香港特别行政区法院是否应当承认和执行我国台湾地区法院涉及破产案件的裁决。香港回归之前,由于英国政府不承认我国台湾地区是一个独立的主权国家,因此,香港法院秉持拒绝承认和执行我国台湾地区法院裁决的立场。该种立场在香港回归之后发生了变化,变化的依据就是《宪法》序言第9自然段。该段规定:"台湾是中华人民共和国的神圣领土的一部分。完成统一祖国的大业是包括台湾同胞在内的全中国人民的神圣职责。"依据该规定,香港特别行政区法院一改此前拒绝承认和执行我国台湾地区法院裁判的立场,承认了我国台湾地区法院所作破产案件裁决的法律效力。"华某轮案"是香港回归后首个关于官方豁免权的案例,主要涉及一家马来西亚公司与广东打捞局的民事纠纷。法院审理该案时涉及两个核心争议点:其一,回归后,中央政府是否可以依据官方豁免原则免受香港特别行政区法院的管辖;其二,广东打捞局是否属于中央政府的隶属机构,从而也享有官方豁免权。香港特别行政区法院分别依据《宪法》第31条、第89条作出了肯定的结论。

(2)在特定问题上将《宪法》作为裁判依据。在该种情形下,香港特别行政区法院适用《宪法》来说明围绕全国人大和香港特别行政区法院之间关系展开的特定问题。典型判例包括:"马某騉案"、"吴某玲案"、"刘某榕案"、"庄某源案"、"刚果(金)案"和"外佣居留权案"等。在"马某騉案"中,法院审理的一个核心争议点是香港特别行政区临时立法会的合法性问题。该问题的衍生问题为:全国人大是否有权成立筹委会,并授权筹委会对包括成立香港特别行政区临时立法会在内的诸多事宜作出决定。香港特别行政区法院依据《宪法》第62条第13项认为,全国人大当然有权作出该类决定。在"吴某玲案"中,香港特别行政区法院在两个地方适用了《宪法》:其一,在宪制结构部分,适用《宪法》第31

条、第57条、第58条，用以说明《香港基本法》是香港特别行政区的"宪法"；其二，在法院的司法管辖权部分，以《宪法》为依据，认为香港特别行政区法院有权审查全国人大及其常委会的行为是否符合《香港基本法》。该案裁决和内地学界关于中国宪法体制的理解迥异，所以，裁决一经作出，就引起了中央政府和内地学界的关注。在"刘某榕案"中，香港特别行政区终审法院李国能法官指出，全国人大常委会对基本法的解释权源自《宪法》第67条第4项的授权，且《香港基本法》第158条第1款也确认了这一点。根据前述规定，全国人大常委会对《香港基本法》任何条款均可以解释，该项权力是普遍且不受限制的。[1] 梅师贤法官进一步指出，《宪法》规定的权力分配体制与普通法地区通常理解的分权概念有所不同，作为最高权力机关常设机关的全国人大常委会可以在任何时候，主动就《香港基本法》的所有条款进行解释。[2]

(3)将《宪法》作为说明事实或解释法律条文的辅助资料。在该种情形下，香港特别行政区法院引用《宪法》的目的仅仅是说明某种事实，或者作为解释法律条文的辅助资料。例如，在"国旗、区旗案"中，香港特别行政区法院为了说明中国国旗为五星红旗的事实，引用《宪法》第136条。[3] 从香港特别行政区的司法实践来看，香港特别行政区法院往往在一些判决中笼统地引用《宪法》或《宪法》第31条来说明《香港基本法》的来源，其目的主要是加强基本法的权威。由于该种引用往往伴随对《香港基本法》序言、第1条、第2条、第11条和第12条的援引，因此，该种引用属于对纯粹事实的说明。舍此而外，在有些案件中，香港特别行政区法院有时会引用《宪法》作为解释《香港基本法》相关法条或其他法律的参考资料。例如，在古隆·杜·库马里及其他人诉入境事务处处长案中，为了解释《香港基本法》第37条，香港特别行政区法院引用了中

[1] Lau Kong Yung and others v. The Director of Immigration, FACV 11/1999, paras. 54, 57, 59.

[2] Ibid., paras. 161 – 163.

[3] HKSAR v. Ng Kung Siu and Another, FACC 4/1999, para. 9.

国《宪法》第49条，认为《香港基本法》第37条的中文将“right to raise a family freely”表达为“自愿生育的权利”，这一表述是相对于《宪法》第49条第2款所规定“计划生育义务”而言的，《香港基本法》如此规定只是为了说明香港居民不受计划生育政策的约束。此外，《宪法》第49条第3款另外规定了“赡养义务”。由此可见，《香港基本法》第37条并不包括“由成年子女照顾、赡养父母或维持家庭团聚”的含义。[1]

(二)香港特别行政区法院适用《宪法》面临的困境与出路

诚如前述，香港特别行政区司法实践中已经有法院适用《宪法》具体条款审理案件的判例，“丁某淼案”“华某轮案”“马某騉案”等都是典型实例。但是，有学者认为，香港特别行政区法院适用《宪法》具体条款裁判案件不应当是《宪法》条款适用于特别行政区的主要实践样态，其原因在于：“首先，宪法适用是特定公权力机构按照宪法规范的要求贯彻执行宪法的行为。这里的特定公权力机关专指有宪法地位的机关，而香港法院并非由中国宪法直接设置或组织，因而并无宪法地位。其次，香港法院在具体案件中引用我国宪法具体条款作为案件或者案件中问题的裁判依据具有相当的局限性。这些案件并非中央宪制机关对香港特别行政区适用宪法而发生的法律争议，香港法院对此类案件并无管辖权，这些案件只是特区内的案件，香港法院在处理此类案件时，之所以要引用宪法，是需要处理某些前提性的问题，而非核心的法律争议，因此香港法院适用宪法是关联性适用，而非主体性适用。”[2]这种适用总体上是浅层次的、辅助性的，是作为一种表面论据的适用。[3]

舍此而外，还必须看到，香港特别行政区法院适用《宪法》面临一种与生俱来的规范困境：根据我国《宪法》的规定，只有全国人大常委会拥有宪法解释权，包括最高人民法院在内的其他国家机关无权解释宪法。

---

〔1〕 Gurung Deu Kumari and Another v. Director of Immigration, HCAL 76/2009, paras. 51 – 58.

〔2〕 参见曹旭东：《宪法在香港特别行政区的适用：理论回顾与实践反思》，载《政治与法律》2018年第1期。

〔3〕 参见夏引业：《宪法在香港特别行政区的适用》，载《甘肃政法学院学报》2015年第5期。

在中国内地的法治理念下,宪法解释和宪法适用是可以分解开的。但是,该种区分在香港特别行政区不具有可能性。在香港特别行政区的法治理念和司法体制下,法院没有法律解释权却又要适用法律,这是根本不可能的,不仅难以为法院所理解,而且在司法技术操作上也很难实现。即便根据“一国两制”原则,通过宪法惯例的方式默认香港特别行政区法院的宪法解释权,也无法从根本上解决前述规范困境。甚至,还有可能衍生出更为复杂的问题。其原因在于:宪法解释权在逻辑上是和合宪性审查关联在一起的。如果香港特别行政区法院拥有宪法解释权的话,它就可以理所当然地审查和判断全国人大及其常委会的行为是否符合《宪法》,这将从根本上背离了作为国家根本政治制度的人民代表大会制度。“吴某玲案”就是典型实例。在该案中,香港特别行政区终审法院在宪制架构部分引用《宪法》第31条来说明香港特别行政区的设立及基本法的地位,引用《宪法》第57条、第58条分别说明全国人大及其常委会的宪法地位和职权。[1] 而后,香港特别行政区终审法院又根据《香港基本法》授予的司法权和终审权,推导出自己有权审查全国人大及其常委会的行为是否符合基本法。[2] 该裁决一经作出,就引起中央政府的强烈反应,内地学界进而对其展开了口诛笔伐。笔者认为,前述困境凸显了目前学界研究中面临的尴尬:一方面,由于《宪法》和《香港基本法》是香港特别行政区共同的宪制基础,且《香港基本法》不足以结构性取代《宪法》在香港特别行政区的适用,《宪法》在香港特别行政区具有理所当然的适用性;另一方面,我们却不愿意接受香港特别行政区法院将《宪法》作为裁判依据加以适用,以避免危及由于《宪法》在香港特别行政区的司法适用所衍生出的对人民代表大会制度的结构性冲击。从直观层面来看,内地学者之所以主张《宪法》应当适用于香港特别行政区,其目的主要是纠正香港社会存在的将基本法视为“宪法”,将“高度自治”视为“完全自治”的错误观念,并不是让香港特别行政区法院适用

---

〔1〕 Ng Ka Ling and Another v. The Director of Immigration, FACV14/1998, paras. 8 – 10.

〔2〕 Ibid., paras. 60 – 62.

《宪法》。但是,在普通法思维模式的打造之下,却衍生出香港特别行政区法院适用《宪法》裁决案件的当然权力,由此使秉持前述当然立场的内地学者陷入一种进退维谷的困境之中。那么,如何才能消除前述困境呢?

笔者认为,消除前述困境必须立足于我国的人大制度,将全国人大常委会的宪法解释权、宪法监督权、基本法解释权与香港特别行政区法院的宪法适用行为关联起来。诚如香港特别行政区终审法院梅师贤法官在"刘港榕案"中所言:"本案涉及宪法性分权的问题,这就要求在特区法院与中国有关机构之间存在一个联结点,在实行普通法的国家,这一联结点通常是由全国宪法法院或最高法院担任的,但是在'一国两制'之下,基本法第158条提供了一个非常不同的连结点(这与《宪法》第67条相符合),那就是由全国人大常委会行使基本法的解释权。"[1]根据《宪法》第67条、《香港基本法》第17条和第158条的规定,全国人大常委会不仅拥有宪法解释权、宪法监督权,而且拥有对《香港基本法》的解释权和对香港特别行政区立法的备案审查权。依据《宪法》《香港基本法》的前述规定,全国人大常委会可以在解释《香港基本法》、对香港特别行政区立法备案审查时,将其对《宪法》的解释合乎逻辑地嵌入其中,香港特别行政区法院进而以此为据适用《宪法》,从而化解前述适用《宪法》的必要性与缺乏宪法解释权之间的尴尬困境。舍此而外,即便通过宪法惯例的形式默认香港特别行政区法院的宪法解释权,并进而衍生出了香港特别行政区法院的所谓"违宪审查权",也可以借助《香港基本法》第158条的规定,将其结构性纳入全国人大常委会的基本法解释权范围之内,从而化解其对我国人大制度的冲击。

香港特别行政区法院在审理案件时必须牢记的是:如果需要对《香港基本法》关于中央人民政府管理的事务或中央和香港特别行政区关系的条款进行解释,而该条款的解释又影响案件的判决,在对该案件作出

---

[1] Lau Kong Yung and Others v. The Director of Immigration, FACV11/1999, para. 159.

不可上诉的终局判决前,应由香港特别行政区终审法院请全国人民代表大会常务委员会对有关条款作出解释。如全国人民代表大会常务委员会作出解释,香港特别行政区法院在引用该条款时,应以全国人民代表大会常务委员会的解释为准。

三、宪法在香港特别行政区的实施方式

(一)宪法在香港特别行政区的直接实施

所谓宪法在香港特别行政区的直接实施,是指《宪法》中的相关条款经由国家公权机关、香港特别行政区法院直接在香港特别行政区贯彻落实的行为,其行为外在表现样式如前述。围绕宪法在香港特别行政区的整体适用问题,学界并不存在理论分歧,分歧的焦点在于《宪法》具体条款如何适用于香港特别行政区。综观近年来学界对该问题的研究,主要围绕三条进路展开:(1)部分适用、部分不适用;(2)通过基本法适用;(3)双重适用。三条进路具有时段性,因应政治形势的变化交替"领先"。[1] 笔者认为,《宪法》和《香港基本法》是香港特别行政区共同的宪制基础,《香港基本法》是《宪法》在香港特别行政区实施的主体形式,但并不是唯一的形式。《宪法》既可以经由《香港基本法》在香港特别行政区实施,也可以直接在香港特别行政区实施。宪法在香港特别行政区的直接实施既包括宪法的适用,也包括宪法的遵守。前者既包括全国人大及其常委会采取多元化的行为样式在香港特别行政区实施宪法,也包括香港特别行政区法院在司法审判中适用宪法。后者在性质上属于宪法实施,但却并不属于宪法适用,将其与宪法适用混杂在一起是对宪法实施与宪法适用概念的混用。解决《宪法》具体条款在香港特别行政区直接实施问题的关键是识别《宪法》中可以直接适用于香港的条款。有学者认为,《宪法》条款必须通过"未替代性"和"关联性"测试,方可以直

---

〔1〕 参见曹旭东:《宪法在香港特别行政区的适用:理论回顾与实践反思》,载《政治与法律》2018 年第 1 期。

接在香港特别行政区适用。[1] 香港特别行政区一些学者所提出的关涉宪法条款在香港特别行政区直接适用的主张实际上在较大程度上反映了该种立场。[2]

所谓“未替代性”，是指相关内容在《宪法》中有规定，但《香港基本法》中没有规定，或者尽管《香港基本法》中有规定但《宪法》中的相关条款没有被《香港基本法》中的相关条款替代。也就是说，《宪法》条款所规定的内容，如果《香港基本法》中作了重复性规定或者已然替换为其他相关内容，则不可以直接适用于香港特别行政区。例如，对《宪法》中关于社会主义制度和政策条款能否直接适用于香港特别行政区的识别和判断。《香港基本法》第 5 条规定，“香港特别行政区不实行社会主义制度和政策，保持原有的资本主义制度和生活方式，五十年不变”。将前述规定与《宪法》中关于社会主义制度和政策的相关条款相比较，可以明显看出：《宪法》中的相关条款已经为《香港基本法》第 5 条所替代，因此，该类条款在香港特别行政区不能直接适用。再如，对《宪法》第 25 条和第 49 条第 2 款能否直接适用于香港特别行政区的识别和判断。《宪法》第 25 条规定，国家推行计划生育，使人口的增长同经济和社会发展计划相适应。《宪法》第 49 条第 2 款规定，夫妻双方有实行计划生育的义务。前述规定能否直接适用于香港特别行政区呢？《香港基本法》第 37 条规定，香港居民的婚姻自由和自愿生育的权利受法律保护。将其与《宪法》第 25 条、第 49 条第 2 款相比较，可以发现：前述《宪法》条款中的相关内容已然为《香港基本法》第 37 条所替代，因此，它们不能直接适用于香港特别行政区。

所谓“关联性”，是指《宪法》中的相关条款符合前述“未替代性”的要求，且与“一国两制”的运行有直接关联性。例如，《宪法》第 62 条规

---

〔1〕 参见曹旭东：《宪法在香港特别行政区的适用：理论回顾与实践反思》，载《政治与法律》2018 年第 1 期。

〔2〕 See Dr Priscilla Leung Mei-fun, *The Hong Kong Basic Law: Hybrid of Common Law and Chinese Law*, LexisNexis, 2006, pp. 11 – 13.

定了全国人大的职权，第93条规定了中央军事委员会领导全国武装力量，且《香港基本法》中并无相关条款对其替代，因此，前述条款符合“未替代性”的要求。同时，由于前述条款和“一国两制”的运行有直接关联性，因此，它们可以直接适用于香港特别行政区。再如，《宪法》第95条至第111条是关于地方各级人大和地方各级政府的规定，由于《香港基本法》中并无相关替代性规定，因此，它们符合“未替代性”的要求。但是，由于它们和“一国两制”的运行没有直接关联性，因此，它们不能直接适用于香港特别行政区。

笔者认为，对于符合前述“未替代性”和“关联性”要求的《宪法》条款，根据《香港基本法》中是否存在关联性的规定，可以将其在香港特别行政区直接适用的方式区分为联合适用与单独适用。所谓联合适用，是指相关内容在《宪法》和《香港基本法》中均有规定，且《宪法》条款符合前述“未替代性”和“关联性”的要求，可以在香港特别行政区直接适用，国家公权机关或者香港特别行政区法院在直接适用的时候同时适用《宪法》和《香港基本法》中的关联性条款。例如，《宪法》第62条规定全国人大常委会有权解释法律，《香港基本法》第158条规定全国人大常委会和香港特别行政区法院有权解释《香港基本法》，前述两个条文具有关联性，《宪法》第62条符合“未替代性”和“关联性”要求，因此，全国人大常委会适用《宪法》第62条时就应该和《香港基本法》第158条联合适用。所谓单独适用，是指相关内容在《宪法》中有规定，但《香港基本法》中并没有规定，且《宪法》条款符合“未替代性”和“关联性”要求，则国家公权机关或者香港特别行政区法院在直接适用《宪法》条款的时候可以单独适用。例如，《宪法》第62条规定，全国人大有权审查和批准国民经济和社会发展计划，《香港基本法》中对此并无相关规定，前述《宪法》条款符合“未替代性”和“关联性”要求，则全国人大可以直接单独适用该《宪法》条款。

（二）宪法在香港特别行政区的间接实施、消极实施

所谓宪法在香港特别行政区的间接实施，是指《宪法》中的相关条

款经由《香港基本法》或者全国人大及其常委会的决定在香港特别行政区实施。该种实施主要是从宪法适用的角度来说的,宪法遵守意义上的宪法实施不纳入此类。例如,《宪法》第 31 条规定,“国家在必要时得设立特别行政区。在特别行政区内实行的制度按照具体情况由全国人民代表大会以法律规定”。依据该规定,全国人大于 1990 年制定了《香港基本法》,该法在香港特别行政区的实施即属于《宪法》第 31 条在香港特别行政区的间接实施。又如,《宪法》第 62 条第 13 项规定,全国人大有权决定特别行政区的设立及其制度。依据该规定,1990 年 4 月 2 日,第七届全国人大第三次会议审议通过《全国人民代表大会关于香港特别行政区第一届政府和立法会产生办法的决定》,该办法在香港特别行政区的实施即属于前述《宪法》条款在香港特别行政区的间接实施。必须指出的是,前述全国人大制定《香港基本法》、作出决定的行为均属于《宪法》条款在香港特别行政区的直接实施,但《香港基本法》及前述决定在香港特别行政区的贯彻实施属于《宪法》条款在香港特别行政区的间接实施。因此,所谓《宪法》条款在香港特别行政区的间接实施,实际上是在直接实施的基础上展开的,如果相关《宪法》条款根本不在香港特别行政区实施,那也就谈不上在香港特别行政区间接实施的问题了。有学者认为,“宪法条款中除去直接适用条款,其余可称之为间接适用条款。间接适用条款或者与一国两制及特别行政区没有直接的关联性,或者已经被基本法条款否定或替代”。[1]

对此,笔者秉持不同立场。笔者认为,前述观点将宪法规范的效力与宪法规范的适用、宪法条款的间接实施与消极实施混淆了。在笔者看来,宪法规范的效力和宪法规范的适用是两个不同层面的问题:宪法的效力因为宪法的特性和本质而具有普遍性、整体性和不可分割性,“宪法是一个整体,具有主权意义上的不可分割性”。[2] 宪法规范适用是宪法

---

〔1〕 曹旭东:《宪法在香港特别行政区的适用:理论回顾与实践反思》,载《政治与法律》2018 年第 1 期。

〔2〕 韩大元:《宪法学基础理论》,中国政法大学出版社 2008 年版,第 114 页。

规范效力的具体体现,是保障宪法规范性与有效性的重要条件。[1] 中国是一个单一制国家,《宪法》不仅在内地范围内有效,在香港特别行政区也有效,应当获得包括香港特别行政区同胞在内的全体中国人的尊重。但是,这并不意味着所有宪法规范都适用于香港特别行政区。例如,有学者认为,《宪法》中与"一国两制"相冲突的条款不直接适用于香港特别行政区,但是香港特别行政区依然需要承认其有效性。[2] "《宪法》规定的许多其他制度尽管并不直接在香港实行,但香港的各种组织和居民必须尊重这些制度的存在。"[3]

笔者认为,对宪法条款的尊重和对其效力的承认在性质上属于宪法的遵守,是宪法实施的一种形式,但是,它们并不是宪法适用,因此也就不是前述宪法条款在香港特别行政区的实施,谈不上什么宪法条款在香港特别行政区的间接实施问题。如果从宪法实施方式的角度对其进行厘定的话,它们应当属于宪法条款在香港特别行政区的消极实施。所谓宪法条款的消极实施,是指宪法中的相关条款,主要指那些有关社会主义制度或政策的条文,它们虽然不能直接适用于香港特别行政区,但是香港特别行政区社会"必须承认这些条款在中国其他地区实施的有效性"。[4] 有学者指出,宪法在香港特别行政区的适用有两种方式:第一种是显性的"运用和实施宪法落实处理各种事情"的宪法执行模式;第二种是隐性的"认可、尊重和不得破坏"的宪法遵守模式。我国《宪法》中关于社会主义制度、政策等规范虽然不具体在特别行政区落实,但不是说有关规范不能适用,这些规范在特区的适用是通过一种非常态的被动的状态表现出来的,即特别行政区(各种组织尤其是中国籍居民)需

---

〔1〕 韩大元:《宪法学基础理论》,中国政法大学出版社 2008 年版,第 92~93 页。

〔2〕 参见梁美芬:《中国宪法在香港适用问题》,载香港《文汇报》2005 年 2 月 2 日,第 A18 版。

〔3〕 韩大元:《宪法学基础理论》,中国政法大学出版社 2008 年版,第 114 页。

〔4〕 梁美芬:《香港回归 10 年:从抽象宪法传统演变为具体宪法传统》,载陈广汉、刘祖云、袁持平主编:《"香港回归 10 周年的回顾与展望"国际学术研讨会论文集》,中山大学出版社 2009 年版,第 143~152 页。

要尊重且不能破坏内地实行的社会主义制度和政策。[1] 该学者所说的宪法在香港特别行政区适用的第一种方式其实就是笔者前述宪法条款在香港特别行政区的直接实施,第二种方式其实就是笔者所说之宪法条款在香港特别行政区的实施。

综合前述,笔者意图重申的立场是:宪法的效力和宪法的适用、宪法的间接实施与宪法的消极实施均不是同一范畴。《宪法》在香港特别行政区整体有效,但并不意味着所有宪法条款均可适用于香港特别行政区;宪法条款在香港特别行政区的间接实施是和宪法条款在香港特别行政区的直接实施关联在一起的,没有宪法条款在香港特别行政区的直接实施,就无法进而谈及宪法条款在香港特别行政区的间接实施;宪法条款在香港特别行政区的消极实施其实就是香港特别行政区民众对宪法条款的遵守,它是和所有宪法条款关联在一起的,它和《宪法》的间接实施不是同一范畴,不能混为一谈。

---

〔1〕 参见邹平学:《1982 年〈宪法〉第 31 条辨析——兼论现行〈宪法〉在特别行政区的适用》,载《当代港澳研究》2013 年第 1 期。

第二章　全国人大及其常委会针对香港特别行政区作出的宪法实施性决定

《香港基本法》、全国人大常委会释法决定、全国性法律等，固然是宪法在香港特别行政区的实施形式，全国人大及其常委会针对香港特别行政区问题作出的“决定”也是宪法在香港特别行政区实施的一种重要形式。本章拟在前期分析的基础上，从宪法在香港特别行政区实施的角度，对该类“决定”的理论和实践问题作一学理分析，以期为后文进一步展开的对宪法在香港特别行政区的实施与监督提供前期的背景基础。

第一节　全国人大及其常委会针对香港问题作出的宪法实施性决定概说

一、对全国人大及其常委会针对香港问题所作宪法实施性决定的总体回顾

（一）全国人大及其常委会所作“决定”的总体框架

自20世纪80年代初以来，全国人大及其常委会针对香港问题先后作出了35个“决定”“办法”“补充规定”“解释”等法律文件。其中，24个“决定”、5个“办法”、1个“补充规定”、5个“解释”。全国人大常委会所作基本法解释拟在本书其他章节中展开分析，此处不再赘述。“决定”“补充规定”“办法”在性质上具有类同性，本章在标题上将其一并归

入"决定"的范畴,具体阐述时再作适度区分。依据该标准,按照时间顺序,全国人大及其常委会所作"决定"清单编排如下:

(1)《全国人民代表大会关于成立中华人民共和国香港特别行政区基本法起草委员会的决定》(1985-04-10)

(2)《中华人民共和国第六届全国人民代表大会第三次会议关于批准〈中华人民共和国政府和大不列颠及北爱尔兰联合王国政府关于香港问题的联合声明〉的决定》(1985-04-10)

(3)《全国人民代表大会关于香港特别行政区第一届政府和立法会产生办法的决定》(1990-04-02)

(4)《全国人民代表大会关于批准香港特别行政区基本法起草委员会关于设立全国人民代表大会常务委员会香港特别行政区基本法委员会的建议的决定》(1990-04-04)

(5)《全国人民代表大会关于〈中华人民共和国香港基本法〉的决定》(1990-04-04)

(6)《全国人民代表大会关于设立香港特别行政区的决定》(1990-04-04)

(7)《全国人民代表大会常务委员会关于〈中华人民共和国香港特别行政区基本法〉英文本的决定》(1990-06-28)

(8)《全国人民代表大会关于授权全国人民代表大会常务委员会设立香港特别行政区筹备委员会准备工作机构的决定》(1993-03-31)

(9)《全国人民代表大会常务委员会关于设立全国人民代表大会常务委员会香港特别行政区筹备委员会预备工作委员会的决定》(1993-07-02)

(10)《全国人民代表大会香港特别行政区筹备委员会关于基本法第二十三条立法问题的决定》(1996-12-12)

(11)《全国人民代表大会香港特别行政区筹备委员会关于设立香港特别行政区临时区域组织的决定》(1997-02-01)

(12)《全国人民代表大会常务委员会关于根据〈中华人民共和国香

港特别行政区基本法〉第一百六十条处理香港原有法律的决定》(1997-02-23)

(13)《中华人民共和国香港特别行政区选举第九届全国人民代表大会代表的办法》(1997-03-14)

(14)《全国人民代表大会常务委员会关于〈中华人民共和国香港特别行政区基本法〉附件三所列全国性法律增减的决定》(1997-07-01)

(15)《全国人民代表大会常务委员会关于补选出缺的香港特别行政区第九届全国人民代表大会代表的决定》(1998-10-26)

(16)《全国人民代表大会常务委员会关于增加〈中华人民共和国香港特别行政区基本法〉附件三所列全国性法律的决定》(1998-11-04)

(17)《中华人民共和国香港特别行政区选举第十届全国人民代表大会代表的办法》(2002-03-15)

(18)《全国人民代表大会常务委员会关于香港特别行政区第十届全国人民代表大会代表选举会议组成的补充规定》(2002-06-29)

(19)《全国人民代表大会常务委员会关于第一任全国人民代表大会常务委员会香港特别行政区基本法委员会成员继续履行职责的决定》(2002-06-29)

(20)《全国人民代表大会常务委员会关于香港特别行政区 2007 年行政长官和 2008 年立法会产生办法有关问题的决定》(2004-04-26)

(21)《全国人民代表大会常务委员会关于增加〈中华人民共和国香港特别行政区基本法〉附件三所列全国性法律的决定》(2005-10-27)

(22)《全国人民代表大会常务委员会关于授权香港特别行政区对深圳湾口岸港方口岸区实施管辖的决定》(2006-10-31)

(23)《中华人民共和国香港特别行政区选举第十一届全国人民代表大会代表的办法》(2007-03-16)

(24)《全国人民代表大会常务委员会关于香港特别行政区 2012 年行政长官和立法会产生办法及有关普选问题的决定》(2007-12-29)

(25)《全国人民代表大会常务委员会关于批准〈中华人民共和国香

港特别行政区基本法附件一香港特别行政区行政长官的产生办法修正案〉的决定》(2010－08－28)

(26)《中华人民共和国香港特别行政区选举第十二届全国人民代表大会的办法》(2012－03－11)

(27)《全国人民代表大会常务委员会关于香港特别行政区行政长官普选问题和2016年立法会产生办法的决定》(2014－08－31)

(28)《中华人民共和国香港特别行政区选举第十三届全国人民代表大会代表的办法》(2017－03－15)

(29)《全国人大常委会关于增加〈中华人民共和国香港特别行政区基本法〉附件三所列全国性法律的决定》(2017－11－06)

(30)《全国人民代表大会常务委员会关于批准〈内地与香港特别行政区关于在广深港高铁西九龙站设立口岸实施"一地两检"的合作安排〉的决定》(2017－12－27)

(二)全国人大及其常委会所作"决定"的主要内容

前述全国人大及其常委会所作"决定"涉及的内容不甚相同,可以据此分为8种不同的类型,分别为:(1)关涉《香港基本法》附件三所列全国性法律范围的"决定";(2)关涉《香港基本法》的"决定";(3)关涉香港特别行政区基本法委员会设立的"决定";(4)关于"一地两检"的决定;(5)关涉香港特别行政区选举产生全国人大代表的办法的决定;(6)关涉香港特别行政区行政长官、立法会议员产生办法的决定;(7)关涉香港特别行政区设立相关事宜的"决定";(8)关于批准《中英联合声明》的决定。在前述"决定"中,有些"决定"的内容较为简单,有些"决定"的内容较为复杂;实践中有些"决定"的争议不大,有些"决定"的争议比较大。鉴于此,笔者此处对前述"决定"内容的框定总体上遵循如下准则。(1)对"决定"内容的阐释,总体上按照其归属的类别进行归类,而后按照时间顺序逐次展开。(2)对内容相对较为简单的"决定",归类之后在本部分阐释。对内容相对较为复杂但争议不大的"决定",归类之后在本节后续其他主题中阐释。(3)对内容相对较为复杂且争议比较大的“决定”,归类之后在本章第二节重点阐释。根据前述准则,本部分涉及的“决定”主要包括如下几类。

其一,关涉《香港基本法》附件三所列全国性法律范围的“决定”。该类“决定”共有4个,后文相关章节还要专门加以论述,此处简叙。1990年4月4日,第七届全国人民代表大会第三次会议审议通过《香港基本法》。该法附件三所列在香港特别行政区实施的全国性法律包括6个,分别为:(1)《关于中华人民共和国国都、纪年、国歌、国旗的决议》;(2)《关于中华人民共和国国庆日的决议》;(3)《中央人民政府公布中华人民共和国国徽的命令》(附:国徽图案、说明、使用办法);(4)《中华人民共和国政府关于领海的声明》;(5)《国籍法》;(6)《外交特权与豁免条例》。1997年《全国人民代表大会常务委员会关于〈中华人民共和国香港特别行政区基本法〉附件三所列全国性法律增减的决定》在《香港基本法》附件三中增加5部全国性法律,分别为:(1)《国旗法》;(2)《领事特权与豁免条例》;(3)《国徽法》;(4)《领海及毗连区法》;(5)《香港特别行政区驻军法》。同时,在《香港基本法》附件三中删除《中央人民政府公布中华人民共和国国徽的命令》。1998年《全国人民代表大会常务委员会关于增加〈中华人民共和国香港特别行政区基本法〉附件三所列全国性法律的决定》在《香港基本法》附件三中增加《专属经济区和大陆架法》。2005年《全国人民代表大会常务委员会关于增加〈中华人民共和国香港特别行政区基本法〉附件三所列全国性法律的决定》在《香港基本法》附件三中增加《外国中央银行财产司法强制措施豁免法》。2017年《全国人大常委会关于增加〈中华人民共和国香港特别行政区基本法〉附件三所列全国性法律的决定》在《香港基本法》附件三中增加《国歌法》。

其二,关涉《香港基本法》的“决定”。该类“决定”共有3个。《香港基本法》是宪法在香港特别行政区实施的主体方式,其颁布实施涉及一系列衍生问题,为此,全国人大及其常委会颁布了3个相关“决定”。(1)1985年4月10日,第六届全国人大三次会议审议通过《全国人民代表大会关于成立中华人民共和国香港特别行政区基本法起草委员会的决定》,成立香港特别行政区基本法起草委员会,负责“香港基本法”的起草工作。香港基本法起草委员会向全国人大负责,在全国人大闭会期间,向全国人大常委会负责。香港基本法起草委员会由包括香港特别行政区同胞在内的各方面的人士和专家组成,具体名单由全国人大常委会决定并公布。(2)1990 年 4 月 4 日,第七届全国人大第三次会议审议通过《全国人民代表大会关于〈中华人民共和国香港基本法〉的决定》。该决定的主要内容:“第七届全国人民代表大会第三次会议通过《中华人民共和国香港特别行政区基本法》,包括附件一:《香港特别行政区行政长官的产生办法》,附件二:《香港特别行政区立法会的产生办法和表决程序》,附件三:《在香港特别行政区实施的全国性法律》,以及香港特别行政区区旗和区徽图案。《中华人民共和国宪法》第三十一条规定:‘国家在必要时得设立特别行政区。在特别行政区内实行的制度按照具体情况由全国人民代表大会以法律规定’。香港特别行政区基本法是根据《中华人民共和国宪法》按照香港的具体情况制定的,是符合宪法的。香港特别行政区设立后实行的制度、政策和法律,以香港特别行政区基本法为依据。《中华人民共和国香港特别行政区基本法》自 1997 年 7 月 1 日起实施。”(3)1990 年 6 月 28 日,第七届全国人大常委会第十四次会议审议通过《全国人民代表大会常务委员会关于〈中华人民共和国香港特别行政区基本法〉英文本的决定》,主要内容:“全国人民代表大会法律委员会主持审定的《中华人民共和国香港特别行政区基本法》英译本为正式英文本,和中文本同样使用;英文本中的用语的含义如果有与中文本有出入的,以中文本为准。”

其三,关涉“一地两检”的“决定”。该类决定共有两个。(1)2006 年《全国人民代表大会常务委员会关于授权香港特别行政区对深圳湾口岸港方口岸区实施管辖的决定》。该决定的主体内容为:“一、授权香港特别行政区自深圳湾口岸启用之日起,对该口岸所设港方口岸区依照香港特别行政区法律实施管辖。香港特别行政区对深圳湾口岸港方口岸区实行禁区式管理。二、深圳湾口岸港方口岸区的范围，由国务院规定。三、深圳湾口岸港方口岸区土地使用期限，由国务院依照有关法律的规定确定。”(2)2017年《全国人民代表大会常务委员会关于批准〈内地与香港特别行政区关于在广深港高铁西九龙站设立口岸实施“一地两检”的合作安排〉的决定》。该决定的主体内容为：“一、批准2017年11月18日广东省人民政府与香港特别行政区政府签署的《合作安排》，并确认《合作安排》符合宪法和香港特别行政区基本法。香港特别行政区应当立法保障《合作安排》得以落实。二、西九龙站内地口岸区的设立及具体范围，由国务院批准。西九龙站内地口岸区自启用之日起，由内地依照内地法律和《合作安排》实施管辖，并派驻出入境边防检查机关、海关、检验检疫机构、口岸综合管理机构和铁路公安机关依法履行职责，上述机构及其人员不在西九龙站内地口岸区以外区域执法。三、西九龙站口岸启用后，对《合作安排》如有修改，由国务院批准，并报全国人民代表大会常务委员会备案。”

其四，关涉香港特别行政区基本法委员会设立的“决定”。该类决定主要有两个。(1)1990年《全国人民代表大会关于批准香港特别行政区基本法起草委员会关于设立全国人民代表大会常务委员会香港特别行政区基本法委员会的建议的决定》。该决定的主要内容为：“一、批准香港特别行政区基本法起草委员会关于设立全国人民代表大会常务委员会香港特别行政区基本法委员会的建议。二、在《中华人民共和国香港特别行政区基本法》实施时，设立全国人民代表大会常务委员会香港特别行政区基本法委员会。附件：香港特别行政区基本法起草委员会关于设立全国人民代表大会常务委员会香港特别行政区基本法委员会的建议(一、名称：全国人民代表大会常务委员会香港特别行政区基本法委员会。二、隶属关系：是全国人民代表大会常务委员会下设的工作委员会。三、任务：就有关香港特别行政区基本法第十七条、第十八条、第一百五十八条、第一百五十九条实施中的问题进行研究，并向全国人民代表大会常务委员会提供意见。四、组成：成员十二人，由全国人民代表大会常务委员会任命内地和香港人士各六人组成，其中包括法律界人士，任期五年。香港委员须由在外国无居留权的香港特别行政区永久性居民中的中国公民担任，由香港特别行政区行政长官、立法会主席和终审法院首席法官联合提名，报全国人民代表大会常务委员会任命。）。”（2）2002年《全国人民代表大会常务委员会关于第一任全国人民代表大会常务委员会香港特别行政区基本法委员会成员继续履行职责的决定》。该决定的主要内容为：“第一任全国人民代表大会常务委员会香港特别行政区基本法委员会成员，在第十届全国人民代表大会常务委员会第一次会议任命第二任全国人民代表大会常务委员会香港特别行政区基本法委员会成员之前，继续履行职责。”

二、全国人大关于批准《中英联合声明》的决定

（一）全国人大关于批准《中英联合声明》的决定内容

1982年9月22日，时任英国首相撒切尔夫人访华。9月24日，撒切尔夫人在人民大会堂与邓小平同志举行会谈。邓小平表达了中国政府对香港问题的基本立场。此后，中国和英国围绕香港问题展开会谈。经过两年多的外交谈判，双方在1984年9月17日达成了协议，并于同年9月26日对协议文本进行了草签。此后不久，时任外交部部长的吴学谦代表国务院向全国人大常委会提交了《关于提请审议关于中英香港问题协议文件的报告》。1984年11月14日，第六届全国人民代表大会常务委员会第八次会议听取了国务委员兼外交部部长吴学谦代表国务院所作的关于提请审议中英关于香港问题协议文件的报告，审议了国务院关于提请审议《中英联合声明》的议案。会议对我国政府为解决香港问题所进行的工作和吴学谦国务委员兼外交部部长的报告表示满意。会议同意中英两国政府草签的《中英联合声明》，决定在中英两国政府正式签署后，提请第六届全国人民代表大会第三次会议审议、批准。1984年12月19日，中英双方签署《中英联合声明》，该声明的主体内容如下：

一、中华人民共和国政府声明：收回香港地区（包括香港岛、九龙和“新界”，以下称香港）是全中国人民的共同愿望，中华人民共和国政府决定于1997年7月1日对香港恢复行使主权。

二、联合王国政府声明：联合王国政府于1997年7月1日将香港交还给中华人民共和国。

三、中华人民共和国政府声明，中华人民共和国对香港的基本方针政策如下：

（一）为了维护国家的统一和领土完整，并考虑到香港的历史和现实情况，中华人民共和国决定在对香港恢复行使主权时，根据中华人民共和国宪法第31条的规定，设立香港特别行政区。

（二）香港特别行政区直辖于中华人民共和国中央人民政府。除外交和国防事务属中央人民政府管理外，香港特别行政区享有高度的自治权。

（三）香港特别行政区享有行政管理权、立法权、独立的司法权和终审权。现行的法律基本不变。

（四）香港特别行政区政府由当地人组成。行政长官在当地通过选举或协商产生，由中央人民政府任命。主要官员由香港特别行政区行政长官提名，报中央人民政府任命。原在香港各政府部门任职的中外籍公务、警务人员可以留用。香港特别行政区各政府部门可以聘请英籍人士或其他外籍人士担任顾问或某些公职。

（五）香港的现行社会、经济制度不变；生活方式不变。香港特别行政区依法保障人身、言论、出版、集会、结社、旅行、迁徙、通信、罢工、选择职业和学术研究以及宗教信仰等各项权利和自由。私人财产、企业所有权、合法继承权以及外来投资均受法律保护。

（六）香港特别行政区将保持自由港和独立关税地区的地位。

（七）香港特别行政区将保持国际金融中心的地位，继续开放外汇、黄金、证券、期货等市场，资金进出自由，港币继续流通，自由兑换。

（八）香港特别行政区将保持财政独立。中央人民政府不向香港特别行政区征税。

（九）香港特别行政区可同联合王国和其他国家建立互利的经济关系。联合王国和其他国家在香港的经济利益将得到照顾。

（十）香港特别行政区可以“中国香港”的名义单独地同各国、各地区及有关国际组织保持和发展经济、文化关系，并签订有关协定。

香港特别行政区政府可自行签发出入香港的旅行证件。

（十一）香港特别行政区的社会治安由香港特别行政区政府负责维持。

（十二）关于中华人民共和国对香港的上述基本方针政策和本联合声明附件一对上述基本方针政策的具体说明，中华人民共和国全国人民代表大会将以中华人民共和国香港特别行政区基本法规定之，并在五十年内不变。

四、中华人民共和国政府和联合王国政府声明：自本联合声明生效之日起至1997年6月30日止的过渡时期内，联合王国政府负责香港的行政管理，以维护和保持香港的经济繁荣和社会稳定；对此，中华人民共和国政府将给予合作。

五、中华人民共和国政府和联合王国政府声明：为求本联合声明得以有效执行，并保证1997年政权的顺利交接，在本联合声明生效时成立中英联合联络小组；联合联络小组将根据本联合声明附件二的规定建立和履行职责。

六、中华人民共和国政府和联合王国政府声明：关于香港土地契约和其他有关事项，将根据本联合声明附件三的规定处理。

七、中华人民共和国政府和联合王国政府同意，上述各项声明和本联合声明的附件均将付诸实施。

八、本联合声明须经批准，并自互换批准书之日起生效。批准书应于1985年6月30日前在北京互换。本联合声明及其附件具有同等约束力。

1985 年 4 月 10 日，中华人民共和国第六届全国人民代表大会第三次会议审议了国务院关于提请审议批准《中英联合声明》的议案，决定批准 1984 年 12 月 19 日由赵紫阳总理代表中国政府签署的《中英联合声明》，包括附件一《中华人民共和国政府对香港的基本方针政策的具体说明》、附件二《关于中英联合联络小组》和附件三《关于土地契约》。

（二）对全国人大批准《中英联合声明》决定的学理分析

从直观层面来看，前述全国人大常委会 1984 年 11 月 14 日所作“决议”[1]和全国人大 1985 年 4 月 10 日所作批准“决定”[2]中并未言及《宪法》，但二者本质上都是实施宪法的具体形式。《宪法》第 67 条第 15 项规定，全国人大常委会有权决定同外国缔结的条约和重要协定的批准和废除。依据该规定，全国人大常委会 1984 年 11 月 14 日所作“决议”属于对前述规定的贯彻实施。但是，问题的症结在于：前述“决议”中仅仅是对《中英联合声明》表示同意，并未批准，而且，“决议”还决定在中英两国政府正式签署后，提请第六届全国人民代表大会第三次会议审议、批准。对此，如何理解呢？笔者认为，之所以采取前述表述方式，其原因主要有两个方面：（1）1984 年 11 月 14 日第六届全国人大常委会第八次会议审议国务院提请审议的《中英联合声明》的议案时，该声明仅仅是草签，中英双方尚未正式签署；（2）《中英联合声明》涉及香港特别行政区的设立及其制度，依据《宪法》第 62 条第 14 项的规定，该项权力属于全国人大。鉴于此，全国人大常委会在前述决议中并未“批准”，而是同意《中英联合声明》，并决定“在中英两国政府正式签署后，提请第六届全国人民代表大会第三次会议审议、批准”。该种处置方式直观上似乎是有道理的，但是，接踵而来的问题是，依据《宪法》第 62 条的规定，全

---

〔1〕《全国人民代表大会常务委员会关于国务院提请审议〈中华人民共和国政府和大不列颠及北爱尔兰联合王国政府关于香港问题的联合声明〉的议案的决议》。

〔2〕《中华人民共和国第六届全国人民代表大会第三次会议关于批准〈中华人民共和国政府和大不列颠及北爱尔兰联合王国政府关于香港问题的联合声明〉的决定》。

国人大固然有权“决定特别行政区的设立及其制度”，但无权“批准同外国缔结的重要条约或协定”，该种权力是全国人大常委会而不是全国人大的权力。然而，1985 年 4 月 10 日第六届全国人大第三次会议却决定“批准”《中英联合声明》。对此，又应当如何理解呢？从前述全国人大及其常委会审议批准《中英联合声明》的路径来看，给人的直观印象为：在 1984 年 11 月 14 日的第六届全国人大常委会第八次会议上，全国人大常委会主动放弃了《宪法》第 67 条第 15 项赋予它的“决定同外国缔结的条约和重要协定的批准”权，将其交由全国人大行使。但是，问题的症结在于：全国人大常委会是否有权主动放弃行使并转让宪法赋予它行使的该种权力呢？笔者认为，此举似乎不甚妥当，其原因在于：宪法是国家的根本大法，具有最高的法律效力，包括全国人大及其常委会在内的一切国家机关都必须遵守宪法。全国人大常委会的前述做法从微观上固然可以理解，但是同《宪法》第 5 条、第 67 条的规定相悖。就前述 1985 年 4 月 10 日第六届全国人大第三次会议所作“批准决定”而言，笔者认为，依据《宪法》第 62 条的文本规定，全国人大应该无权“批准”《中英联合声明》，由它来“批准”固然是基于其依据《宪法》第 62 条第 14 项所拥有的“决定特别行政区的设立及其制度”的权力，但却又不可避免地衍生出了其他问题。

（1）与《宪法》第 81 条之间的冲突问题。《宪法》第 81 条规定，国家主席有权根据全国人大常委会的决定，批准同外国缔结的条约和重要协定。依据该规定，国家主席应当根据全国人大常委会而不是全国人大的决定，批准《中英联合声明》。但是，1985 年 4 月 10 日李先念主席批准《中英联合声明》的第六届第 25 号主席令却是根据全国人大的决定签发的。该主席令的主体内容为：“根据 1985 年 4 月 10 日中华人民共和国第六届全国人民代表大会第三次会议关于批准《中华人民共和国政府和大不列颠及北爱尔兰联合王国政府关于香港问题的联合声明》的决定，批准 1984 年 12 月 19 日由赵紫阳总理代表中国政府签署的《中华人民共和国政府和大不列颠及北爱尔兰联合王国政府关于香港问题的联合声明》,包括附件一:《中华人民共和国政府对香港的基本方针政策的具体说明》、附件二:《关于中英联合联络小组》和附件三:《关于土地契约》。"

(2)全国人大及其常委会之间的职权划分性质问题。在全国人大及其常委会之间的职权划分问题,尤其是全国人大常委会的权力来源问题上,存在两种解释路径。其一,内部分权说。该观点认为,全国人大常委会的职权来源于全国人大的内部分权,"全国人民代表大会设立常委会作为它的常设机关,就是把它的一部分权力分给常委会行使"。[1] 既然全国人大常委会的职权是全国人大分给它行使的,那么全国人大作为权力分出者自然就可以理所当然地行使该类权力。有学者提出,"全国人大的常设机关所拥有的所有职权,全国人大也自然可以行使"。[2] 其二,宪法授权说。该观点认为,全国人大及其常委会、国务院、最高人民法院、最高人民检察院、国家主席、中央军委等中央国家机关均是宪法设置的国家机关,它们的权力均来自宪法的直接授权。依据该观点,全国人大常委会的职权是宪法授予的,而不是全国人大分给它行使的,既然如此,全国人大自然不可以理所当然地行使宪法授予全国人大常委会行使的权力。值得注意的是,全国人大在批准《中华人民共和国政府和葡萄牙共和国政府关于澳门问题的联合声明》时,采取了与前述"批准"不同的程序。1987 年 4 月 11 日,第六届全国人大第五次会议审理通过决定,授权全国人大常委会审议和批准中葡两国政府关于澳门问题的联合声明。该决定指出,"鉴于《中华人民共和国政府和葡萄牙共和国政府关于澳门问题的联合声明》涉及特别行政区的设立及其制度问题,根据《中华人民共和国宪法》第三十一条、第六十二条的规定,应由全国人民代表大会决定。会议决定授权全国人民代表大会常务委员会在《中华人民共和国政府和葡萄牙共和国政府关于澳门问题的联合声明》经中葡两国政府正式签署后予以审议和决定批准"。如此一来,前述所说的程序

---

〔1〕 蔡定剑:《宪法精解》,法律出版社 2006 年版,第 330 页。
〔2〕 范进学:《宪法解释主体论》,载《中国法学》2004 年第 6 期。

问题就解决了。根据前述授权决定,1987 年 6 月 23 日,第六届全国人大常委会第二十一次会议审议通过《全国人民代表大会常务委员会关于批准〈中华人民共和国政府和葡萄牙共和国政府关于澳门问题的联合声明〉的决定》。

三、全国人大所作香港特别行政区选举全国人大代表的办法

(一)香港特别行政区选举全国人大代表办法的制度背景及其选举第九届全国人大代表的办法

《宪法》第 59 条规定:"全国人民代表大会由省、自治区、直辖市、特别行政区和军队选出的代表组成。各少数民族都应当有适当名额的代表。全国人民代表大会代表的选举由全国人民代表大会常务委员会主持。全国人民代表大会代表名额和代表产生办法由法律规定。"依据前述规定,香港特别行政区选举全国人大代表的具体办法应当由法律规定。根据《宪法》第 62 条第 14 项并比对《宪法》第 67 条,可以看出,只有全国人大方才有权决定特别行政区的设立及其制度,因此,相较于香港特别行政区来说,该"法律"仅限于全国人大制定的基本法律。进言之,全国人大所作关涉香港特别行政区选举全国人大代表的办法的性质属于基本法律。但是,这种法律显然不属于《香港基本法》第 18 条第 2 款所说之全国性法律,因此,也就没有必要列于《香港基本法》附件三。原因很简单,该类办法"不在香港特别行政区实施",而是在香港特别行政区之外的我国内地范围内实施。但是,相较于宪法的实施而言,该类办法性质上似乎也属于实施宪法的全国性法律。迄今为止,全国人大先后在 1997 年、2002 年、2007 年、2012 年、2017 年作出过 5 个香港特别行政区选举全国人大代表的办法。此外,全国人大常委会还先后于 1998 年、2002 年作出 2 个相关决定或者补充规定,分别如下。(1)1998 年 10 月 26 日《全国人民代表大会常务委员会关于补选出缺的香港特别行政区第九届全国人民代表大会代表的决定》。第九届全国人大常委会第五次会议决定:香港特别行政区第九届全国人民代表大会代表因故出缺,

由1997年12月8日选举香港特别行政区第九届全国人民代表大会代表时未当选的代表候选人，按得票多少顺序依次递补。该决定的性质显然不属于法律。(2)2002年6月29日《全国人民代表大会常务委员会关于香港特别行政区第十届全国人民代表大会代表选举会议组成的补充规定》。第九届全国人大常务委员会第二十八次会议决定，对《中华人民共和国香港特别行政区选举第十届全国人民代表大会的办法》第5条如下补充规定：没有参加过香港特别行政区第九届全国人民代表大会代表选举会议的香港特别行政区第九届全国人民代表大会代表，为香港特别行政区第十届全国人民代表大会代表选举会议的成员。该补充规定的性质属于全国人大常委会对上述办法的修改，理论上也属于立法的范畴。

香港回归中国之前，香港地区的全国人大代表由广东省人民代表大会选举产生。在香港回归中国之后，根据《香港基本法》的规定，香港特别行政区将依据全国人民代表大会确定的代表名额和代表产生办法，单独选举自己的全国人大代表。1997年3月14日，第八届全国人大第五次会议审议通过《中华人民共和国香港特别行政区选举第九届全国人民代表大会代表的办法》。该办法根据《宪法》、《香港基本法》[1]以及《选举法》(1995年)第15条第3款[2]制定。依据该办法，香港特别行政区选举第九届全国人大代表的程序包括如下内容。(1)选举工作的主持机构。香港特别行政区选举第九届全国人民代表大会代表由全国人民代表大会常务委员会主持。(2)应选全国人大代表名额。香港特别行政区应选第九届全国人民代表大会代表的名额为36名。(3)代表候选人资格。香港特别行政区选举的全国人民代表大会代表必须是香港居民中的中国公民。香港居民包括永久性居民和非永久性居民。符合代

---

〔1〕《香港基本法》第21条规定："香港特别行政区居民中的中国公民依法参与国家事务的管理。根据全国人民代表大会确定的名额和代表产生办法，由香港特别行政区居民中的中国公民在香港选出香港特别行政区的全国人民代表大会代表，参加最高国家权力机关的工作。"

〔2〕《选举法》(1995年)第15条第3款规定："香港特别行政区、澳门特别行政区应选全国人民代表大会代表的名额，由全国人民代表大会另行规定。"

表候选人资格的是香港居民中的永久性居民,且仅限于其中的一部分,具体包括:香港特别行政区成立以前或以后在当地出生的中国公民;在香港特别行政区成立以前或以后在香港特别行政区居住连续 7 年以上的中国公民;前述两类居民在香港特别行政区以外所生的中国籍子女。(4)代表选举会议的组成。香港特别行政区成立第九届全国人民代表大会代表选举会议。选举会议由《全国人民代表大会关于香港特别行政区第一届政府和立法会产生办法的决定》中规定的第一届政府推选委员会委员中的中国公民,以及不是推选委员会委员的香港居民中的中国人民政治协商会议第八届全国委员会委员和香港特别行政区临时立法会议员中的中国公民组成。但本人提出不愿参加的除外。选举会议成员名单由全国人民代表大会常务委员会公布。(5)选举会议的召集、主持。选举会议第一次会议由全国人民代表大会常务委员会召集,推选 11 名选举会议成员组成主席团,主席团从其成员中推选常务主席一人。主席团主持选举会议。选举会议根据主席团的提议,依照《中华人民共和国香港特别行政区选举第九届全国人民代表大会代表的办法》制定具体选举办法。(6)代表候选人的提出。选举会议成员 10 人以上联名,可以提出代表候选人。每一名成员参加联名提出的代表候选人不得超过应选名额。(7)确定正式代表候选人。选举会议选举第九届全国人民代表大会代表的候选人应多于应选人数 1/5 至 1/2,进行差额选举。提名的候选人名额如果没有超过应选名额 1/2 的差额比例,直接进行投票选举。提名的候选人名额如果超过应选名额 1/2 差额比例,由选举会议全体成员进行投票,根据候选人得票多少的顺序,按照不超过 1/2 的差额比例,确定正式候选人名单,进行投票选举。(8)确定当选。选举会议选举第九届全国人民代表大会代表采用无记名投票的方式。选举会议进行选举时,所投的票数多于投票人数的无效,等于或者少于投票人数的有效。每一选票所选的人数,多于应选人数的作废,等于或者少于应选人数的有效。代表候选人以得票多的当选。如遇票数相等不能确定当选人时,应当就票数相等的候选人再次投票,以得票多的当选。选举结果由主席团予以宣布，并报全国人民代表大会常务委员会代表资格审查委员会。全国人民代表大会常务委员会根据代表资格审查委员会提出的报告，确认代表资格，公布代表名单。

（二）香港特别行政区选举第十届到第十三届全国人大代表的办法

2002年3月15日，第九届全国人大第五次会议审议通过《中华人民共和国香港特别行政区选举第十届全国人民代表大会代表的办法》（以下简称2002年《办法》），该办法在1997年第八届全国人大第五次会议审议通过的选举第九届全国人大代表的办法的基础上做了适度的修正，二者之间的区别主要表现如下。（1）代表候选人资格增加了年龄限制。2002年《办法》规定，香港特别行政区选举的全国人民代表大会代表必须是年满18周岁的香港居民中的中国公民。（2）代表选举会议的组成有了新的变化。2002年《办法》规定，第十届全国人大代表选举会议由参加过香港特别行政区第九届全国人大代表选举会议的人员，以及不是上述人员的香港居民中的中国人民政治协商会议第九届全国委员会委员和香港特别行政区第二任行政长官选举委员会委员中的中国公民组成。但本人提出不愿参加的除外。香港特别行政区行政长官为香港特别行政区第十届全国人民代表大会代表选举会议的成员。（3）选举会议主席团的人数和产生方式有了新的变化。2002年《办法》规定，选举会议第一次会议由全国人民代表大会常务委员会召集，根据全国人民代表大会常务委员会委员长会议的提名，推选15名选举会议成员组成主席团。（4）对选举会议及其成员有了限制性要求。2002年《办法》规定，选举会议举行全体会议，须有过半数成员出席。选举会议成员以个人身份参加选举会议，并以个人身份履行职责。选举会议成员应出席选举会议，如有特殊原因不能出席，应事先向主席团请假。选举会议成员不得直接或间接地索取或接受参选人和候选人的贿赂或谋取其他任何利益，不得直接或间接地以利益影响他人在选举中对参选人和候选人所持的立场。（5）对候选人确定当选条件作了限制性要求。2002年《办法》规定,代表候选人获得参加投票的选举会议成员过半数的选票时,始得当选。获得过半数选票的代表候选人的人数超过应选代表名额时,以得票多的当选。如遇票数相等不能确定当选人时,应当就票数相等的候选人再次投票,以得票多的当选。获得过半数选票的当选代表的人数少于应选代表的名额时,不足的名额另行选举。另行选举时,根据在第一次投票时得票多少的顺序,按照候选人比应选名额多 1/5 至 1/2 的差额比例,由主席团确定候选人名单;如果只选一人,候选人应为 2 人。另行选举时,代表候选人获得参加投票的选举会议成员过半数的选票,始得当选。(6)增加了选举投诉、代表辞职处理、递补代表等程序。2002 年《办法》规定,选举会议主席团接受与选举第十届全国人民代表大会代表有关的投诉,并转报全国人民代表大会常务委员会代表资格审查委员会处理。香港特别行政区第十届全国人民代表大会代表可以向全国人民代表大会常务委员会提出辞职,由全国人民代表大会常务委员会决定接受辞职后予以公告。香港特别行政区第十届全国人民代表大会代表因故出缺,由选举香港特别行政区第十届全国人民代表大会代表时未当选的代表候选人,按得票多少顺序依次递补,但是被递补为全国人民代表大会代表的候选人的得票数不得少于选票的 1/3。选举第十届全国人民代表大会代表时,在未当选的代表候选人中,如遇票数相等不能确定代表出缺时的递补顺序,由主席团决定就票数相等的候选人再次投票,按得票多少确定递补顺序。除上述方面的变化外,2002 年《办法》还增加了一些具体程序,如参选人登记表、选举会议成员提名信、监票等。

2007 年 3 月 16 日,第十届全国人大第五次会议审议通过《中华人民共和国香港特别行政区选举第十一届全国人民代表大会代表的办法》(以下简称 2007 年《办法》)。2007 年《办法》与 2002 年《办法》相比,程序基本相同,有一些细微的差别,主要表现在:(1)关于差额选举的规定不甚相同。2002 年《办法》中关于差额选举的规定比较多,主体内容为:“选举会议选举第十届全国人民代表大会代表的候选人应比应选名额多五分之一至二分之一(候选人应为四十四名至五十四名),进行差额选举。如果到代表候选人提名截止时间,提名的代表候选人名额不足四十四名,由主席团决定,延长代表候选人提名时间。”“提名的代表候选人名额如果没有超过应选名额二分之一的差额比例,直接进行投票选举。提名的代表候选人名额如果超过应选名额二分之一差额比例,由选举会议对所有的代表候选人进行预选,依照候选人得票多少的顺序,确定得票较多的前五十四名候选人为正式代表候选人;如遇有候选人得票数相等使正式代表候选人超过五十四名时,该票数相等的候选人可以都列为正式代表候选人。每一选举会议成员所选人数不得超过三十六人。”与前述 2002 年《办法》中的规定相比,2007 年《办法》中关于差额选举的规定非常简单,内容为:“选举会议选举第十一届全国人民代表大会代表的候选人应多于应选名额,进行差额选举。”(2)增加了代表因故出缺的补充程序。2002 年《办法》中规定的内容为:“香港特别行政区第十届全国人民代表大会代表因故出缺,由选举香港特别行政区第十届全国人民代表大会代表时未当选的代表候选人,按得票多少顺序依次递补,但是被递补为全国人民代表大会代表的候选人的得票数不得少于选票的三分之一。”2007 年《办法》在此基础上增加了新的规定,内容为:“全国人民代表大会常务委员会根据代表资格审查委员会提出的报告,确认递补的代表资格,公布递补的代表名单。”

2012 年 3 月 11 日,第十一届全国人大第五次会议审议通过《中华人民共和国香港特别行政区选举第十二届全国人民代表大会代表的办法》(以下简称 2012 年《办法》)。2012 年《办法》与 2007 年《办法》内容基本相同,唯一的差别是选举会议主席团人数。2007 年《办法》中规定:“选举会议第一次会议由全国人民代表大会常务委员会召集,根据全国人民代表大会常务委员会委员长会议的提名,推选十五名选举会议成员组成主席团。主席团从其成员中推选常务主席一人。”与 2007 年《办法》中的前述内容相比,2012 年《办法》将选举会议主席团人数由 15 名增加至 19 名。

2017 年 3 月 15 日,第十二届全国人民代表大会第五次会议审议通过《中华人民共和国香港特别行政区选举第十三届全国人民代表大会代表的办法》(以下简称2017年《办法》)。2017年《办法》体现了“基本不变,适当完善”的原则,保持选举办法的连续性和稳定性,在基本制度安排及选举程序不作改动的基础上,根据新的情况和实际需要,在候选人的条件、参选人不得接受外国资助、代表资格的终止程序等方面作出了必要的补充和完善性规定,具体包括以下内容。(1)增加参选人在登记表中作出声明的要求。2017年《办法》第11条第2款规定,“参选人在登记表中应当作出声明:拥护中华人民共和国宪法和香港特别行政区基本法,拥护‘一国两制’方针政策,效忠中华人民共和国和香港特别行政区;未直接或者间接接受外国机构、组织、个人提供的与选举有关的任何形式的资助。参选人须对所填事项的真实性负责”。(2)删除2012年《办法》关于选举会议成员登记为参选人的相关规定。2012年《办法》第11条第2款规定,“选举会议成员本人登记为参选人的,需要由其他十名以上选举会议成员为其填写候选人提名信”。2017年《办法》删除了该项规定。(3)增加了关于选举会议主席团对违反声明条款规定候选人除名的规定。2017年《办法》第13条第3款规定,“主席团在选举日之前,对违反本法第十一条规定的登记表所声明内容的参选人,经过审查核实,可以决定不将其列入候选人名单或者从候选人名单中除名”。(4)增加了关于选举会议主席团提出当选人违反登记声明条款报告、全国人大常委会代表资格委员会提出确认代表无效报告的规定。2017年《办法》第19条第2款规定:“选举会议主席团向全国人民代表大会常务委员会代表资格审查委员会报送选举结果前,发现当选人违反本法第十一条规定的登记表所声明内容的,应当在向全国人民代表大会常务委员会代表资格审查委员会报送选举结果的同时,提出当选人违反登记表所声明内容情况的报告。代表资格审查委员会经审查核实后,应当向全国人民代表大会常务委员会提出确定代表当选无效的报告。”(5)增加终止香港特别行政区第十三届全国人大代表资格的规定。2017年《办法》第22条规定:“香港特别行政区第十三届全国人民代表大会代表违反本法第十一条规定的登记表所声明内容的，由全国人民代表大会常务委员会代表资格审查委员会提出终止其代表资格的意见，全国人民代表大会常务委员会根据代表资格审查委员会的意见，确定终止其代表资格，并予以公告。”

第二节　全国人大及其常委会所作宪法实施性决定的理论和实践分析

一、全国人大及其常委会所作关涉香港特别行政区设立相关事宜的“决定”

（一）全国人大及其常委会所作关涉香港特别行政区设立相关事宜的“决定”概说

《宪法》第31条规定：“国家在必要时得设立特别行政区。在特别行政区内实行的制度按照具体情况由全国人民代表大会以法律规定。”《宪法》第62条第14项规定，全国人大有权“决定特别行政区的设立及其制度”。依据上述规定，全国人大及其常委会所作关涉香港特别行政区设立相关事宜的“决定”包括以下几点。

1. 1990年4月2日，第七届全国人大第三次会议审议通过《全国人民代表大会关于香港特别行政区第一届政府和立法会产生办法的决定》，该决定的主体内容如下。

一、香港特别行政区第一届政府和立法会根据体现国家主权、平稳过渡的原则产生。

二、在一九九六年内，全国人民代表大会设立香港特别行政区筹备委员会，负责筹备成立香港特别行政区的有关事宜，根据本决定规定第一届政府和立法会的具体产生办法。筹备委员会由内地和不少于50%的香港委员组成，主任委员和委员由全国人民代表大会常务委员会委任。

三、香港特别行政区筹备委员会负责筹组香港特别行政区第一届政府推选委员会(以下简称推选委员会)。

推选委员会全部由香港永久性居民组成,必须具有广泛代表性,成员包括全国人民代表大会香港地区代表、香港地区全国政协委员的代表、香港特别行政区成立前曾在香港行政、立法、咨询机构任职并有实际经验的人士和各阶层、界别中具有代表性的人士。

推选委员会由400人组成,比例如下:

工商、金融界25%

专业界25%

劳工、基层、宗教等界25%

原政界人士、香港地区全国人大代表、香港地区全国政协委员的代表25%

四、推选委员会在当地以协商方式、或协商后提名选举,推举第一任行政长官人选,报中央人民政府任命。第一任行政长官的任期与正常任期相同。

五、第一届香港特别行政区政府由香港特别行政区行政长官按香港特别行政区基本法规定负责筹组。

六、香港特别行政区第一届立法会由60人组成,其中分区直接选举产生议员20人,选举委员会选举产生议员10人,功能团体选举产生议员30人。原香港最后一届立法局的组成如符合本决定和香港特别行政区基本法的有关规定,其议员拥护中华人民共和国香港特别行政区基本法、愿意效忠中华人民共和国香港特别行政区并符合香港特别行政区基本法规定条件者,经香港特别行政区筹备委员会确认,即可成为香港特别行政区第一届立法会议员。

香港特别行政区第一届立法会议员的任期为两年。

2.1990年4月4日,第七届全国人大第三次会议审议通过《全国人民代表大会关于设立香港特别行政区的决定》,主体内容如下。

第七届全国人民代表大会第三次会议根据《中华人民共和国宪法》第三十一条和第六十二条第十三项的规定,决定:

一、自 1997 年 7 月 1 日起设立香港特别行政区。

二、香港特别行政区的区域包括香港岛、九龙半岛,以及所辖的岛屿和附近海域。香港特别行政区的行政区域图由国务院另行公布。

3. 1993 年 3 月 31 日,第八届全国人大第一次会议审议通过《全国人民代表大会关于授权全国人民代表大会常务委员会设立香港特别行政区筹备委员会准备工作机构的决定》。该决定作出的背景和主体内容如下。

第八届全国人民代表大会第一次会议审议了广东省代表团提出的建议成立香港特别行政区筹备委员会的预备工作委员会的议案,根据 1990 年 4 月 4 日第七届全国人民代表大会第三次会议通过的《全国人民代表大会关于香港特别行政区第一届政府和立法会产生办法的决定》中关于 1996 年内全国人民代表大会设立香港特别行政区筹备委员会的规定,考虑到 1997 年我国恢复对香港行使主权的时间日益临近,为了保证 1997 年的平稳过渡,有大量的准备工作需要进行,决定:授权第八届全国人民代表大会常务委员会设立香港特别行政区筹备委员会的准备工作机构,着手进行各项有关准备工作。

4. 1993 年 7 月 2 日,第八届全国人大常委会第二次会议审议通过《全国人民代表大会常务委员会关于设立全国人民代表大会常务委员会香港特别行政区筹备委员会预备工作委员会的决定》。该决定作出的背景和主体内容如下。

根据第八届全国人民代表大会第一次会议《关于授权全国人民代表大会常务委员会设立香港特别行政区筹备委员会准备工作机构的决

定》,第八届全国人民代表大会常务委员会第二次会议决定,设立全国人民代表大会常务委员会香港特别行政区筹备委员会预备工作委员会。该委员会是全国人民代表大会常务委员会的工作机构,其职责是在香港特别行政区筹备委员会成立前,为 1997 年我国对香港恢复行使主权,实现平稳过渡,进行各项有关准备工作。

香港特别行政区筹备委员会预备工作委员会由内地和香港的各方面人士和专家组成,其中香港委员不少于百分之五十。

香港特别行政区筹备委员会预备工作委员会在香港特别行政区筹备委员会成立后结束工作。

5. 1996 年 12 月 12 日,全国人民代表大会香港特别行政区筹备委员会第七次全体会议审议通过《全国人民代表大会香港特别行政区筹备委员会关于基本法第二十三条立法问题的决定》。该决定的相关背景和主体内容如下。

《中华人民共和国香港特别行政区基本法》第二十三条规定,"香港特别行政区应自行立法禁止任何叛国、分裂国家、煽动叛乱、颠覆中央人民政府及窃取国家机密的行为,禁止外国的政治性组织或团体在香港特别行政区进行政治活动,禁止香港特别行政区的政治性组织或团体与外国的政治性组织或团体建立联系。"香港特别行政区筹备委员会认为,基本法第二十三条规定的有关法律应由香港特别行政区负责制定,在香港特别行政区自行立法之前,可采用原有的《刑事罪行条例》为香港特别行政区法律,在适用和解释时,须使之符合中华人民共和国对香港恢复行使主权后香港的地位和基本法的有关规定。但是,1996 年 11 月 29 日,港英当局单方面宣布修改《刑事罪行条例》的第Ⅰ部和第Ⅱ部,并声称,"尽管基本法第二十三条已表明,特别行政区可就这范围自行立法,然而,这并非表示在一九九七年七月一日之前,不可以制订一些触及基本法第二十三条任何概念的法律。"港英当局的这种干预香港特别行政区立法的行为，明显违反基本法的规定，严重侵犯香港特别行政区的立法权。如果港英当局强行通过上述修订，建议全国人民代表大会常务委员会在适当时候根据基本法第一百六十条的规定，宣布港英当局对《刑事罪行条例》第Ⅰ、Ⅱ部的修订与基本法第二十三条的规定相抵触，自1997年7月1日起无效，不采用为香港特别行政区法律。

6. 1997年2月1日，全国人民代表大会香港特别行政区筹备委员会第八次会议审议通过《全国人民代表大会香港特别行政区筹备委员会关于设立香港特别行政区临时区域组织的决定》。该决定的相关背景和主体内容如下。

全国人大常委会1994年8月31日通过的《关于郑耀棠等三十二名全国人民代表大会代表所提议案的决定》规定："港英最后一届立法局、市政局和区域市政局、区议会于1997年6月30日终止……香港特别行政区的区域组织的职权和组成方法由香港特别行政区的法律规定"。据此，在香港特别行政区第一届区域组织产生前，全国人民代表大会香港特别行政区筹备委员会决定：

一、在1997年7月1日香港特别行政区成立时设立香港特别行政区临时性区域组织，即临时市政局和临时区域市政局、临时区议会，由香港特别行政区政府负责筹组。

二、将全国人民代表大会香港特别行政区筹备委员会提出的《关于设立香港特别行政区临时性区域组织的建议》转交给香港特别行政区第一任行政长官，供筹组香港特别行政区临时性区域组织时参考。

7. 1997年2月23日，第八届全国人民代表大会常务委员会第二十四次会议审议通过《全国人民代表大会常务委员会关于根据〈中华人民共和国香港特别行政区基本法〉第一百六十条处理香港原有法律的决定》。该决定的相关背景和主体内容如下。

《中华人民共和国香港特别行政区基本法》(以下简称《基本法》)第一百六十条规定:“香港特别行政区成立时,香港原有法律除由全国人民代表大会常务委员会宣布为同本法抵触者外,采用为香港特别行政区法律,如以后发现有的法律与本法抵触,可依照本法规定的程序修改或停止生效。”第八条规定:“香港原有法律,即普通法、衡平法、条例、附属立法和习惯法,除同本法相抵触或经香港特别行政区的立法机关作出修改者外,予以保留。”第八届全国人民代表大会常务委员会第二十四次会议根据上述规定,审议了香港特别行政区筹备委员会关于处理香港原有法律问题的建议,决定如下:

一、香港原有法律,包括普通法、衡平法、条例、附属立法和习惯法,除同《基本法》抵触者外,采用为香港特别行政区法律。

二、列于本决定附件一的香港原有的条例及附属立法抵触《基本法》,不采用为香港特别行政区法律。

三、列于本决定附件二的香港原有的条例及附属立法的部分条款抵触《基本法》,抵触的部分条款不采用为香港特别行政区法律。

四、采用为香港特别行政区法律的香港原有法律,自1997年7月1日起,在适用时,应作出必要的变更、适应、限制或例外,以符合中华人民共和国对香港恢复行使主权后香港的地位和《基本法》的有关规定,如《新界土地(豁免)条例》在适用时应符合上述原则。

除符合上述原则外,原有的条例或附属立法中:

(一)规定与香港特别行政区有关的外交事务的法律,如与在香港特别行政区实施的全国性法律不一致,应以全国性法律为准,并符合中央人民政府享有的国际权利和承担的国际义务。

(二)任何给予英国或英联邦其他国家或地区特权待遇的规定,不予保留,但有关香港与英国或英联邦其他国家或地区之间互惠性规定,不在此限。

(三)有关英国驻香港军队的权利、豁免及义务的规定,凡不抵触

《基本法》和《中华人民共和国香港特别行政区驻军法》的规定者，予以保留，适用于中华人民共和国中央人民政府派驻香港特别行政区的军队。

（四）有关英文的法律效力高于中文的规定，应解释为中文和英文都是正式语文。

（五）在条款中引用的英国法律的规定，如不损害中华人民共和国的主权和不抵触《基本法》的规定，在香港特别行政区对其作出修改前，作为过渡安排，可继续参照适用。

五、在符合第四条规定的条件下，采用为香港特别行政区法律的香港原有法律，除非文意另有所指，对其中的名称或词句的解释或适用，须遵循本决定附件三所规定的替换原则。

六、采用为香港特别行政区法律的香港原有法律，如以后发现与《基本法》相抵触者，可依照《基本法》规定的程序修改或停止生效。

（二）对全国人大及其常委会所作前述"决定"的学理分析

如前所述，香港回归之前，全国人大及其常委会围绕香港特别行政区的设立及相关事宜作了7个"决定"。从直观层面来看，除却1990年4月4日的决定外，前述其他"决定"并未提及宪法，似乎与宪法的实施无关，但实则不然。《宪法》第31条规定："国家在必要时得设立特别行政区。在特别行政区内实行的制度按照具体情况由全国人民代表大会以法律规定。"《宪法》第62条第13项规定，全国人大有权"决定特别行政区的设立及其制度"。1990年《全国人民代表大会关于设立香港特别行政区的决定》明确指出，该决定是第七届全国人大第三次会议根据《宪法》第31条和第62条第13项的规定作出的。很明显，该决定是全国人大贯彻实施《宪法》第31条、第62条第13项规定的产物。但是，香港特别行政区的设立不是那么简单，它涉及一系列相关问题的准备，甚至还涉及对一些复杂政治形势的法律应对，如是这些都需要宪法层面的支撑。否则，就无法确保1997年7月1日香港的顺利回归。中英双方在香港问题谈判后期,面对香港回归不可逆转的政治形势,英国为了确保其在香港回归后保持自身在该地区的影响力,启动了所谓的代议制改革。1984 年年底,在签署《中英联合声明》之前,港英当局发表《代议政治在香港的进一步发展》绿皮书。所谓"进一步发展",是因为 1980 年 6 月和 1981 年 1 月,港英当局曾先后发表过《香港地方行政模式》的绿皮书和白皮书,对香港的区域组织进行了某些改革,如设立 18 个(后改为 19 个)区议会,在"新界"新设与市政局职能相仿的区域市政局,并逐步增加上述区域组织的民选议员等。《代议政治在香港的进一步发展》引言中明确指出,其"主要目标是逐步建立一个政制,使其权力稳固地立根于香港,有充分权威代表港人的意见,同时更能直接向港人负责"。[1] 1984 年 11 月,在《中英联合声明》正式签署之前,港英当局发表《代议政制白皮书》,确认绿皮书提出的政制改革的目标和方向,并决定把绿皮书提出的诸项改革措施提前进行。此后,英国政府和港英当局为全面推行代议制,采取了一系列措施。对此,中国政府保持了高度警惕,明确提出香港过渡时期政制改革必须坚持的基本原则,即与《香港基本法》相衔接。1985 年 10 月 19 日,时任国务院港澳办主任的姬鹏飞在会见来访的港英政务司官员廖本怀时,对香港过渡时期的政制改革问题明确表明了中国政府的立场:希望香港政治体制在过渡时期不要出现急剧的变化,1997 年回归后的香港政治体制要由基本法加以规定,香港过渡时期的政制改革要与基本法相衔接。1985 年 11 月,中英联络小组在北京开会,双方同意 1997 年回归前后的政制改革具有衔接的必要。[2] 在这种背景下,1990 年 4 月 2 日,第七届全国人大第三次会议审议通过了《关于香港特别行政区第一届政府和立法会产生办法的决定》。从该决定的字面表述来看,并未涉及宪法,而且,由于《香港基本法》尚未颁布实施,自然也就谈不上贯彻实施《香港基本法》的问题。但是,它和《宪法》第 31 条、第 62 条第 13 项之间的内在逻辑关系是不言而喻的,是对前述两

---

〔1〕 李后:《百年屈辱史的终结——香港问题始末》,中央文献出版社 1997 年版,引言。
〔2〕 同上。

个条款的具体贯彻实施。

20世纪90年代,苏联解体、东欧剧变,国际形势发生了重大变化。在这种新的国际环境下,英国改变了在香港过渡问题上与中国合作的态度,以强势的彭定康取代弱势的卫奕信作为香港总督。彭定康上任后,在其发布的施政报告中明确提出,要对香港传统的政治体制进行根本性变革。对此,中国政府表示强烈抗议,认为其违反了《中英联合声明》、与《香港基本法》相衔接的基本原则以及中英两国政府此前达成的有关协议和谅解。然而,彭定康在英国政府的支持下,依然在1993年3月强行将上述政改方案刊登在香港宪刊上。面对香港政治形势的变化,为了确保香港后过渡时期政制改革的主动权,实现香港的顺利回归,依据《香港基本法》建立香港的具体制度,全国人大及其常委会作出了一系列措施,具体包括以下内容。(1)1993年3月31日,第八届全国人大第一次会议审议通过《全国人民代表大会关于授权全国人民代表大会常务委员会设立香港特别行政区筹备委员会准备工作机构的决定》,授权第八届全国人民代表大会常务委员会设立香港特别行政区筹备委员会的准备工作机构,着手进行各项有关准备工作。(2)1993年7月2日,第八届全国人大常委会第二次会议审议通过《全国人民代表大会常务委员会关于设立全国人民代表大会常务委员会香港特别行政区筹备委员会预备工作委员会的决定》,设立全国人民代表大会常务委员会香港特别行政区筹备委员会预备工作委员会,为1997年我国对香港恢复行使主权,实现平稳过渡,进行各项有关准备工作。(3)1984年8月31日,第八届全国人大常委会第九次会议审议通过《全国人民代表大会常务委员会关于郑耀棠等32名全国人大代表所提议案的决定》,主体内容:由香港特别行政区筹备委员会根据《全国人民代表大会关于香港特别行政区第一届政府和立法会产生办法的决定》,负责筹备成立香港特别行政区的有关事宜,规定香港特别行政区第一届立法会的具体产生办法,组建香港特别行政区第一届立法会。根据《香港基本法》,香港特别行政区的区域组织的职权和组成方法由香港特别行政区的法律规定。该决定充分表明，先前为香港政治体制衔接设计的“直通车”方案将不复存在，中国政府将通过筹委会“以我为主”组建香港特别行政区第一届政府和立法会。(4)1996 年 3 月 24 日，全国人民代表大会香港特别行政区筹备委员会第二次全体会议审议通过《全国人民代表大会香港特别行政区筹备委员会关于设立香港特别行政区临时立法会的决定》，设立香港特别行政区临时立法会。临时立法会在香港特别行政区第一任行政长官产生之后组成并开始工作。1997 年 2 月 1 日，全国人民代表大会香港特别行政区筹备委员会第八次会议审议通过《全国人民代表大会香港特别行政区筹备委员会关于设立香港特别行政区临时区域组织的决定》。前述“决定”从直观层面来看，均未涉及宪法，但是，从它们产生的背景来看，其实都是围绕《宪法》第 31 条、第 62 条第 13 项的规定展开的。在实践中，有人针对全国人大设立临时立法会的行为提出质疑，认为临时立法会在《香港基本法》中没有规定，那么全国人大是否有权成立不符合基本法规定的立法机关？[1]对此，时任香港特别行政区筹备委员会主任委员钱其琛指出：“筹备委员会‘负责筹备成立香港特别行政区的有关事宜’，设立临时立法会属于这个范畴。作为全国人民代表大会设立的一个权力机构，筹备委员会就筹建香港特别行政区的有关事项作出决定，设立临时立法会的有关权力已经包含在授权之内。”[2]但是，问题的症结在于：作为授权者的全国人大是否拥有该项权力呢？从直观层面来看，似乎是没有的。但是，该种权力应该已经包含在《宪法》第 31 条和第 62 条第 13 项中了。而且，笔者认为，全国人大固然可以通过《香港基本法》规定香港特别行政区实行的制度，但也可以通过此外的其他形式加以规定，《香港基本法》并不是唯一框定香港特别行政区制度的形式。

---

〔1〕 See Yash Ghai, *Hong Kong's New Constitutional Order*, Hong Kong University Press, 1999. 另参见该书中译本《香港新宪制秩序》，国务院发展研究中心港澳研究所刊印(内部资料)，第 155 页。

〔2〕 钱其琛(全国人民代表大会香港特别行政区筹备委员会主任委员)：《全国人民代表大会香港特别行政区筹备委员会工作报告——1997 年 3 月 10 日在第八届全国人民代表大会第五次会议上》。

立基于此,全国人大应当有权设立香港特别行政区临时立法会,这是它的宪法权力。

除却前述"决定"之外,1996 年《全国人民代表大会香港特别行政区筹备委员会关于基本法第二十三条立法问题的决定》、1997 年《全国人民代表大会常务委员会关于根据〈中华人民共和国香港特别行政区基本法〉第一百六十条处理香港原有法律的决定》中也未提及宪法,从文本表述来看,前述两个决定是对《香港基本法》第 23 条、第 160 条的贯彻落实,似乎与宪法实施无关。但是,实际情况并非如此。其原因在于以下两点。(1)《香港基本法》是依据《宪法》第 31 条制定的,是《宪法》在香港特别行政区实施的主体方式。如果《香港基本法》由于诸多方面的原因无法在香港特别行政区得到贯彻落实的话,《宪法》经由《香港基本法》在香港特别行政区的实施也将无法实现。从这个角度来说,既然前述两个决定实际上是为了确保《香港基本法》的实现,自然是《宪法》在香港特别行政区实施的一种形式。(2)《香港基本法》是全国人大在香港特别行政区实施宪法的主体形式,但不是唯一的形式。除《香港基本法》外,全国人大也可以通过其他形式,如前述"决定",确保香港特别行政区的设立,实现《宪法》的规定。

二、全国人大常委会关于香港特别行政区行政长官和立法会产生办法有关问题的决定

《香港基本法》附件一第 7 条规定,2007 年以后各任行政长官的产生办法如需修改,需要符合三个程序条件:(1)立法会全体议员 2/3 多数通过;(2)行政长官同意;(3)报全国人大常委会批准。《香港基本法》附件二第 3 条规定,2007 年以后香港特别行政立法会的产生办法如需修改,需要符合三个程序条件:(1)立法会全体议员 2/3 多数通过;(2)行政长官同意;(3)报全国人大常委会备案。2004 年 4 月 6 日《全国人民代表大会常务委员会关于〈中华人民共和国香港特别行政区基本法〉附件一第七条和附件二第三条的解释》在前述程序条件的基础上增加了两

个条件:(1)香港特别行政区行政长官报请全国人大常委会确定是否需要修改;(2)香港特别行政区政府向立法会提出相应的修正案。根据该规定,全国人大常委会所作的关于香港特别行政区行政长官和立法会产生办法有关问题的决定包括以下内容。

1. 2004 年 4 月 15 日,香港特别行政区行政长官董建华向全国人大常委会提交《关于香港特别行政区 2007 年行政长官和 2008 年立法会产生办法是否需要修改的报告》。2004 年 4 月 26 日,第十届全国人大常委会第九次会议对该报告进行了审议,依据《香港基本法》的有关规定和全国人大常委会所作前述解释,作出《全国人民代表大会关于香港特别行政区 2007 年行政长官和 2008 年立法会产生办法有关问题的决定》。该决定的主体内容如下。

一、2007 年香港特别行政区第三任行政长官的选举,不实行由普选产生的办法。2008 年香港特别行政区第四届立法会的选举,不实行全部议员由普选产生的办法,功能团体和分区直选产生的议员各占半数的比例维持不变,立法会对法案、议案的表决程序维持不变。

二、在不违反本决定第一条的前提下,2007 年香港特别行政区第三任行政长官的具体产生办法和 2008 年香港特别行政区第四届立法会的具体产生办法,可按照香港基本法第四十五条、第六十八条的规定和附件一第七条、附件二第三条的规定作出符合循序渐进原则的适当修改。

2. 2007 年 12 月 12 日,香港特别行政区行政长官曾荫权向全国人大常委会提交《关于香港特别行政区政制发展咨询情况及 2012 年行政长官和立法会产生办法是否需要修改的报告》。2007 年 12 月 29 日,第十届全国人民代表大会常务委员会第三十一次会议对该报告进行了审议,根据《香港基本法》的有关规定和 2004 年全国人大常委会所作释法决定,作出《全国人民代表大会常务委员会关于香港特别行政区 2012 年行政长官和立法会产生办法及有关普选问题的决定》。该决定的主体内容如下。

一、2012年香港特别行政区第四任行政长官的选举，不实行由普选产生的办法。2012年香港特别行政区第五届立法会的选举，不实行全部议员由普选产生的办法，功能团体和分区直选产生的议员各占半数的比例维持不变，立法会对法案、议案的表决程序维持不变。在此前提下，2012年香港特别行政区第四任行政长官的具体产生办法和2012年香港特别行政区第五届立法会的具体产生办法，可按照《中华人民共和国香港特别行政区基本法》第四十五条、第六十八条的规定和附件一第七条、附件二第三条的规定作出符合循序渐进原则的适当修改。

二、在香港特别行政区行政长官实行普选前的适当时候，行政长官须按照香港基本法的有关规定和《全国人民代表大会常务委员会关于〈中华人民共和国香港特别行政区基本法〉附件一第七条和附件二第三条的解释》，就行政长官产生办法的修改问题向全国人民代表大会常务委员会提出报告，由全国人民代表大会常务委员会确定。修改行政长官产生办法的法案及其修正案，应由香港特别行政区政府向立法会提出，经立法会全体议员三分之二多数通过，行政长官同意，报全国人民代表大会常务委员会批准。

三、在香港特别行政区立法会全部议员实行普选前的适当时候，行政长官须按照香港基本法的有关规定和《全国人民代表大会常务委员会关于〈中华人民共和国香港特别行政区基本法〉附件一第七条和附件二第三条的解释》，就立法会产生办法的修改问题以及立法会表决程序是否相应作出修改的问题向全国人民代表大会常务委员会提出报告，由全国人民代表大会常务委员会确定。修改立法会产生办法和立法会法案、议案表决程序的法案及其修正案，应由香港特别行政区政府向立法会提出，经立法会全体议员三分之二多数通过，行政长官同意，报全国人民代表大会常务委员会备案。

四、香港特别行政区行政长官的产生办法、立法会的产生办法和法案、议案表决程序如果未能依照法定程序作出修改，行政长官的产生办法继续适用上一任行政长官的产生办法，立法会的产生办法和法案、议案表决程序继续适用上一届立法会的产生办法和法案、议案表决程序。

3. 2010年7月28日，香港特别行政区行政长官曾荫权向全国人大常委会提交《关于提请全国人民代表大会常务委员会批准〈中华人民共和国香港特别行政区基本法〉附件一香港特别行政区行政长官的产生办法修正案（草案）的报告》。该报告的主体内容如下。

全国人民代表大会常务委员会：

根据香港特别行政区基本法附件一第七条的规定和2007年12月29日全国人民代表大会常务委员会《关于香港特别行政区2012年行政长官和立法会产生办法及有关普选问题的决定》的规定，香港特别行政区政府于2010年6月7日以议案方式向香港特别行政区立法会提交了《中华人民共和国香港特别行政区基本法附件一香港特别行政区行政长官的产生办法修正案（草案）》，该修正案（草案）已于2010年6月24日获得立法会46票赞成，即经立法会全体议员三分之二多数通过。

作为行政长官，我认为上述修正案（草案）符合香港特别行政区基本法和全国人民代表大会常务委员会的有关决定，并已于2010年6月29日依据香港特别行政区基本法附件一第七条，对上述修正案（草案）签署了同意书。

我现根据香港特别行政区基本法附件一第七条和全国人民代表大会常务委员会的有关决定，向全国人民代表大会常务委员会提交《中华人民共和国香港特别行政区基本法附件一香港特别行政区行政长官的产生办法修正案（草案）》，报请全国人民代表大会常务委员会批准。

香港特别行政区行政长官　曾荫权

2010年7月28日

2010年8月28日，第十一届全国人大常委会第十六次会议审议通过《全国人民代表大会常务委员会关于批准〈中华人民共和国香港特别行政区基本法〉附件一香港特别行政区行政长官的产生办法修正案的决定》。该决定的主体内容如下。

根据《中华人民共和国香港特别行政区基本法》附件一、《全国人民代表大会常务委员会关于〈中华人民共和国香港特别行政区基本法〉附件一第七条和附件二第三条的解释》和《全国人民代表大会常务委员会关于香港特别行政区2012年行政长官和立法会产生办法及有关普选问题的决定》，批准香港特别行政区提出的《中华人民共和国香港特别行政区基本法附件一香港特别行政区行政长官的产生办法修正案》。

《中华人民共和国香港特别行政区基本法附件一香港特别行政区行政长官的产生办法修正案》自批准之日起生效。

4. 依照《香港基本法》的规定和2004年全国人大常委会所作释法决定，2014年7月15日，香港特别行政区行政长官梁振英向全国人大常委会提交了《关于香港特别行政区2017年行政长官及2016年立法会产生办法是否需要修改的报告》。8月18日，全国人大常委会委员长会议决定将审议行政长官报告列入第十二届全国人大常委会第十次会议议程，并委托中央有关部门负责人听取了香港特别行政区全国人大代表、全国政协委员、全国人大常委会香港特别行政区基本法委员会香港委员和香港各界人士的意见，同时征求了国务院港澳事务办公室的意见。8月26日，常委会分组审议了行政长官报告。根据《香港基本法》的规定和常委会组成人员对行政长官报告的审议意见，并认真考虑了国务院港澳事务办公室的意见和行政长官报告提出的意见，委员长会议提出了《全国人民代表大会常务委员会关于香港特别行政区行政长官普选问题和2016年立法会产生办法的决定（草案）》。2014年8月31日，第十二届全国人民代表大会常务委员会第十次会议审议了香港特别行政区行政长官梁振英2014年7月15日提交的《关于香港特别行政区2017年行政长官及2016年立法会产生办法是否需要修改的报告》,并在审议中充分考虑了香港社会的有关意见和建议。会议指出,2007年12月29日第十届全国人民代表大会常务委员会第三十一次会议通过的《全国人民代表大会常务委员会关于香港特别行政区2012年行政长官和立法会产生办法及有关普选问题的决定》规定,2017年香港特别行政区第五任行政长官的选举可以实行由普选产生的办法;在行政长官实行普选前的适当时候,行政长官须按照《香港基本法》的有关规定和《全国人民代表大会常务委员会关于〈中华人民共和国香港特别行政区基本法〉附件一第七条和附件二第三条的解释》,就行政长官产生办法的修改问题向全国人民代表大会常务委员会提出报告,由全国人民代表大会常务委员会确定。2013年12月4日至2014年5月3日,香港特别行政区政府就2016年立法会产生办法和2017年行政长官产生办法进行了广泛、深入的公众咨询。在咨询过程中,香港社会普遍希望2017年实现行政长官由普选产生,并就行政长官普选办法必须符合《香港基本法》和全国人大常委会有关决定、行政长官必须由爱国爱港人士担任等重要原则形成了广泛共识。对于2016年立法会产生办法和2017年行政长官普选办法,香港社会提出了各种意见和建议。在此基础上,香港特别行政区行政长官就2016年立法会产生办法和2017年行政长官修改问题向全国人大常委会提出报告。会议认为,行政长官的报告符合《香港基本法》、全国人大常委会关于《香港基本法》附件一第7条和附件二第3条的解释以及全国人大常委会有关决定的要求,全面、客观地反映了公众咨询的情况,是一个积极、负责、务实的报告。鉴于此,全国人大常委会根据《香港基本法》、《全国人民代表大会常务委员会关于〈中华人民共和国香港特别行政区基本法〉附件一第七条和附件二第三条的解释》和《全国人民代表大会常务委员会关于香港特别行政区2012年行政长官和立法会产生办法及有关普选问题的决定》的有关规定,会议审议通过了《全国人民代表大会常务委员会关于香港特别行政区行政长官普选问题和2016年立法会产生办法的决定》(以下简称“8·31”决定)。“8·31”决定的主体内容如下。

一、从2017年开始,香港特别行政区行政长官选举可以实行由普选产生的办法。

二、香港特别行政区行政长官选举实行由普选产生的办法时:

(一)须组成一个有广泛代表性的提名委员会。提名委员会的人数、构成和委员产生办法按照第四任行政长官选举委员会的人数、构成和委员产生办法而规定。

(二)提名委员会按民主程序提名产生二至三名行政长官候选人。每名候选人均须获得提名委员会全体委员半数以上的支持。

(三)香港特别行政区合资格选民均有行政长官选举权,依法从行政长官候选人中选出一名行政长官人选。

(四)行政长官人选经普选产生后,由中央人民政府任命。

三、行政长官普选的具体办法依照法定程序通过修改《中华人民共和国香港特别行政区基本法》附件一《香港特别行政区行政长官的产生办法》予以规定。修改法案及其修正案应由香港特别行政区政府根据香港基本法和本决定的规定,向香港特别行政区立法会提出,经立法会全体议员三分之二多数通过,行政长官同意,报全国人民代表大会常务委员会批准。

四、如行政长官普选的具体办法未能经法定程序获得通过,行政长官的选举继续适用上一任行政长官的产生办法。

五、香港基本法附件二关于立法会产生办法和表决程序的现行规定不作修改,2016年香港特别行政区第六届立法会产生办法和表决程序,继续适用第五届立法会产生办法和法案、议案表决程序。在行政长官由普选产生以后,香港特别行政区立法会的选举可以实行全部议员由普选产生的办法。在立法会实行普选前的适当时候,由普选产生的行政长官按照香港基本法的有关规定和《全国人民代表大会常务委员会关于〈中华人民共和国香港特别行政区基本法〉附件一第七条和附件二第三条的解释》,就立法会产生办法的修改问题向全国人民代表大会常务委员会提出报告,由全国人民代表大会常务委员会确定。

三、对2014年全国人大常委会所作“8·31”决定的学理分析

由于2007年度、2008年度和2012年度行政长官和立法会的选举均未实行由普选产生的办法,因此,香港社会民众开始关注2016年立法会和2017年行政长官选举的改革。根据2004年全国人大常委会释法决定确立的“政改五部曲”,香港特别行政区行政长官针对此前的政改咨询报告提请全国人大常委会审议确定。2014年8月31日,第十二届全国人大常委会第十次会议审议通过了“8·31”决定。该决定原则上同意了2017年行政长官普选的改革,并对香港行政长官由普选产生的办法作了进一步的规定。[1] 此外,还明确了行政长官由爱国爱港人士担任的原则。“8·31”决定作出之后,部分民众对其附加的特首普选的具体条件和对普选所作的具体安排表示不理解,进而围绕该决定的法律性质、内容等问题提出了质疑和挑战。对此,笔者拟从以下两个方面进行分析。

(一)全国人大常委会是否有权以“决定”的形式对香港特别行政区政制改革问题作出规定

“8·31”决定作出后,有人对该决定的性质、内容及其对香港特别行政区政制改革的作用等问题提出了质疑,认为全国人大常委会以“决定”的形式规定香港特别行政区政制改革问题,违反了《宪法》第31条和《立法法》(2000年)第8条中的有关规定,提出要重新审视该决定,甚至鼓动香港特别行政区民众“不必被该决定吓倒,不必将该决定作为普

---

〔1〕 “8·31决定”将全国人大常委会2007年有关决定中规定的提名委员会“可参照”选举委员会组成,具体确定为“按照”;将候选人数额明确为“提名委员会按民主程序提名产生2~3名行政长官候选人”;在候选人要求上规定“每名候选人均须获得提名委员会全体委员半数以上的支持”。

选框架,(继续)投入或支持不懈的抗争"。[1] 对此,笔者秉持否定立场,分析如下。

其一,全国人大常委会所作决定的性质是什么?全国人大及其常委会每年都会通过若干"决定"或者"决议",这些"决定"或者"决议"的性质究竟是属于法律、有关法律问题的决定,还是属于其他性质的决定,《宪法》和《立法法》中均未作出明确界定。《全国人大常委会议事规则》第15条第2款首次规定,"有关法律问题的决定的议案和修改法律的议案,法律委员会审议后,可以向本次常务委员会提出审议结果的报告,也可以向下次或者以后的常务委员会会议提出审议结果的报告"。依据该规定,全国人大常委会所作"决定"是"有关法律问题的决定",但是,其性质究竟是否属于法律,该法中似乎并未作出明确厘定。笔者认为,全国人大常委会所作决定的性质问题较为复杂,它既有可能是法律,也有可能是有关法律问题的决定,甚至还有可能是一般的决定。容易引发歧义的主要是法律和有关法律的决定。对此,相关立法中没有明确规定,学界对界分全国人大常委会所作"法律"与"有关法律问题的决定"之间的标准所秉持的立场也不甚相同。有学者认为,界分"法律"与"有关法律问题的决定"的标准是"制定机关加公布机关"的判断标准。从制定机关的角度来看,法律的制定主体既包括全国人大,也包括全国人大常委会。但是,"有关法律问题的决定"的制定主体却主要是全国人大常委会。从公布机关的角度来看,根据《宪法》第80条的规定,只有国家主席才有权公布法律。[2] 但是,"有关法律问题的决定"却不是由国家主席公布的,而是由全国人大常委会公布的。也有学者认为,界分"法律"和"有关法律问题的决定"的标准包括三个,分别为:"名称标准""制定程序标准""实质内容标准"。[3] 笔者认为,界分全国人大常委会所作决

[1] 施路:《揭开人大常委会决定的面纱》,载《苹果日报》2014年9月8日,第A19版。

[2] 参见王竹:《我国到底有多少部现行有效法律——兼论"准法律决定"的合宪性完善》,载《社会科学》2011年第10期。

[3] 江辉:《有关法律问题的决定与法律的区别》,载《人大研究》2012年第1期。

定究竟是"法律"还是"有关法律问题的决定",应当从"制定程序""公布机关"两个方面入手。依据该标准,"8·31"决定的性质不是法律,而是"有关法律问题的决定"。

其二,全国人大常委会所作"8·31"决定是否违反了其2004年作出的释法决定。有观点认为,根据《香港基本法》和全国人大常委会2004年释法决定,在香港特别行政区政制改革"五部曲"的第二部,全国人大常委会只能根据香港特别行政区行政长官提交的报告,就"是否需要修改"进行确定。但是,全国人大常委会不能进而对"如何修改"问题加以具体规定。由于2014年全国人大常委会所作"8·31"决定已经涉及"如何修改"问题,所以该决定越权违法。[1] 对此,笔者秉持否定立场。诚如前文所述,全国人大常委会所作"8·31"决定在性质上不属于法律,而是"有关法律问题的决定"。同时,由于该决定也不是按照《立法法》所规定的法律解释程序作出的,因此,其性质也迥异于对《香港基本法》的解释。就其法律地位而言,"8·31"决定在位阶上应当低于《宪法》和《香港基本法》,对此,理论上不存在什么悬疑之处。同时,由于《立法法》(2015年)第50条规定,"全国人大常委会的法律解释同法律具有同等效力",因此,全国人大常委会所作"8·31"决定在法律位阶上也应当低于其对基本法所作的解释。从这个角度来说,如果"8·31"决定与全国人大常委会所作2004年释法决定相抵触,是"越权违法"的。但是,问题的症结在于:"8·31"决定和2004年释法决定并不存在相抵触之处。诚然,从直观上来看,全国人大常委会所作2004年释法决定确定的"五部曲"中仅规定"行政长官报告全国人大常委会确定是否需要修改",并未规定全国人大常委会可以具体规定"如何修改","8·31"决定中对香港特别行政区行政长官普选问题所作的具体安排似乎已经超出了明确"是否需要修改"的范围,涉及"如何修改"的问题,因而两者之

[1] 参见施路:《揭开人大常委会决定的面纱》,载《苹果日报》2014年9月8日,第A19版;刘梦熊:《应该重新审视"8·31"决定》,载《明报》2014年10月17日,第A47版;刘梦熊:《维护人大权威避免宪制灾难——再论重新审视"8·31"决定》,载《明报》2014年10月25日,第A28版。

间相抵触。然而,实际情况并非如此。因为全国人大常委会在2004年释法决定中阐述香港特别行政区政改“五部曲”时,实际上已经隐含了全国人大常委会可以在政改第二步对普选办法之具体问题作出规定。虽然全国人大常委会2004年释法决定中所作的相关表述是“是否需要修改,由全国人大常委会确定”,但在2004年4月6日全国人大常委会对“人大04年释法”所作的说明中已经表明“是否需要修改和如何修改,决定权在中央”,[1]这足以说明2004年释法决定的原初意图。如此设计的根本原因在于:在“五部曲”的最后一步,即中央对香港特别行政区立法会通过的法案只能作出批准与否的决定,不能再作修改。[2] 如果全国人大常委会不能在“8·31”决定中对香港特别行政区行政长官普选问题作出具体规定的话,中央对香港特别行政区政制改革的决策权将受到实质性的影响。因此,“8·31”决定中对香港特别行政区行政长官普选所作的具体规定并不是对2004年释法决定的违反,恰恰相反,是对2004年释法决定内容合乎逻辑的延伸和拓展,这是符合2004年释法决定的目的和精神的。

其三,全国人大常委会所作“8·31”决定是否违反了《宪法》和《立法法》中的相关规定。有观点认为,全国人大常委会所作“8·31”决定实质上是以“决定”的方式规定了香港特别行政区行政长官的普选问题,违反了《立法法》第8条第3项[3]的规定,属于违法决定。[4] 由于《宪法》第31条规定,特别行政区实行的制度由全国人大以法律加以规定。因此,有人提出“8·31”决定同时也是违反《宪法》的决定。对此,

---

[1] 《全国人大常委会就释法答记者问》,载中华人民共和国外交部驻香港特别行政区特派员公署网:http://www.fmprc.gov.cn/ce/cohk/chn/zt/zzfz/t82589.htm,2020年8月4日最后访问。

[2] 参见李飞:《人大常委会决定的政治和法律内涵——在香港特别行政区政府高级官员简介会上的讲话》,载大公网:http://news.takungpao.com/paper/q/2014/0902/2707720.html,2020年7月19日最后访问。

[3] 2000年通过的《立法法》第8条第3项规定,关涉“特别行政区制度”的事项只能制定法律。

[4] 参见施路:《揭开人大常委会决定的面纱》,载《苹果日报》2014年9月8日,第A19版;施路:《人大常委会的决定不容挑战》,载《苹果日报》2014年10月7日,第A15版。

笔者秉持否定立场。笔者认为,该种观点实质上将“区分行使专属立法权时所采纳的法律形式与行使《基本法》授权时所采纳的法律形式混为一谈”了。国内有学者曾经撰文指出,“特别行政区制度只能制定法律”的真正意思是,有关特别行政区制度的基本原则、基本内容和整体框架应当由全国人大立法予以规定,这一点实际上已经在《香港基本法》中得到了体现。但是,在行使《香港基本法》授权对特别行政区的具体问题予以规范的时候,应当可以通过其他立法形式,只要不违反基本法内容、不超越授权即可。[1] 该种观点值得参考。按照该观点,《立法法》中固然将关涉“特别行政区制度”的事项归入法律保留的范围之列,但是,该类事项并不属于绝对保留的范围,全国人大可以通过授权的形式交由其他国家机关行使。《香港基本法》附件一第 7 条、附件二第 3 条赋予全国人大常委会“批准”或者“备案”香港特别行政区政制改革方案的权力,这实际上是全国人大通过其制定的《香港基本法》授权全国人大常委会“确定”香港特别行政区政制改革方案的权力。至于全国人大常委会获得该种授权之后,究竟是通过制定法律,还是通过发布决定的方式来规定香港特别行政区政制改革方案,则是全国人大常委会权限范围内的事,《立法法》中并未对此作出限制性的要求。当然,全国人大常委会在以“决定”的形式对香港特别行政区政制改革问题作出具体规定时,不能违反全国人大制定的《香港基本法》,不能超越《香港基本法》附件一第 7 条、附件二第 3 条赋予它的“授权”范围。立基于此,笔者认为,全国人大常委会以“决定”的形式对香港特别行政区行政长官产生方式作出具体规定的做法并不违反《立法法》和《宪法》。

(二)“8·31”决定中关于“必须坚持行政长官由爱国爱港人士担任的原则”的规定是否违反《宪法》

“8·31”决定作出之后,有人对其规定的“必须坚持行政长官由爱国爱港人士担任的原则”提出质疑。“泛民主派”认为,行政长官的爱国

---

[1] 参见张春生:《对全国人大专属立法权的理论思考》,载《行政法学研究》2000 年第 3 期。

爱港义务在基本法中并无明确规定,它属于政治标准而不是法律标准,以“爱国爱港”作为香港特别行政区行政长官的当选条件存在政治筛查嫌疑,它所体现的实际上是“一种对行政长官政治品质的实质性设定与一种关于行政长官普选的纯粹民主原理之间产生的规范性的矛盾与冲突”。[1] 对此,笔者秉持否定立场。笔者认为,以“爱国爱港”作为香港特别行政区行政长官的当选条件合乎《宪法》的精神和《香港基本法》的规定,不存在违法违宪问题。具体从下述两个方面进行分析。

其一,香港特别行政区的宪制基础是什么?2014 年 6 月 10 日,国务院新闻办发表了《“一国两制”在香港特别行政区的实践》白皮书。白皮书指出,“宪法和香港基本法共同构成香港特别行政区的宪制基础”。对此,可以从两个方面进行分析。

1.《宪法》在香港特别行政区是否适用?有观点认为,“宪法不适用于香港特别行政区,因为宪法第三十一条与宪法序言、第一条、第五条等是抵触的,宪法序言规定了四项基本原则,第一条规定社会主义制度是中国的根本制度,禁止任何组织和个人破坏社会主义制度,第五条规定一切法律都不得同宪法相抵触,宪法第三十一条的内容却与宪法序言及上述条文的内容相反,按照宪法第三十一条起草的香港特别行政区基本法当然也和宪法序言及许多条文相抵触,因此宪法应当不适用于香港特别行政区,否则基本法就会因为和宪法相抵触而失去效力”。[2] 笔者认为,该种观点是不成立的,具体理由如下。(1)《宪法》序言不具有高于宪法规范的效力。[3]《宪法》序言具有和宪法规范类同的宪法效力。但

---

〔1〕 参见田飞龙:《“爱国爱港”的法学思考》,载邹平学主编:《港澳基本法实施评论》(2014 年卷 · 总第 1 卷),法律出版社 2015 年版,第 97 页。

〔2〕 萧蔚云:《论中华人民共和国宪法与香港特别行政区基本法的关系》,载《北京大学学报》(哲学社会科学版)1990 年第 3 期。

〔3〕 围绕《宪法》序言的效力问题,学界主要有三种主张,“无效力说”、“有效力说”和“部分效力说”。参见韩大元主编:《比较宪法学》,高等教育出版社 2008 年版,第 118 ~ 121 页。“在承认宪法序言具有法律效力的主张之中,有人认为,宪法序言不仅具有和正文一样的法律效力,而且还具有高于宪法正文的效力,也就是宪法序言的效力比宪法正文的效力还要强。”参见韩大元主编:《比较宪法学》,高等教育出版社 2008 年版,第 121 页。

是,“由于宪法序言在外观形式上迥然相异于宪法规范的特点,其效力不同于宪法规范,有些内容表现为直接的宪法效力,有些内容表现为间接的宪法效力,具体要视其表述的内容而定。但是,认为宪法序言具有高于宪法正文效力的观点缺乏实证法层面的依据”。[1] 以《宪法》第31条违反《宪法》序言为由否认《宪法》在香港特别行政区的适用是难以成立的。(2)《香港基本法》是《宪法》在香港特别行政区适用的主要形式。对于《宪法》在香港特别行政区的适用问题,可以从狭义和广义两个角度进行理解。从狭义的角度来说,宪法在香港特别行政区的适用是指《宪法》中所有条款在香港特别行政区均具有适用性。从广义的角度来说,宪法在香港特别行政区的适用,是指对于《宪法》中所有条款所规定的制度和内容在香港特别行政区不受到反对和破坏,这种适用是以“认可、尊重”的形态存在的。[2] 依据前种观点,宪法在香港特别行政区部分适用;依据后种观点,宪法在香港特别行政区全部适用。由此观之,对宪法在香港特别行政区究竟是否适用这一问题所秉持的立场实际上是以对“宪法适用”之内涵的厘定为前提的。笔者认为,宪法适用的内涵应当是“特定的国家机关依照宪法规定,在具体活动中贯彻、执行宪法的行为”。[3] 立法、行政、司法均是宪法适用的路径,于我国而言,立法在宪法适用过程中发挥着主导作用。应当将“宪法在香港特别行政区的适用”理解为《宪法》在香港特别行政区的贯彻和执行,而贯彻执行的主要途径是根据《宪法》制定的《香港基本法》。

2.《香港基本法》不足以结构性取代宪法在香港特别行政区的适用。学界对《香港基本法》性质的理解不甚相同:有的学者将其界定为

---

〔1〕 刘志刚:《香港特别行政区的宪制基础》,载《北方法学》2014年第6期。

〔2〕 参见韩大元:《中华人民共和国宪法与香港特别行政区基本法共同构成香港宪制的基础》,载全国人大常委会香港基本法委员会办公室编:《纪念香港基本法实施十周年文集》,中国民主法制出版社2007年版,第81页。

〔3〕 殷啸虎:《论宪法在特别行政区的适用》,载《法学》2010年第1期。

"小宪法",[1]有的学者将其界定为"代议机关的制定法、宪法的下位法",[2]也有学者在确定其基本法律性质的前提下,将其延伸理解为"中央与地方关系法"[3]"宪法性法律"。[4] 此外,还有观点认为,《香港基本法》是《宪法》的特别法,特别行政区基本法以其《宪法》的特别法这一性质,不因与《宪法》的抵触而无效;《宪法》对特别行政区的效力是通过其特别法,即特别行政区基本法得以实现的。[5] 笔者认为,"特别行政区基本法不是宪法的特别法,而是由全国人大制定的基本法律。相较于宪法,特别行政区基本法属于下位法,宪法经由特别行政区基本法在香港实施,但后者不足以结构性取代宪法在香港的适用"。[6] 探讨香港特别行政区的宪治必须以《宪法》为基础和基本背景。香港特别行政区宪治的基本原则和基本制度是由全国人民代表大会根据《宪法》确立的,其中体现了国家主权的唯一性和宪法所确立的单一制的原则。[7] 认为《香港基本法》可以结构性取代宪法在香港特别行政区适用的结果必然是"认为只有《宪法》第 31 条适用于香港特别行政区,宪法的其他条文在该地区均不适用。这不仅与宪法的根本法地位、最高法律效力相违背,而且在事实上也行不通。《宪法》中的许多规定,如《宪法》第三章所规定的全国人大、国家主席、国务院等中央国家机关的产生、组成、职权和任期等内容,均与香港特别行政区存在直接的关系,前述中央国家机关均直接与香港特别行政区发生国家事务关系或者代表包括香港特别

---

〔1〕 杨静辉、李祥琴:《港澳基本法比较研究》,北京大学出版社 2017 年版,第 15 页;郑贤君:《我国宪法解释技术的发展——评全国人大常委会 99〈香港特别行政区基本法〉释法例》,载《中国法学》2000 年第 4 期。

〔2〕 许崇德:《港澳基本法教程》,中国人民大学出版社 1994 年版,第 16 页。

〔3〕 孙笑侠:《法律对行政的控制》,山东人民出版社 1999 年版,第 85 页;郑贤君:《联邦制和单一制下国家整体与部分之间关系之理论比较》,载《法学家》1998 年第 4 期。

〔4〕 刘茂林:《香港基本法是宪法性法律》,载《法学家》2007 年第 3 期。

〔5〕 参见李琦:《特别行政区基本法之性质:宪法的特别法》,载《厦门大学学报》(哲学社会科学版)2002 年第 5 期。

〔6〕 刘志刚:《香港特别行政区的宪制基础》,载《北方法学》2014 年第 6 期。

〔7〕 参见韩大元:《中华人民共和国宪法与香港特别行政区基本法共同构成香港宪制的基础》,载全国人大常委会香港基本法委员会办公室编:《纪念香港基本法实施十周年文集》,中国民主法制出版社 2007 年版,第 81 页。

行政区在内的全国行使职权,如果这些宪法条文对香港特别行政区不适用的话,国家权力的运作秩序将会发生紊乱”。[1]

其二,将“爱国爱港”作为香港特别行政区行政长官产生的条件是否违反《香港基本法》和《宪法》? 诚如前文所述,《宪法》和《香港基本法》是香港特别行政区共同的宪制基础。将“爱国爱港”作为香港特别行政区行政长官的产生条件是否妥当关键在于看它是否合乎《香港基本法》和《宪法》的精神。对此,可以从两个方面进行分析。(1)《宪法》中的哪些条款适用于香港特别行政区?《宪法》中究竟哪些条文可以在香港特别行政区适用,《宪法》和《香港基本法》中均未规定。曾有人提出,在《香港基本法》中把《宪法》中不适用于香港特别行政区的条文一一列举出来,这种办法证明是行不通的。第一,宪法的某些条文不适用于香港特别行政区,主要指宪法规定的社会主义制度和政策,宪法中的其他条文,有的条文对香港特别行政区部分适用,部分不适用,或者半条适用,半条不适用。一一列举,在立法技术上是难以做到的。第二,基本法是子法,宪法是母法,如《香港基本法》规定宪法的条文不适用于香港特别行政区,就是子法限制母法,这违反了一般的法理,而且会导致该基本法是否有效的问题。第三,如果采用列举办法,就势必将基本法写得十分庞杂,不成其为一部名实相符的基本法。基本法起草委员会在反复讨论和修改后,对处理宪法的哪些条文不适用于香港特别行政区的问题时,采用一种十分妥善的办法,即《香港基本法》第 11 条的规定。[2] 该观点值得借鉴。笔者认为,《香港基本法》中不适合采取罗列适用于香港特别行政区的宪法条款。正确的立场应该是,以“一国两制”作为总的指导原则确定《宪法》适用于香港特别行政区的具体内容。《宪法》中关涉国家主权、国家统一的规定,如有关中央国家机关的组成和职权、国家标志、公民资格(国籍)等体现“一国”的规定,均应在香港特别行政区

---

〔1〕 参见刘志刚:《香港特别行政区的宪制基础》,载《北方法学》2014 年第 6 期。

〔2〕 参见张荣顺:《略论我国宪法与香港特别行政区基本法的关系》,载《中外法学》1990 年第 6 期。

实施。《宪法》中有关“制度”的规定，如关于实行和完善社会主义制度的规定，不适用于香港特别行政区，应依据《香港基本法》中的相关规定。在确定《宪法》适用于香港特别行政区的具体内容方面，“一国”是参考的重心，“两制”是参考的基础。[1] （2）“爱国爱港”义务在《香港基本法》和《宪法》中的具体体现。诚然，《宪法》和《香港基本法》中均未直接规定“爱国爱港”的内容，但是，香港特别行政区行政长官的“爱国爱港”义务在《宪法》与《香港基本法》中均有体现。《香港基本法》第104条规定，香港特别行政区行政长官在就职时必须依法宣誓拥护香港基本法，效忠香港特别行政区。因此，香港特别行政区行政长官必须承担对香港特别行政区效忠与负责的法律责任，负有“爱港”的法律义务。此外，《香港基本法》第44条关涉香港特别行政区行政长官任职条件的规定也体现了“爱国爱港”的精神。该条规定，“香港特别行政区行政长官由年满40周岁，在香港通常居住连续满20年并在外国无居留权的香港特别行政区永久性居民中的中国公民担任”。作为香港特别行政区“永久性居民”，显然他必须“爱港”；作为“中国公民”，显然他必须“爱国”。否则，就违反《香港基本法》的前述规定。诚如前文所述，确定《宪法》中何种内容适用于香港特别行政区，必须坚持“一国两制”的原则，《宪法》中承载“一国”精神的条款在香港特别行政区应当得到全体“香港居民”的尊重和保障。此外，《宪法》中还专门规定了“中国公民”的“爱国”义务。《宪法》第52条规定，“中华人民共和国公民有维护国家统一和全国各民族团结的义务”；《宪法》第54条规定：“中华人民共和国公民有维护祖国的安全、荣誉和利益的义务，不得有危害祖国的安全、荣誉和利益的行为”。依据《香港基本法》的前述规定，既然香港特别行政区行政长官必须是“中国公民”，且《宪法》中承载“一国”精神的条款在香港特别行政区具有适用性，因此，香港特别行政区行政长官必须“爱国”就成为题中应有之义了，这是《宪法》的固有精神。综合前述，将“爱

---

〔1〕 参见刘志刚：《香港特别行政区的宪制基础》，载《北方法学》2014年第6期。

国爱港”作为香港特别行政区行政长官的任职条件不仅不违反《香港基本法》和《宪法》的规定,恰恰相反,该条件是内蕴于《宪法》和《香港基本法》文本之中的。

第三章　宪法在香港特别行政区实施的主体方式:《香港基本法》

宪法在香港特别行政区的实施方式是多元的,既包括《香港基本法》,也包括全国人大常委会对《香港基本法》的解释、全国人大及其常委会所作决定、全国性法律等诸多形式。但是,《香港基本法》是宪法在香港特别行政区实施的主体方式。本章拟结合宪法在香港特别行政区的实施这一主题,对《香港基本法》作一框架性的分析。

第一节　《香港基本法》与《宪法》的关系概说

一、《香港基本法》与《宪法》的关系

(一)学界关于《香港基本法》性质的观点

围绕《香港基本法》的性质,学界存在诸多理解上的歧义,主要有三种观点。其一,特别行政区宪法论。该观点认为,《香港基本法》是香港特别行政区的"宪法"。自中英谈判开始,香港便出现一种主张,认为全国人大将制定的法律应是香港特别行政区的"宪法",属于"小宪法"(mini-constitution)、"半独立宪法"(semi-independent constitution)。[1]

---

〔1〕 See W. S. Clarke, "Hong Kong under the Chinese Constitution", *Hong Kong Law Journal* 14, 1984, p. 74.

《香港基本法》制定后,境外学者往往不加思辨地将《香港基本法》指称为“宪法”或者“小宪法”,[1]甚至直接体现在相关的司法判决中。1999年,香港特别行政区终审法院在“吴嘉玲案”判决中宣称,“像其他宪法一样,它(指《香港基本法》——引者注)分配并界定权力,规定基本权利和自由。任何与之相抵触的法律均属无效”。[2] 香港特别行政区终审法院甚至宣称,香港特别行政区法院有权审查全国人大及其常委会的行为是否符合《香港基本法》。该种观点的思维逻辑是,《香港基本法》是香港特别行政区的宪法典,《宪法》是内地的宪法典,两者共同构成我国的宪法典。基于此,香港特别行政区终审法院方才在案件裁决中宣告:《香港基本法》是香港特别行政区的宪法,香港特别行政区法院享有对其基本法的解释权,因而享有违宪审查权,可以审查香港特别行政区的立法机关、行政机关乃至全国人大及其常委会依据该基本法作出的行为是否符合该基本法的规定。其二,基本法律论。[3] 该观点认为,《香港基本法》是由全国人大制定的,其性质属于基本法律。该观点的思维逻辑是,《宪法》第31条规定特别行政区制度由全国人大以法律规定,《宪法》第62条第3项规定全国人大有权制定和修改的法律是基本法律,而《香港基本法》是由全国人大制定的,因此,其性质是基本法律。作为《宪法》的下位法,《香港基本法》在内容上不能抵触《宪法》。该观点往

---

〔1〕 See Yash Ghai, *Hong Kong's New Constitutional Order: The Resumption of Chinese Sovereignty and the Basic Law*, Hong Kong, Hong Kong University Press, 1997, p. 136. See Langer Lorenz, "The Elusive Aim of Universial Suffrage: Constitutional Developments in Hong Kong", *International Journal of Constitutional Law* 5, 2007, p. 419; Bing Ling, "Can Hong Kong Courts Review and Nullify Acts of the National People's Congress", *Hong Kong Law Journal* 29, 1999, pp. 8-10; Johhannes Chan SC, "Basic Law and Constitutional Review: The First Decade", *Hong Kong Law Journal* 37, 2007, p. 407; Benny Y. T. Tai, "Basic Law, Basic Politics: The Constitutional Game of Hong Kong, *Hong Kong Law Journal* 37, 2007, p. 503; Peter Wesley-Smith, "The SAR Constitution: Law or Politics", *Hong Kong Law Journal* 27, 1997, p. 125.

〔2〕 Ng Ka-ling & Another v. The Director of Immigration, FACV 14/1998, para 64.

〔3〕 参见许崇德主编:《港澳基本法教程》,中国人民大学出版社1994年版,第16页;萧蔚云:《论中华人民共和国宪法和香港特别行政区基本法的关系》,载《北京大学学报》(哲学社会科学版)1990年第3期;刘茂林:《香港基本法是宪法性法律》,载《法学家》2007年第3期;孙涉:《试论〈中华人民共和国香港特别行政区基本法〉在我国法律体系中的地位》,载《江苏社会科学》1991年第4期;王玉明:《香港特别行政区基本法的几个理论问题》(上),载《政法论坛》1990年第3期。

往面临合宪性质疑。其原因在于以下几点。(1)《宪法》第1条第2款规定,社会主义制度是中华人民共和国的根本制度;(2)《宪法》第5条第2款规定,一切法律都不得同宪法相抵触;(3)《香港基本法》的性质是基本法律,但它规定的制度是资本主义制度。因此,《香港基本法》涉嫌与《宪法》相抵触。对此,该观点提出"但章"[1]"整体与部分""一般与特殊"[2]"宪法自我限制"[3]等理论加以回应。其中,"但章"和"宪法自我限制"理论认为,《宪法》第31条限制《宪法》中社会主义制度和生活方式、地方制度以及司法体制等规定在特别行政区的适用,全国人大制定特别行政区基本法,确定在特别行政区不实行社会主义制度,是《宪法》自我限制的结果。其三,宪法特别法论。[4] 该观点认为,宪法典是主权行为的产物,具有普遍性和一般性的效力,不以实定法为依据,而《香港基本法》却是依据《宪法》制定的,且不具有普遍性和一般性的效力,因此,它不是宪法典。《香港基本法》具有内容上的特别性,只对特定的人、事项和空间发生法律效力,其性质应当是《宪法》的特别法。全国人大制定特别行政区基本法的权力是《宪法》对全国人大的特别授权和委托,不同于其作为代议机关而享有的其他权力。从直观层面来看,如果将特别行政区基本法视为基本法律,必然导致《香港基本法》因抵触《宪法》而无效,这显然与制定特别行政区基本法的目的相悖,[5]"只有将两部基本法作为宪法的特别法,才能使其不因与宪法的抵触而失效——例外与普通法本就是特别法的特征"。[6]

笔者认为,《香港基本法》既不是宪法,也不是宪法特别法。其一,

---

〔1〕 香港特别行政区基本法中央与特别行政区的关系专责小组编制的《基本法(草案)咨询报告(2):基本法与中国宪法及〈中英联合声明〉的关系》显示,有意见认为第31条是《宪法》的"但章"。

〔2〕 萧蔚云:《论中华人民共和国宪法和香港特别行政区基本法的关系》,载《北京大学学报》(哲学社会科学版)1990年第3期。

〔3〕 陈克:《论宪法与香港基本法的关系》,载《法学家》1989年第4期。

〔4〕 参见李琦:《特别行政区基本法之性质:宪法的特别法》,载《厦门大学学报》(哲学社会科学版)2002年第5期。

〔5〕 同上。

〔6〕 同上。

《香港基本法》的性质不可能是宪法。原因如下:(1)宪法是制宪权行使的产物,它不需要以任何先期存在的实定法为制定依据。[1] 但是,《香港基本法》却是依据《宪法》制定的。《香港基本法》序言第3自然段规定,“根据中华人民共和国宪法,全国人民代表大会特制定中华人民共和国香港特别行政区基本法,规定香港特别行政区实行的制度,以保障国家对香港的基本方针政策的实施”。(2)中国是单一制国家,地方行政区域单位不可能拥有宪法。《香港基本法》第2条规定,“全国人民代表大会授权香港特别行政区依照基本法的规定实行高度自治,享有行政管理权、立法权、独立的司法权和终审权”。《香港基本法》第12条规定,“香港特别行政区是中华人民共和国的一个享有高度自治权的地方行政区域,直辖于中央人民政府”。前述规定清楚表明:中国是单一制国家,中央与特别行政区之间是授权而非分权关系,《香港基本法》的性质不可能是宪法。其二,《香港基本法》的性质不可能是宪法特别法。其原因如下。(1)特别法和一般法必须是相同位阶的法。如果将《香港基本法》视为宪法特别法,那么,它必须是和宪法处于相同位阶的法。但是,宪法是人民行使制宪权的产物,而《香港基本法》却是全国人大行使立法权的产物,二者的制定程序、表现形式不甚相同,其位阶不可能相同。既然如此,怎么可以将不同位阶的法视为一般法和特别法呢?(2)《宪法》第31条不足以赋予《香港基本法》宪法特别法的性质。《宪法》第31条固然可以被视为《宪法》对全国人大的特别授权,但是,该种授权的特殊性也仅体现为:决定特别行政区的设立、以法律规定特别行政区实行的制度,并没有进而赋予特别行政区基本法以宪法特别法的性质。以《宪法》第31条为据,将《香港基本法》视为宪法特别法仅仅是一种无根据的遐想而已。

(二)《香港基本法》是宪法的实施法,其性质是基本法律

笔者认为,《香港基本法》的性质不是宪法,也不是宪法特别法,而是

---

〔1〕“国民存在于一切之前,它是一切之本源。它的意志永远合法,它本身便是法律。”参见[法]西耶斯:《论特权·第三等级是什么?》,冯棠译,商务印书馆1990年版,第59页。

根据《宪法》制定的实施法。前述立场的主要理由有以下几点。(1)《宪法》应当是全国人大制定《香港基本法》的依据。《宪法》序言规定,《宪法》是国家的根本法,具有最高的法律效力,一切国家机关必须以宪法为根本的活动准则。《宪法》第31条规定,“国家在必要时得设立特别行政区,在特别行政区内实行的制度按照具体情况由全国人民代表大会以法律规定”。依据前述规定,全国人大制定《香港基本法》时,应当以《宪法》为依据。(2)《中英联合声明》中对《香港基本法》的制定依据有明确声明。《中英联合声明》第3点指出,“中华人民共和国政府声明,中华人民共和国对香港的基本方针政策如下:(一)为了维护国家的统一和领土完整,并考虑到香港的历史和现实情况,中华人民共和国决定在对香港恢复行使主权时,根据中华人民共和国宪法第三十一条的规定,设立香港特别行政区”。该声明的附件一第1点进一步指出,“中华人民共和国全国人民代表会将根据中华人民共和国宪法制定并颁布中华人民共和国香港特别行政区基本法,规定香港特别行政区成立后不实行社会主义的制度和政策,保持香港原有的资本主义制度和生活方式,五十年不变”。依据前述规定,香港特别行政区的设立依据是《宪法》第31条,《香港基本法》的制定依据是《宪法》。(3)《香港基本法》明确规定其制定的宪法依据。《香港基本法》序言规定:“根据中华人民共和国宪法第三十一条的规定,设立香港特别行政区,并按照‘一个国家,两种制度’的方针,不在香港实行社会主义的制度和政策。国家对香港的基本方针政策,已由中国政府在中英联合声明中予以阐明。根据中华人民共和国宪法,全国人民代表大会特制定中华人民共和国香港特别行政区基本法,规定香港特别行政区实行的制度,以保障国家对香港的基本方针政策的实施。”《香港基本法》第11条规定:“根据中华人民共和国宪法第三十一条,香港特别行政区的制度和政策,包括社会、经济制度,有关保障居民的基本权利和自由的制度,行政管理、立法和司法方面的制度,以及有关政策,均以本法的规定为依据。香港特别行政区立法机关制定的任何法律,均不得同本法相抵触。”依据前述规定,可以窥察的相关信息为:其一,香港特别行政区的制度是根据《宪法》第 31 条制定的,《宪法》高于《香港基本法》,《宪法》是《香港基本法》的制定依据;其二,《香港基本法》规定的制度符合《宪法》第 31 条的精神,《香港基本法》的效力高于香港特别行政区立法机关制定的法律。

有观点认为,《香港基本法》是宪法,前述宪法论和宪法特别法论均是该种观点的表现形式。从直观层面来看,该观点是肤浅和片面的,是对《香港基本法》法律地位和性质的误解。诚然,《香港基本法》在香港特别行政区范围内具有根本法的特征,主要表现如下。(1)内容的根本性。《香港基本法》的内容包括中央和香港特别行政区的关系,居民的基本权利和义务,政治体制、经济、教育、科学、文化、体育、宗教和社会服务、对外事务等。与香港特别行政区的其他立法相比,这些内容都是根本性的。(2)效力的最高性。与香港特别行政区的其他立法相比,《香港基本法》具有最高的法律效力。《香港基本法》第 11 条第 2 款规定,"香港特别行政区立法机关制定的任何法律,均不得同本法相抵触"。《香港基本法》第 160 条规定:"香港特别行政区成立时,香港原有法律除由全国人民代表大会常务委员会宣布为同本法抵触者外,采用为香港特别行政区法律,如以后发现有的法律与本法抵触,可依照本法规定的程序修改或停止生效。在香港原有法律下有效的文件、证件、契约和权利义务,在不抵触本法的前提下继续有效,受香港特别行政区的承认和保护。"(3)修改程序的严格性。香港特别行政区其他法律的修改权属于香港特别行政区立法机关,与之相比,《香港基本法》的修改权属于全国人大。对此,《香港基本法》第 159 条作了明确的规定,其内容为:"本法的修改权属于全国人民代表大会。本法的修改提案权属于全国人民代表大会常务委员会、国务院和香港特别行政区。香港特别行政区的修改议案,须经香港特别行政区的全国人民代表大会代表三分之二多数、香港特别行政区立法会全体议员三分之二多数和香港特别行政区行政长官同意后,交由香港特别行政区出席全国人民代表大会的代表团向全国人民代表大会提出。本法的修改议案在列入全国人民代表大会的议程前,先由香港特别行政区基本法委员会研究并提出意见。本法的任何修改,均不得同中华人民共和国对香港既定的基本方针政策相抵触。"

笔者认为,《香港基本法》在香港特别行政区范围内的前述根本法特征是现实存在的,但不能由此而认为,该法的性质就是根本法。其原因在于:中国是单一制国家,香港特别行政区是中华人民共和国的一个享有高度自治权的地方行政区域单位,不是联邦制国家结构形式下的一个州;《香港基本法》是全国人大制定的全国性法律,对《香港基本法》性质的厘定,应当从国家整体角度着眼,不能仅从香港特别行政区的视角来衡量和评判。尽管《香港基本法》在香港特别行政区范围内具有根本性,但它并不是一部单一制国家结构形式下的宪法或者与宪法同义的根本法。《香港基本法》是依据《宪法》制定的法律,它和《宪法》之间的关系在《宪法》《中英联合声明》《香港基本法》中规定得很清楚,其性质应该确定为基本法律。当然,作为《宪法》的实施性基本法律,《香港基本法》具有许多特殊性,表现如下。(1)制定和修改程序的特殊性。与其他法律相比,《香港基本法》的修改提案权仅属于全国人大常委会、国务院和香港特别行政区,比其他法律修改提案权的主体范围小得多。在制定或修改权方面,其他基本法律的制定或修改权属于全国人大及其常委会,《香港基本法》的制定或修改权仅属于全国人大。(2)内容的综合性。与其他基本法律相比,《香港基本法》的内容不限于某一领域,包括中央和地方的关系、居民的权利和义务、政治体制、经济、教育、科学、文化、体育、宗教、劳工和社会服务等诸多方面。(3)排他性。在香港特别行政区范围内,凡是与《香港基本法》不相一致的《宪法》规定,不在香港特别行政区适用。全国性法律中除列入《香港基本法》附件三的之外,不在香港特别行政区适用。(4)适用范围的单一性。与其他基本法律不同,《香港基本法》仅适用于香港特别行政区,不适用于其他地方行政区域单位。

二、《香港基本法》的合宪性

(一)学界围绕《香港基本法》合宪性问题的学理解读

《宪法》第31条规定:"国家在必要时得设立特别行政区。在特别行政区内实行的制度按具体情况由全国人民代表大会以法律规定。"1990年4月4日,第七届全国人大第三次会议审议通过《香港基本法》。在《香港基本法》的制定过程中,有观点认为,《香港基本法(草案)》第4条、第25条和第36条与《宪法》第1条、第19条、第24条、第25条、第34条、第49条相抵触。[1] 1990年4月4日,第七届全国人大第三次会议审议通过《全国人民代表大会关于〈中华人民共和国香港特别行政区基本法〉的决定》。该决定指出:"香港特别行政区基本法是根据《中华人民共和国宪法》按照香港的具体情况制定的,是符合宪法的。香港特别行政区设立后实行的制度、政策和法律,以香港特别行政区基本法为依据。"依据该决定,《香港基本法》是合宪的,自此而后,"任何对基本法是否符合宪法的疑虑都不再有存在的余地了"。[2] 但是,对于《香港基本法》究竟为什么是合宪的,该决定却并没有谈及,它所作的似乎仅仅是一个决断式宣告,既没有说明《香港基本法》制定的具体宪法规范依据,也没有说明《香港基本法》的法律位阶及其与《宪法》的关系。因此,尽管全国人大从制度层面确认了《香港基本法》的合宪性,但围绕《香港基本法》的合宪性争议并未因为该决定的出台而彻底消失。香港回归后,香港特别行政区相继发生"马某騑案""吴某玲案"等司法案件,牵扯出全国人大及其常委会是否可以审查全国人大及其常委会行为的宪法争议,这实际上是香港回归前围绕《香港基本法(草案)》合宪争议的延续。前述关于《香港基本法》性质的诸种争议,实际上就是香港回归后学界

---

〔1〕 香港特别行政区基本法中央与特别行政区的关系专责小组编制的《基本法(草案)咨询报告(2):基本法与中国宪法及〈中英联合声明〉的关系》记录了这种观点。另可参见陈克:《论宪法与香港基本法的关系》,载《法学家》1989年第4期。

〔2〕 王叔文主编:《香港特别行政区基本法导论》(第3版),中国民主法制出版社、中共中央党校出版社2006年版,第15页。

围绕《香港基本法》合宪性问题所作的回应。前述特别行政区宪法论将《香港基本法》视为香港特别行政区的宪法,其目的显然是化解人们对《香港基本法》提出的合宪性质疑。该观点的思维逻辑为:《宪法》是中国内地的宪法典,《香港基本法》是香港特别行政区的宪法典,二者均属于我国的宪法典。既然如此,也就无所谓《香港基本法》的合宪性问题了。但是,问题的症结在于:《香港基本法》是立法权行使的产物,不是也不可能是制宪权行使的产物,而且,香港特别行政区的设置并不意味着中国结构形式的性质有实质性的改变,因此,《香港基本法》不可能是香港特别行政区的宪法。秉持该种观点固然可以在直观层面上化解对《香港基本法》合宪性的质疑,但由此衍生出的对我国根本政治制度产生重大冲击的后果却是无法承受的。与之相比,前述宪法特别法论既没有将《香港基本法》视为宪法典,也没有将其视为《宪法》的下位法,而是将其视为宪法特别法。在该种观点的视野中,《宪法》第 31 条是《宪法》对全国人大的特别授权,全国人大制定《香港基本法》的权力是《宪法》对全国人大的特别授权和委托,该种权力不同于其作为代议机关享有的其他权力。因此,《香港基本法》是宪法的特别法,既然它是宪法的特别法,依据特别法优于一般法的原则,特别宪法与一般宪法不一致的,适用特别宪法。果如是,也就无所谓《香港基本法》的合宪性问题了。但是,如前所述,《香港基本法》是立法权行使的产物,不是,也不可能是制宪权行使的产物,其性质既不可能是国家层面的宪法,也不可能是地方层面的宪法,只能是宪法的下位阶法。既然如此,位阶不同的法又怎么可能有一般宪法和特别宪法之分呢?显然,该种观点不足以化解对《香港基本法》提出的合宪性质疑。

与前述两种观点相比,基本法律论既没有将《香港基本法》视为香港特别行政区的宪法,也没有将其视为宪法特别法,而是将其视为全国人大制定的基本法律。作为宪法的下位阶法,基本法律在内容上不能与宪法相抵触。因此,基本法律论最容易招致合宪性的质疑。对此,基本法律论者往往以"整体与部分"或者"一般与特殊"、"但章"、"宪法自我限制”等理由加以辩解。其中,“整体与部分”“一般与特殊”观点论者认为,“中国是社会主义国家,它的宪法是社会主义宪法,为了维护国家的统一和领土完整,并考虑到香港、澳门、台湾的历史和现实状况,才作出了宪法第三十一条的规定,允许香港、澳门、台湾保持原来的资本主义制度和生活方式。在内地广阔的行政区域实行社会主义制度,在香港、澳门、台湾这些局部地区保持资本主义制度,这是一种整体和局部,一般和特殊的关系,从整体和一般情况来说,在中国是实行社会主义,从局部和特殊情况来说,某些地区实行资本主义制度,五十年不变。这并不影响中国还是一个社会主义国家。宪法和它的第三十一条的关系恰恰是正确处理了一般和特殊的关系,有了第三十一条的特殊规定,特别行政区的建立就合乎宪法,基本法的起草就成为合宪,基本法规定的制度和政策不但不和宪法相抵触,而且由于合乎宪法第三十一条而合宪,有宪法的保障”。[1] 笔者认为,无论是“但章”“宪法自我限制”论者,还是“整体与部分”“一般与特殊”论者所秉持的立场,都无法合乎逻辑地解释《香港基本法》的合宪性问题,其原因在于前述立场由以存在的逻辑基点为:(1)《香港基本法》是全国人大制定的基本法律,其位阶低于《宪法》;(2)《宪法》不仅适用于内地,也适用于香港特别行政区。既然如此,全国人大经由其制定的基本法律来停止宪法在香港特别行政区的实施就是不符合逻辑的。试问:基本法律怎么可能停止宪法的实施呢?然而,令人遗憾的是,前述诸辩解观点却可以“合乎逻辑”地推导出该种结论。

(二)对《香港基本法》合宪性问题的进一步挖掘

诚如前述,对《香港基本法》的合宪性质疑并没有因为全国人大所作关于《香港基本法》的决定而消失,学界所提出的香港特别行政区宪法论、宪法特别法论由于自身无法克服的缺陷难以自圆其说,基本法律论者尝试以“整体与部分”“一般与特殊”“但章”“宪法自我限制”等理

[1] 萧蔚云:《论中华人民共和国宪法与香港特别行政区基本法的关系》,载《北京大学学报》(哲学社会科学版)1990年第3期。

由加以辩解,但却无法超越自身的逻辑缺陷。因此,对《香港基本法》的合宪性辩解,还必须从学理层面进行深度挖掘。笔者认为,《香港基本法》的内容与《宪法》并不存在相抵触的地方,是合宪的,具体理由如下。

(1)特别行政区是"一国两制"构想的产物。"一国两制"最初是为解决台湾问题提出的。早在党的十一届三中全会召开前,邓小平同志就阐述了解决台湾问题要尊重台湾地区现实的思想。1978 年 10 月 8 日,邓小平同志在会见日本文艺家江藤淳的谈话中,透露出祖国统一后中国政府将从实际出发、尊重台湾地区现实和保护外国人投资的最初思考,这是邓小平同志涉及"一国两制"构想的最早谈话。1978 年 11 月会见缅甸总统吴奈温时,邓小平同志第一次明确谈及统一后台湾地区的某些制度和生活方式可以不动。1979 年元旦,全国人大常委会发表了《告台湾同胞书》,宣布了争取和平统一祖国的大政方针,指出在解决祖国统一问题时,将"尊重台湾现状和台湾各界人士的意见,采取合情合理的政策和办法,不使台湾人民蒙受损失"。就在同一天,邓小平在同美国参议员会面时也明确指出:"台湾的社会制度可以根据台湾的意志来决定。要改变可能要花一百年或一千年,我这样说的意思是指需要很长的时间。我们不会用强制的办法来改变这个社会。"这些重要谈话可以说是"一国两制"构想的最初萌芽。1979 年 1 月 29 日至 2 月 5 日,邓小平访问了美国。出访前夕,他在会见美国时代出版公司总编辑多诺万时谈到了中国政府的对台湾地区政策构想。1979 年 1 月 30 日,正在美国访问的邓小平发表讲话,表示"我们不用'解放台湾'这个提法了"。1979 年 12 月,他在会见日本首相大平正芳时提出了广为流传的"三个不变"。前述一系列谈话,成为"一国两制"构想形成的基本框架。1981 年 9 月 30 日,全国人大常委会委员长叶剑英发表了《关于台湾回归祖国实现和平统一的方针政策》的谈话,进一步阐明了关于台湾回归祖国,实现和平统一的九条方针政策(以下简称"叶九条")。"叶九条"包含了"一国两制"的基本内容,邓小平同志于 1984 年 12 月会见英国首相撒切尔夫人时曾明确指出:"1981 年国庆前夕叶剑英委员长就台湾问题发表的九条声明,虽然没有概括为‘一国两制’,但实际上就是这个意思。”1982 年 1 月 10 日,邓小平同志在接见来华访问的美国华人协会主席李耀基时说:“在实现国家统一的前提下,国家的主体实行社会主义制度,台湾实行资本主义制度。”在这次谈话中,邓小平同志第一次正式提出了“一个国家,两种制度”的概念。1983 年 6 月 25 日,邓小平同志在会见美国西东大学教授杨力宇时,又进一步阐述了实现台湾地区和祖国大陆和平统一的六条具体构想(以下简称“邓六条”)。从“叶九条”到“邓六条”,“一国两制”科学构想的内容更完备、明确和系统化,“一国两制”方针的大体框架基本形成。1984 年 12 月 19 日,中英两国政府签订了《关于香港问题的联合声明》。1987 年 4 月 13 日,中葡两国政府签订了《关于澳门问题的联合声明》。两个联合声明都决定我国将按照“一国两制”的构想,在香港和澳门分别建立特别行政区。此后,全国人大相继于 1990 年 4 月 4 日、1993 年 3 月 31 日审议通过了《香港基本法》和《澳门特别行政区基本法》(以下简称《澳门基本法》)。

(2)《宪法》第 31 条包含了允许特别行政区不实行社会主义制度的内涵。《香港基本法》是依据《宪法》第 31 条制定的,如果《宪法》第 31 条中原本就包含“一国两制”的思想,允许特别行政区实行资本主义制度,那么,依据该条制定的《香港基本法》自然也就无所谓违反《宪法》的问题。如是以来,对《香港基本法》合宪性的解读就转化为对《宪法》第 31 条内涵的挖掘了。笔者认为,《宪法》第 31 条中包含前述思想,这一点从《宪法》修改的文献资料中可以清楚地看出来。1982 年 11 月 26 日,在第五届全国人大第五次会议上,全国人大常委会委员长彭真代表宪法修改委员会作了《关于中华人民共和国宪法修改草案的报告》,该报告包含对《宪法》第 31 条的详细说明。他指出:“在维护国家的主权、统一和完整的原则方面,我们是绝不含糊的。”特别行政区“……享有高度的自治权。这种自治权,包括台湾现行社会、经济制度不变,生活方式不变,同外国的经济、文化关系不变,等等”。同时,“在具体政策、措施方面,我们又有很大的灵活性,充分照顾台湾地方的现实情况和台湾人民以及各方面人士的意愿。这是我们处理这类问题的基本立场”。[1]前文所言之“这类问题”显然是指香港问题、澳门问题,前文所蕴含的意思显然是指:允许我国台湾地区以及其他类同地区实行不同于大陆(内地)的资本主义制度。这一点,时任全国人大常委会法制委员会副秘书长兼办公室主任的王汉斌同志曾经作过详细的说明。他说:“为了使处理台湾问题有法律上的根据,而又不必修改宪法,同时又有利于对台谈判,宪法第31条规定:‘国家在必要时得设立特别行政区。在特别行政区内实行的制度按照具体情况由全国人民代表大会以法律规定。’并相应地在第62条关于全国人大职权中规定:‘决定特别行政区的设立及其制度。’这是根据邓小平同志提出的‘一国两制’的伟大构想,为解释台湾问题所提供的宪法依据。”王汉斌同志还指出:“当时中英关于香港问题的谈判刚刚开始,中葡关于澳门问题的谈判还没有开始。因此,彭真同志在关于修改宪法草案的报告中只能提台湾,没有提香港、澳门,但又说了‘这是我们处理这类问题的基本立场’。这就明显地把香港、澳门包括在内了。在起草香港特别行政区基本法时,有些香港人士有顾虑,认为在香港实行不同于社会主义制度的资本主义制度不符合宪法,要求相应的修改宪法,明文规定在香港实行‘一国两制’。香港基本法起草委员会初期开会时,香港记者向姬鹏飞提出要修改宪法的问题,姬鹏飞让我回答,我答复记者说:宪法第31条就是专门为香港实行不同于社会主义制度的资本主义制度即实行‘一国两制’而作的特别规定,因而不需要再修改宪法。在这之后,为了进一步解除香港某些人的疑虑,1990年全国人大在审议通过香港特别行政区基本法时,还通过了关于香港特别行政区基本法的决定,明确规定香港基本法是根据宪法、按照香港具体情况制订的,是符合宪法的。现在香港、澳门已经回归祖国。实践证明,小平同志提出的‘一国两制’,对于维护香港、澳门的稳定、繁荣和发

---

〔1〕 彭真:《关于中华人民共和国宪法修改草案的报告——一九八二年十一月二十六日在第五届全国人民代表大会第五次会议上》,载《中华人民共和国全国人民代表大会常务委员会公报》2004年特刊,第43页。

展，具有非常重大的意义。”[1]

三、《香港基本法》的自足性

(一)《香港基本法》的自足性概说

《香港基本法》是为了在香港特别行政区实施“一国两制”方针政策而制定的。诚如《香港基本法》序言中所言：“为了维护国家的统一和领土完整，保持香港的繁荣和稳定，并考虑到香港的历史和现实情况，国家决定，在对香港恢复行使主权时，根据中华人民共和国宪法第三十一条的规定，设立香港特别行政区，并按照‘一个国家，两种制度’的方针，不在香港实行社会主义的制度和政策。国家对香港的基本方针政策，已由中国政府在中英联合声明中予以阐明。根据中华人民共和国宪法，全国人民代表大会特制定中华人民共和国香港特别行政区基本法，规定香港特别行政区实行的制度，以保障国家对香港的基本方针政策的实施。”《香港基本法》第5条规定：“香港特别行政区不实行社会主义制度和政策，保持原有的资本主义制度和生活方式，五十年不变。”为了确保“一国两制”方针政策的长期稳定，《香港基本法》中作了一系列制度化的设计，其中，最突出的表现是该法第159条关于自身修改程序的限制性规定。《香港基本法》第159条对其修改程序的限定包括四个方面。(1)该法的修改权属于全国人大。(2)该法的修改提案权属于全国人大常委会、国务院和香港特别行政区。香港特别行政区的修改议案，须经香港特别行政区的全国人大代表2/3以上多数、香港特别行政区立法会全体议员2/3多数和香港特别行政区行政长官同意后，交由香港特别行政区出席全国人大的代表团向全国人大提出。(3)该法的修改议案在列入全国人大的议程前，先由香港特别行政区基本法委员会研究并提出意见。(4)该法的任何修改，均不得同中华人民共和国对香港特别行政区既定的基本方针政策相抵触。与全国人大对其他基本法律的修改相比，

[1] 本刊特约记者：《关于1982年宪法的起草过程(二)——王汉斌访谈录》，载《百年潮》2011年第3期。

二者在修改程序的限制性规定方面存在诸种差别,包括以下几点。(1)修改法律的提案权主体范围不同。在常规情形下,全国人大修改基本法律时的提案权主体包括:全国人大常委会、全国人大各专门委员会、全国人大主席团、国务院、最高人民法院、最高人民检察院、中央军委、一个代表团或者30名以上代表联名。这与全国人大修改《香港基本法》时的提案权主体范围相比,显然要宽泛得多。(2)是否需要经过全国人大相关机构审核同意的要求不同。全国人大如果修改的是一般的基本法律,不需要经过全国人大相关机构的审核同意。但是,如果全国人大修改《香港基本法》,则需要先行征求香港特别行政区基本法委员会的意见。(3)法律修改的实体性限制要求不同。全国人大如果修改《香港基本法》,不得与国家对香港特别行政区既定的政策相抵触。反之,如果全国人大修改的是一般的基本法律,则没有该种限制性要求。依据《香港基本法》第159条的前述规定,《香港基本法》得以确保长期稳定,"一国两制"的方针政策得以保证50年不变。但是,仅此尚不足行,《香港基本法》为了确保自身的逻辑自洽、体系完整,还进而确立了基本法的自足性制度。所谓《香港基本法》的自足性,是指在香港特别行政区宪制秩序范围内,关涉香港特别行政区的基本原则、居民的权利与自由、政府组织架构及其权限、公共政策等方方面面的问题,均应在《香港基本法》的规范体系内寻求法律上的解决方案,从而保持香港特别行政区的宪制秩序与内地宪制秩序的和谐共生。[1] 从文本内容来看,《香港基本法》第11条是典型的自足性条款。该条规定:"根据中华人民共和国宪法第三十一条,香港特别行政区的制度和政策,包括社会、经济制度,有关保障居民的基本权利和自由的制度,行政管理、立法和司法方面的制度,以及有关政策,均以本法的规定为依据。香港特别行政区立法机关制定的任何法律,均不得同本法相抵触。"为了确保《香港基本法》的权威,该法第8条、第17条、第18条作了进一步的规定。依据前述规定:(1)在香港特别行政区

---

〔1〕 参见黄明涛:《论〈香港特别行政区基本法〉的自足性——对基本法第11条第1款的一种解读》,载《学习与探索》2015年第1期。

实行的法律包括《香港基本法》、香港原有法律以及香港特别行政区立法机关制定的法律;(2)香港原有法律,即普通法、衡平法、条例、附属立法和习惯法等,不得与《香港基本法》相抵触;(3)香港特别行政区立法会制定的法律不得与《香港基本法》相抵触,全国人大常委会有备案审查权;(4)全国性法律,除列于基本法附件三者外,不在香港特别行政区实施。

(二)对《香港基本法》自足性条款的学理分析

从文本规定上来看,《香港基本法》第11条包含两层意思:(1)根据《宪法》第31条,香港特别行政区的制度和政策,包括社会、经济制度,有关保障居民的基本权利和自由的制度,行政管理、立法和司法方面的制度,以及有关政策,均以基本法的规定为依据;(2)香港特别行政区立法机关制定的任何法律,均不得同基本法相抵触。对于前述第一层意思,可以从两个方面理解:(1)将其与第二层意思关联起来加以理解。既然香港特别行政区的制度和政策均以基本法的规定为依据,那么,香港特别行政区立法机关制定的任何法律均不得同基本法相抵触。二者之间是层级递进的关系。(2)将其作为一个独立单元加以理解。它固然包含前述理解中的内容,但并不局限于该内容。除前述内容外,它另外包含的意思:既然全国人大已经通过《香港基本法》全面规定了香港特别行政区的各项制度、政策,那么,全国人大就不需要通过其他的立法另行规定香港特别行政区的制度和政策了。前述第一种理解显然是成立的,它是对《香港基本法》第11条第1款、第2款之间关系的合乎逻辑的阐释。但是,前述第二种理解是否成立,从《香港基本法》的文本规定中似乎无法直观地看出来。笔者认为,该种理解是不成立的,其原因在于以下几点。(1)《香港基本法》是根据《宪法》第31条制定的,但是,现行《宪法》中涉及香港特别行政区的条文却并不仅限于《宪法》第31条;《宪法》第62条第14项即规定,全国人大有权决定特别行政区的设立及其制度。将该规定与《宪法》第31条结合分析之后可以推导出的结论似乎是,全国人大固然可以制定《香港基本法》规定香港特别行政区实行的制度,但也可以在此之外对香港特别行政区的相关事宜作出决定。例如,1990 年 4 月 2 日,第七届全国人大三次会议审议通过《全国人民代表大会关于香港特别行政区第一届政府和立法会产生办法的决定》。临时立法会并没有规定在《香港基本法》中,但是,全国人大却通过决定的形式成立了该机构。(2)以《香港基本法》第 11 条第 1 款限制全国人大,在理论上和实践中均难以成立。《香港基本法》的性质是基本法律,它是全国人大行使立法权的产物,不是作为主权者的人民行使制宪权的产物。《香港基本法》第 11 条第 1 款是作为基本法律的《香港基本法》的规定,不是《宪法》作出的规定,它没有资格对作为最高国家权力机关的全国人大作出外在的限制和约束。该种限制所指向的对象是香港特别行政区立法会制定的法律、香港特别行政区原有法律,而不是全国人大。舍此而外,在国家的制度体系框架范围内,法律与全国人大作出的决定之间的位阶关系实际上并不清楚,实践中很难对二者从法律位阶上加以厘定。因此,如果认为《香港基本法》第 11 条第 1 款包含了对全国人大的限制,即认为前述第二种理解是成立的话,将导致国家法律制度体系的混乱。(3)有可能衍生出香港特别行政区法院对全国人大的违宪审查权,冲击人大制度。如果认为《香港基本法》第 11 条第 1 款包含了对全国人大职权行为的限制,那么,在香港特别行政区的法律制度框架体系内,有可能衍生出的后果是,香港特别行政区法院可以依据《香港基本法》对全国人大的职权行为进行所谓的合宪性审查,判定全国人大所作决定违宪。香港特别行政区法院在 1999 年“吴某玲案”中所作裁决之所以引发广泛争议,其原因就在于此。如是以来,不仅《香港基本法》和《宪法》之间的位阶关系出现了结构性错位,而且,作为国家根本政治制度的人大制度也受到了冲击。统合前述,笔者认为,《香港基本法》第 11 条第 1 款的内涵中并不包含对全国人大职权行为的限制。对此,有可能产生的质疑是,如果否认《香港基本法》第 11 条第 1 款对全国人大的限制,是否会危及《香港基本法》的稳定性,进而使“一国两制”政策的长期稳定性受到影响。笔者认为不会,其原因在于:基于前述诸种理由,尽管在理论上我们不能将《香港基本法》第11条第1款视为对全国人大的一种制度性限制，但是，这并不意味着全国人大可以对《香港基本法》置若罔闻，在其行使立法权、决定权的时候，可以丝毫不顾及《香港基本法》的规定，通过其他立法或者决定在事实上规避《香港基本法》第159条关于基本法修改程序的限制性规定，将《香港基本法》确立的制度和政策裁剪得支离破碎。全国人大必须遵守《香港基本法》，它所作的立法、决定必须是对《香港基本法》合乎逻辑的拓展或者限缩；否则，就破坏了《香港基本法》第11条所确立的自足性。

四、《香港基本法》的特点

诚如前述，《香港基本法》的性质，既不是香港特别行政区的宪法，也不是宪法特别法，而是基本法律。作为基本法律，《香港基本法》与《民法总则》《刑法》《刑事诉讼法》等基本法律一样，是全国人大根据《宪法》制定的。但是，与其他基本法律相比，《香港基本法》又具有许多迥然相异于其他基本法律的特点，具体可以从以下几个方面分析。

（一）《香港基本法》在制定和修改方面与其他基本法律不同

在修改方面，《香港基本法》和其他基本法律不甚相同。依据《宪法》的规定，全国人大有权修改基本法律。在全国人大闭会期间，全国人大常委会有权对基本法律作部分修改和补充，但不得同该法律的基本原则相抵触。与之相比，《香港基本法》的修改主体及实体限制却另有规定。依据《香港基本法》的规定，只有全国人大有权修改《香港基本法》，全国人大常委会无权对《香港基本法》进行修改。而且，全国人大对《香港基本法》的修改，不得与国家对香港既定的基本方针政策相抵触。在制定和修改的程序方面，《香港基本法》和其他基本法律也不甚相同，具体表现如下。(1)在基本法律的制定方面，按照《立法法》的规定，基本法律的制定程序包括法律议案的提出、审议、通过和公布，起草并不属于立法程序。但是，就《香港基本法》而言，起草却在事实上成为该法的制定程序：香港基本法起草委员会的成立是全国人大决定的，基本法的起草工作是全国人大正式委托的,基本法的起草是非常正式的。(2)在基本法律的修改提案权方面,按照《立法法》的规定,全国人大主席团、全国人大常委会、全国人大各专门委员会、国务院、中央军委、最高人民法院、最高人民检察院、一个代表团或者30名以上代表联名可以对基本法律的修改提出法律案。但是,《香港基本法》的修改提案权却仅限于全国人大常委会、国务院和香港特别行政区。(3)在基本法律的修改提案提出程序方面,一般的基本法律并无特殊的限制性规定。但是,依据《香港基本法》,该法的修改议案提出程序却有严格的限制性规定,包括:其一,对《香港基本法》的修改议案在列入全国人大的议程前,必须先由香港特别行政区基本法委员会研究并提出意见;其二,香港特别行政区的修改议案,必须先由香港特别行政区的全国人大代表2/3多数、香港特别行政区立法会全体议员2/3多数和香港特别行政区行政长官同意后,交由香港特别行政区出席全国人大的代表团向全国人大提出。

(二)《香港基本法》在地位和适用范围方面与其他基本法律不同

《香港基本法》和其他基本法律均属于全国人大制定的基本法律,但是,它在香港特别行政区具有宪制性地位,是香港特别行政区的宪制基础之一。1990年4月4日第七届全国人大三次会议审议通过的《全国人民代表大会关于〈中华人民共和国香港特别行政区基本法〉的决定》指出:“香港特别行政区基本法是根据《中华人民共和国宪法》按照香港的具体情况制定的,是符合宪法的。香港特别行政区设立后实行的制度、政策和法律,以香港特别行政区基本法为依据。”《香港基本法》第11条规定:“根据中华人民共和国宪法第三十一条,香港特别行政区的制度和政策,包括社会、经济制度,有关保障居民的基本权利和自由的制度,行政管理、立法和司法方面的制度,以及有关政策,均以本法的规定为依据。香港特别行政区立法机关制定的任何法律,均不得同本法相抵触。”依据《香港基本法》第8条的规定,香港特别行政区原有法律不得同《香港基本法》相抵触,否则不能保留。依据《香港基本法》第18条第2款的规定,全国性法律除列于《香港基本法》附件三者外,不在香港特别行政区实施。凡是列于《香港基本法》附件三之法律，由香港特别行政区在当地公布或立法实施。依据前述规定，《香港基本法》是香港特别行政区实施的最高法律。与之相比，全国人大制定的其他基本法律却不具有该种宪制性地位。除列于《香港基本法》附件三的全国性法律外，它们仅适用于内地范围内，该范围内的最高法律是宪法，而不是该类由全国人大制定的基本法律。在内地范围内，基本法律彼此间所处的地位是平等的，不存在高低之分。

（三）《香港基本法》在结构、内容及效力方面不同于其他基本法律

《香港基本法》的性质不属于宪法，但是，其结构编排却与宪法非常相似。具体表现如下。(1)在全国人大制定的其他基本法律中，除民族区域自治法外，均无“序言”的结构设置，但是，《香港基本法》的结构中却包含了序言；(2)《宪法》的结构编排为：序言，总纲，公民的基本权利和义务，国家机构，国旗、国徽和首都。《香港基本法》的结构编排为：序言，总则，中央和香港特别行政区的关系，居民的权利和义务，政治体制，经济，教育、科学、文化、体育、宗教、劳工和社会服务，对外事务，本法的解释和修改，附则。比较而言，全国人大制定的其他基本法律在结构编排方面显然不同于《香港基本法》。舍此而外，《香港基本法》的内容也不同于其他基本法律。其他基本法律按照调整对象、调整方式的不同，可以分为不同的法律部门。不同部门的基本法律在内容上各有特色。与它们相比，《香港基本法》的内容显见得非常宏观，具有高度的纲领性、概括性，涉及面非常广泛。这些内容方面的特点显然是其他基本法律所不具备的。在基本法律的效力方面，《香港基本法》也不同于其他基本法律，具体表现如下。(1)生效时间不同。我国基本法律的生效时间主要有两种模式：其一，公布时生效，如《全国人民代表大会组织法》；其二，具体规定生效时间，如《刑法》。《香港基本法》在生效时间方面采行的是第二种模式。但是，采行该种模式的其他基本法律一般是在该法律公布之后1年内生效，但《香港基本法》却于1990年4月4日通过并公布，于1997年7月1日生效，时间跨度有7年多，这是其他基本法律

所没有出现过的。(2)空间效力和对人效力不同。作为基本法律,《香港基本法》自然在全国范围内有效,内地的国家机关、社会团体、公民个人等都要遵守《香港基本法》。但是,从《香港基本法》的内容来看,它所规定的主要是在香港特别行政区范围内实行的社会、经济等制度,因此,其主要在香港特别行政区内对香港居民生效。与之相比,全国人大制定的其他基本法律却主要在内地范围内生效。

(四)《香港基本法》在解释方面不同于其他基本法律

《香港基本法》第158条规定:"本法的解释权属于全国人民代表大会常务委员会。全国人民代表大会常务委员会授权香港特别行政区法院在审理案件时对本法关于香港特别行政区自治范围内的条款自行解释。香港特别行政区法院在审理案件时对本法的其他条款也可解释。但如香港特别行政区法院在审理案件时需要对本法关于中央人民政府管理的事务或中央和香港特别行政区关系的条款进行解释,而该条款的解释又影响案件的判决,在对该案件作出不可上诉的终局判决前,应由香港特别行政区终审法院请全国人民代表大会常务委员会对有关条款作出解释。如全国人民代表大会常务委员会作出解释,香港特别行政区法院在引用该条款时,应以全国人民代表大会常务委员会的解释为准。但在此以前作出的判决不受影响。全国人民代表大会常务委员会在对本法进行解释前,征询其所属的香港特别行政区基本法委员会的意见。"依据该规定,《香港基本法》的解释制度不同于全国人大制定的其他基本法律的解释制度,具体表现为以下几点。(1)有权解释的主体范围不同。有权解释《香港基本法》的主体包括全国人大常委会、香港特别行政区法院;有权解释其他基本法律的主体包括全国人大常委会、最高人民法院、最高人民检察院等。(2)有权解释主体的解释权限范围不同。全国人大常委会和香港特别行政区法院解释《香港基本法》的权限分工:香港特别行政区法院原则上只能解释《香港基本法》中关于香港特别行政区自治范围内的条款;全国人大常委会可以解释《香港基本法》的全部内容。与之相比,对全国人大制定的其他基本法律进行解释的权限分工为:全国人大常委会解释法律的字面含义,最高人民法院在审判工作中解释法律,最高人民检察院在检察工作中解释法律;(3)对全国人大常委会解释的限制性要求不同。全国人大常委会解释《香港基本法》前,应当征询其所属的香港特别行政区基本法委员会的意见;全国人大常委会解释其他基本法律时,却并无该类限制性要求。

第二节 《香港基本法》的几个问题

一、香港特别行政区与中央的关系

《香港基本法》中关于香港特别行政区与中央关系的规定主要集中在该法第二章“中央和香港特别行政区的关系”部分。该章共包括12条,其中,第12条是该章具有指导性的原则条款,其他11条都是该条之原则精神的统领下制定出来的。除第二章外,《香港基本法》第一章“总则”、第三章“居民的基本权利和义务”、第四章“政治体制”以及第八章“本法的解释和修改”中均有部分条文涉及香港特别行政区与中央的关系。依据《香港基本法》前述各章中涉及香港特别行政区与中央关系之条款的规定,香港特别行政区与中央的关系可以具体分解为香港特别行政区某国家机构与某中央国家机关之间的关系,其类型可以归结为两大类。

(一)香港特别行政区与中央相同性质的国家机关之间的关系

该类关系具体包括三种。

其一,全国人大常委会与香港特别行政区立法会之间的关系。二者之间的关系可以分为两个方面。(1)全国人大常委会有权对香港特别行政区立法机关制定的法律进行备案审查。《香港基本法》第17条规定:“香港特别行政区享有立法权;香港特别行政区的立法机关制定的法律须报全国人民代表大会常务委员会备案。备案不影响该法律的生效;全国人民代表大会常务委员会在征询其所属的香港特别行政区基本法委员会后,如认为香港特别行政区立法机关制定的任何法律不符合本法关于中央管理的事务及中央和香港特别行政区的关系的条款,可将有关法律发回,但不作修改。经全国人民代表大会常务委员会发回的法律立即失效。该法律的失效,除香港特别行政区的法律另有规定外,无溯及力。”(2)香港特别行政区立法机关应自行立法维护香港特别行政区安全。《香港基本法》第23条规定:“香港特别行政区应自行立法禁止任何叛国、分裂国家、煽动叛乱、颠覆中央人民政府及窃取国家机密的行为,禁止外国的政治性组织或团体在香港特别行政区进行政治活动,禁止香港特别行政区的政治性组织或团体与外国的政治性组织或团体建立联系。”

其二,国务院与香港特别行政区行政长官、香港特别行政区政府之间的关系。二者之间的关系可以分为五个方面。(1)中央人民政府与香港特别行政区关系的基本格局。《香港基本法》第12条规定:“香港特别行政区是中华人民共和国的一个享有高度自治权的地方行政区域,直辖于中央人民政府。”(2)中央人民政府负责管理与香港特别行政区有关的外交事务,香港特别行政区有权自行处理有关对外事务。《香港基本法》第13条规定,“中央人民政府负责管理与香港特别行政区有关的外交事务。中华人民共和国外交部在香港设立机构处理外交事务。中央人民政府授权香港特别行政区依照本法自行处理有关的对外事务。”第62条第3项规定,香港特别行政区政府有权办理基本法规定的中央人民政府授权的对外事务。此外,根据《香港基本法》第七章“对外事务”的规定,香港特别行政区政府有自行处理有关对外事务的权力,包括参加外交谈判、国际会议、国际组织的权力;签订国际协议的权力;与外国互设官方、半官方机构的权力;签发特区护照和旅行证件的权力等。(3)中央人民政府负责管理特别行政区的防务。《香港基本法》第14条规定:“中央人民政府负责管理香港特别行政区的防务。香港特别行政区政府负责维持香港特别行政区的社会治安。中央人民政府派驻香港特别行政区负责防务的军队不干预香港特别行政区的地方事务。香港特别行政区政府在必要时,可向中央人民政府请求驻军协助维持社会治安和救助灾害。驻军人员除须遵守全国性的法律外,还须遵守香港特别行政区的法律。驻军费用由中央人民政府负担。”(4)中央人民政府负责任命香港特别行政区行政长官和主要行政官员。《香港基本法》第15条规定:“中央人民政府依照本法第四章的规定任命香港特别行政区行政长官和行政机关的主要官员。”第43条第2款规定:“香港特别行政区行政长官依照本法的规定对中央人民政府和香港特别行政区负责。”第45条第1款规定:“香港特别行政区行政长官在当地通过选举或协商产生,由中央人民政府任命。”第48条第5项规定,香港特别行政区行政长官有权“提名并报请中央人民政府任命下列主要官员:各司司长、副司长,各局局长,廉政专员,审计署署长,警务处处长,入境事务处处长,海关关长;建议中央人民政府免除上述官员职务”。(5)香港特别行政区有独立的行政管理权。《香港基本法》第16条规定:“香港特别行政区享有行政管理权,依照本法的有关规定自行处理香港特别行政区的行政事务。”第22条规定:“中央人民政府所属各部门、各省、自治区、直辖市均不得干预香港特别行政区根据本法自行管理的事务。中央各部门、各省、自治区、直辖市如需在香港特别行政区设立机构,须征得香港特别行政区政府同意并经中央人民政府批准。中央各部门、各省、自治区、直辖市在香港特别行政区设立的一切机构及其人员均须遵守香港特别行政区的法律。中国其他地区的人进入香港特别行政区须办理批准手续,其中进入香港特别行政区定居的人数由中央人民政府主管部门征求香港特别行政区政府的意见后确定。香港特别行政区可在北京设立办事机构。”

其三,中央和香港特别行政区的司法关系。《香港基本法》第19条规定:“香港特别行政区享有独立的司法权和终审权。香港特别行政区法院除继续保持香港原有法律制度和原则对法院审判权所作的限制外,对香港特别行政区所有的案件均有审判权。香港特别行政区法院对国防、外交等国家行为无管辖权。香港特别行政区法院在审理案件中遇有涉及国防、外交等国家行为的事实问题,应取得行政长官就该等问题发出的证明文件,上述文件对法院有约束力。行政长官在发出证明文件前,须取得中央人民政府的证明书。"《香港基本法》第82条规定:"香港特别行政区的终审权属于香港特别行政区终审法院。终审法院可根据需要邀请其他普通法适用地区的法官参加审判。"

(二)香港特别行政区与中央不同性质国家机关之间的关系

该类关系具体包括四种。

其一,全国人大常委会与香港特别行政区法院之间的关系。该种关系主要表现在两个方面。(1)全国人大常委会对香港特别行政区法院法官任免的备案权。《香港基本法》第90条第2款规定:"除本法第八十八条和第八十九条规定的程序外,香港特别行政区终审法院的法官和高等法院首席法官的任命或免职,还须由行政长官征得立法会同意,并报全国人民代表大会常务委员会备案。"(2)全国人大常委会和香港特别行政区法院在《香港基本法》解释权方面的关系。《香港基本法》第158条规定:"本法的解释权属于全国人民代表大会常务委员会。全国人民代表大会常务委员会授权香港特别行政区法院在审理案件时对本法关于香港特别行政区自治范围内的条款自行解释。香港特别行政区法院在审理案件时对本法的其他条款也可解释。但如香港特别行政区法院在审理案件时需要对本法关于中央人民政府管理的事务或中央和香港特别行政区关系的条款进行解释,而该条款的解释又影响到案件的判决,在对该案件作出不可上诉的终局判决前,应由香港特别行政区终审法院请全国人民代表大会常务委员会对有关条款作出解释。如全国人民代表大会常务委员会作出解释,香港特别行政区法院在引用该条款时,应以全国人民代表大会常务委员会的解释为准。但在此以前作出的判决不受影响。全国人民代表大会常务委员会在对本法进行解释前,征询其所属的香港特别行政区基本法委员会的意见。"

其二,全国人大常委会与香港特别行政区行政长官之间的关系。依据《香港基本法》,香港特别行政区行政长官由中央人民政府任命,与全国人大常委会之间并不存在直接的关系。但是,全国人大常委会对香港特别行政区行政长官的产生能够产生间接影响。《香港基本法》附件一

第7条规定:“2007年以后各任行政长官的产生办法如需修改,须经立法会全体议员三分之二多数通过,行政长官同意,并报全国人大常委会批准。”依据该条,全国人大常委会尽管并不直接任免香港特别行政区行政长官,但对其产生办法的修改有审查批准权,这样就间接影响了香港特别行政区行政长官的产生。

其三,国务院与香港特别行政区立法会的关系。该种关系主要表现为国务院对香港特别行政区立法会弹劾香港特别行政区行政长官动议的决定权。《香港基本法》第73条规定,如果香港特别行政区“立法会全体议员的四分之一联合动议,指控行政长官有严重违法或渎职行为而不辞职,经立法会通过进行调查,立法会可委托终审法院首席法官负责组成独立的调查委员会,并担任主席。调查委员会负责进行调查,并向立法会提出报告。如该调查委员会认为有足够证据构成上述指控,立法会以全体议员2/3多数通过,可提出弹劾案,报请中央人民政府决定。”依据该规定,香港特别行政区行政长官的去留取决于香港特别行政区立法会和中央人民政府的意见。如果中央人民政府不同意香港特别行政区立法会提出的弹劾,行政长官不得被免职。这一点与《香港基本法》第43条第2款的规定相吻合。该条规定:“香港特别行政区行政长官依照本法的规定对中央人民政府和香港特别行政区负责。”

其四,国务院与香港特别行政区法院的关系。国务院是中央人民政府、最高国家行政管理机关,香港特别行政区法院是香港特别行政区的司法审判机关,且实行司法独立,香港特别行政区法院拥有司法终审权,二者之间并无直接的关系。但是,间接关系是存在的。《香港基本法》第19条第3款规定:“香港特别行政区法院对国防、外交等国家行为无管辖权。香港特别行政区法院在审理案件中遇有涉及国防、外交等国家行为的事实问题,应取得行政长官就该等问题发出的证明文件,上述文件对法院有约束力。行政长官在发出证明文件前,须取得中央人民政府的证明书。”

二、《香港基本法》与当代中国法治建设的发展

《香港基本法》是全国人大制定的一部基本法律,由于其承载了“一国两制”的总体思想,因此,其特性迥异于其他基本法律。该法的颁布实施,对当代中国法治建设产生了重大影响,出现了一些新的发展样态。

其一,《香港基本法》丰富和发展了我国的立法制度。具体体现在三个方面。(1)出现了新的立法指导思想。我国 1982 年《宪法》序言规定:“今后国家的根本任务是集中力量进行社会主义现代化建设。中国各族人民将继续在中国共产党领导下,在马克思列宁主义、毛泽东思想指引下,坚持人民民主专政,坚持社会主义道路,不断完善社会主义的各项制度,发展社会主义民主,健全社会主义法制,自力更生,艰苦奋斗,逐步实现工业、农业、国防和科学技术的现代化,把我国建设成为高度文明、高度民主的社会主义国家。”依据该规定,1990 年《香港基本法》制定之前,我国立法总的指导思想是坚持四项基本原则。但是,《香港基本法》的立法指导思想却不是这样。该法序言规定:“根据中华人民共和国宪法第三十一条的规定,设立香港特别行政区,并按照‘一个国家,两种制度’的方针,不在香港实行社会主义的制度和政策。”该法第 5 条规定:“香港特别行政区不实行社会主义制度和政策,保持原有的资本主义制度和生活方式,五十年不变。”这样,由于香港特别行政区的设立,我国立法指导思想中又增添了新的内容。(2)出现了新的地方立法制度。《香港基本法》第 17 条第 1 款规定:“香港特别行政区享有立法权。”该种立法权属于地方立法权。《香港基本法》实施之前,我国地方立法权包括:一般地方行政区域单位的立法权、民族自治地方的立法权、经济特区的立法权。《香港基本法》实施之后,我国地方立法权中又增加了特别行政区的立法权。后者与前者相比,尽管性质上均属于地方立法权,但两种地方立法权差异很大,表现在以下几点。①立法权的行使根据不同。一般地方立法权的制定根据通常表现为:宪法、法律、行政法规;民族自治地方的自治条例和单行条例可以对法律和行政法规的规定作出

变通规定，但不得违背法律或者行政法规的基本原则，不得对宪法和民族区域自治法的规定以及其他有关法律、行政法规专门就民族自治地方所作的规定作出变通规定；经济特区所在地的省、市的人民代表大会及其常务委员会根据全国人大的授权决定，遵循宪法的精神，不违背法律、行政法规的基本原则，制定经济特区法规。与前述这些地方立法相比，香港特别行政区立法机关制定法律的依据比较明确，就是《香港基本法》。②立法权的范围不同。香港特别行政区立法机关除有关国防、外交和按《香港基本法》规定不属于香港特别行政区自治范围的法律外，可以制定它认为可以制定的任何法律，包括刑法、民法、诉讼法等法律。与之相比，一般地方立法机关、民族自治地方立法机关、经济特区人大及其常委会等，却不得制定刑法、民法、诉讼法等法律。(3)立法监督程序设计不甚相同。《立法法》(2015 年)第 97 条规定，全国人大常委会有权撤销同宪法、法律和行政法规相抵触的地方性法规，有权撤销省、自治区、直辖市的人民代表大会常务委员会批准的违背《宪法》和《立法法》第 75 条第 2 款规定的自治条例和单行条例。《香港基本法》第 17 条第 3 款规定，全国人民代表大会常务委员会在征询其所属的香港特别行政区基本法委员会后，如认为香港特别行政区立法机关制定的任何法律不符合本法关于中央管理的事务及中央和香港特别行政区的关系的条款，可将有关法律发回，但不作修改。经全国人民代表大会常务委员会发回的法律立即失效。

其二，《香港基本法》丰富和发展了我国的法律渊源体系。《香港基本法》生效之前，我国的法律渊源以制定法为主，主要包括：宪法、法律、行政法规、地方性法规、自治条例和单行条例、规章、经济特区授权法规等。《香港基本法》生效之后，根据该法第 18 条的规定，在香港特别行政区实行的法律包括：《香港基本法》、香港原有法律以及香港特别行政区立法机关制定的法律。根据《香港基本法》第 8 条的规定，香港原有法律包括：普通法、衡平法、条例、附属立法和习惯法。前述法律中除同《香港基本法》相抵触或者经香港特别行政区立法机关作出修改的以外，均予以保留。很明显,香港特别行政区实行的法律与内地范围内实行的法律不甚相同。它实行的法律包括制定法,也包括判例法。制定法、判例法本身又可以进一步分解为不同的层次。制定法包括:《香港基本法》、香港特别行政区立法会制定的法律、香港原有的法律、附属立法等;判例法包括:普通法和衡平法。除却制定法和判例法之外,香港特别行政区的法律渊源形式甚至还包括习惯法。在前述这些不同种类的法律渊源中,《香港基本法》处于主导地位,其他诸种法律形式均不得与之相抵触。《香港基本法》生效之后,我国的法律渊源形式出现了新的拓展,形成了两套体系:一是内地范围内的法律渊源体系,包括宪法、法律、行政法规、地方性法规、自治条例和单行条例、经济特区授权法规、规章等;二是香港特别行政区的法律渊源体系,包括:《宪法》、《香港基本法》、香港原有法律、香港特别行政区立法会制定的法律等。我国的法律渊源体系因而具有了新的特点,表现为以下几点。(1)一元性和双轨性的结合。所谓一元性,是指内地范围内的法律渊源体系和香港特别行政区的法律渊源体系中均包括宪法,且宪法均是最高法。所谓双轨性,是指内地和香港特别行政区在事实上形成两套特点迥异的法律渊源体系。(2)多层次性和多样性的结合。所谓多层次性,是指无论是内地范围内的法律渊源体系,还是香港特别行政区的法律渊源体系,其内部不同类型的法律渊源均主从有序、效力大小各异。

其三,《香港基本法》丰富和发展了我国的法律体系。所谓法律体系,通常是指"由一个国家的全部现行法律规范分类组合为不同的法律部门而形成的有机体系的统一整体"。[1] 我国单一制的国家结构形式,决定了我国单一的法律体系结构。香港回归之前,我国的法律体系是单一的,在宪法的统领之下,根据调整对象、调整方式的不同,形成了不同的法律部门,如行政法、民法、商法、经济法、刑法、诉讼法等。各个法律部门相对独立,但宪法与各法律部门之间、不同法律部门之间均存在密

---

〔1〕 中国大百科全书总编辑委员会编辑:《中国大百科全书·法学》,中国大百科全书出版社1993年版,第84页。

切的逻辑关联性,形成一个有机的系统。它们由以建立的经济基础是共同的,不同法律部门之间尽管存在差别,但它们的本质和指导原则是共同的。香港回归之后,在"一国两制"原则的指导下,经由《香港基本法》的框定,形成了另外一套法律体系,其实行的是资本主义制度,与内地范围内法律体系实行的制度不同。尽管国家结构形式、国家性质并未发生实质性的变化,但是却在香港特别行政区出现了一种与内地法律体系并存的新的法律体系。该种法律体系与内地法律体系之间的关系尽管并非并列关系,但它的存在为我国传统单一制法律体系增添了新的内容。此外,还必须看到,《香港基本法》实施之后,我国法律体系的内部结构出现了更复杂的层次性。内地范围内不同法律部门根据其性质的不同,如同先前时期一样,依然呈现不同层次的法律规范形态,如法律、行政法规、规章、条例等。在香港特别行政区内部,由于其实行的法律也是多元的,如《香港基本法》、列于基本法附件三的全国性法律、香港原有法律、香港特别行政区立法会制定的法律等。如是这些法律规范形态,在《香港基本法》的统领下,根据其调整对象、调整方式的不同,又分解为不同的法律部门,进而形成一个新的、与内地法律体系并存的处于附属状态的法律体系。

其四,《香港基本法》丰富和发展了我国的司法制度。《香港基本法》颁布实施之后,我国在传统的司法制度之外,在香港特别行政区形成了一种新的司法制度。该制度与内地司法制度的区别表现如下。(1)司法机关的组成不同。香港特别行政区没有单独的检察机关,其检察职能属于香港特别行政区律政司,律政司不属于司法机关,属于行政机关。香港特别行政区的司法机关仅限于香港特别行政区各级法院,这一点与内地司法机关的组成完全不同。(2)法院的组成结构不同。香港特别行政区设立终审法院、高等法院、区域法院、裁判署法庭和其他专门法庭。高等法院设上诉法庭和原讼法庭。内地地方法院的组成架构是:地方各级人民法院、专门人民法院。其中,地方各级法院又包括高级人民法院、中级人民法院和基层人民法院。香港特别行政区法院与内地法院的组成结构显然不同。(3)是否有司法终审权不同。香港特别行政区的终审权属于香港特别行政区终审法院,最高人民法院并不是香港特别行政区终审法院的上级法院。内地范围内的地方法院显然不可能拥有司法终审权。(4)香港特别行政区法院实行司法独立。内地法院实行的是依法独立审判,是法院作为一个整体依法独立审判,不实行司法独立,法院独立审判并不排斥党委、人大及其常委会对它的审判监督。而香港特别行政区法院却实行独立审判,不受任何干涉,司法人员履行审判职责的行为不受法律追究等。(5)法官的产生方式不同。香港特别行政区法院的法官,根据当地法官和法律界及其他方面知名人士组成的独立委员会推荐,由行政长官任命。内地法院的法官却是由人大及其常委会任命的。

三、香港居民的权利与义务

对香港居民权利和义务的厘定,不仅关涉香港居民切身利益的保障,而且也关系对国家主权统一和完整的维护。为保持香港特别行政区的长期稳定和繁荣,必须对香港居民的权利和义务作出较妥当的框定。在本部分内容中,笔者拟从以下两个方面展开分析。

(一)香港居民的含义及法律地位

香港特别行政区是一个国际化大都市,是自由港、独立关税地区和国际金融中心。在香港特别行政区居住的人的身份非常复杂,总体上包括:具有中国国籍的香港居民、不具有中国国籍的香港居民、在香港特别行政区境内但不具有香港居民身份的其他人。如何确定前述这些人的权利和义务,是制定《香港基本法》时必须面对的一个现实问题。确定该问题时面临的难题如下。(1)在香港特别行政区居住的人的身份情况比较复杂,难以适用现行《宪法》第二章“公民的基本权利和义务”的标题加以统合。《宪法》第33条第1款规定,“凡具有中华人民共和国国籍的人都是中华人民共和国公民”。也就是说,具有中国国籍的人就具有中国公民的身份,相应地,就应当享有《宪法》赋予公民的基本权利和义务。但是,由于在香港特别行政区居住的人的身份情况非常复杂,无法采用“公民的基本权利和义务”这一标题来确定“香港人”的基本权利和义务。(2)回归前香港人的基本权利和义务适用的是英国《宪法》,其内容与我国《宪法》中关于公民基本权利和义务的规定不甚相同。鉴于前述情形,《香港基本法》对“香港人”的基本权利和义务作了特殊的规定,表现在:(1)将香港人分解为香港居民和在香港特别行政区境内的香港居民以外的其他人,其中,香港居民又分为永久性居民和非永久性居民;(2)将香港人的基本权利和义务确定为香港居民的基本权利和义务,同时规定,在香港特别行政区境内的香港居民以外的其他人,依法享有《香港基本法》第三章规定的香港居民的权利和自由,香港居民和在香港特别行政区的其他人有遵守香港特别行政区实行的法律的义务;(3)根据“一国两制”原则,对香港居民的基本权利和义务作了不同于《宪法》第二章“公民的基本权利和义务”的规定。如是以来,我国《宪法》中“公民的基本权利和义务”就合乎逻辑地演变成了“香港居民的基本权利和义务”。前述处置中有一个非常重要的概念:“香港居民”,它是《宪法》第二章“公民”概念的替代物。对这一概念的合理定位是确保前述实施性转化取得成功的关键所在。《香港基本法》第 24 条规定:“香港特别行政区居民,简称香港居民,包括永久性居民和非永久性居民。香港特别行政区永久性居民为:(一)在香港特别行政区成立以前或以后在香港出生的中国公民;(二)在香港特别行政区成立以前或以后在香港通常居住连续七年以上的中国公民;(三)第(一)、(二)两项所列居民在香港以外所生的中国籍子女;(四)在香港特别行政区成立以前或以后持有效旅行证件进入香港、在香港通常居住连续七年以上并以香港为永久居住地的非中国籍的人;(五)在香港特别行政区成立以前或以后第(四)项所列居民在香港所生的未满二十一周岁的子女;(六)第(一)至(五)项所列居民以外在香港特别行政区成立以前只在香港有居留权的人。以上居民在香港特别行政区享有居留权和有资格依照香港特别行政区法律取得载明其居留权的永久性居民身份证。香港特别行政区非永久性居民为:有资格依照香港特别行政区法律取得香港居民身份证,但没有居留权的人。”前述关于香港永久性居民之界定中第 1 项、第 2 项中的“中国公民”概念是有特定内涵的。根据 1984 年 12 月 29 日关于国籍问题中英双方交换的备忘录,中华人民共和国外交部的备忘录指出,根据《国籍法》,所有在香港的中国同胞,不论其是否持有“英国属土公民护照”,都是中国公民。前述关于香港永久性居民之界定中第(二)项、第(四)项中的“通常居住连续”这一概念,意思是合法在香港特别行政区居住,但由于某种原因,如到其他国家或地区求学,暂时离开香港特别行政区的,也算作“通常居住连续”。

依据《香港基本法》第 24 条的前述规定,香港居民包括永久性居民和非永久性居民,二者的区别首先在于是否有资格享有居留权。永久性居民享有居留权,有资格获得载明其居留权的永久性居民身份证;非永久性居民不享有居留权,但有资格获得居民身份证。所谓居留权,根据香港特别行政区的现行法律,包括入境权,不受居留条件限制而在香港特别行政区居留及免受遣送离境或递解出境的权利。除此之外,香港永久性居民和非永久性居民之间的区别还在于享有的权利不完全相同,具体表现如下。(1)香港特别行政区的行政机关和立法机关由永久性居民依照《香港基本法》的有关规定组成。(2)永久性居民依法享有选举权和被选举权。(3)香港特别行政区的行政长官、行政会议成员、立法会主席、政府主要官员、终审法院和高等法院首席法官以及基本法委员会香港委员,必须由在外国无居留权的永久性居民中的中国公民担任。(4)香港特别行政区立法会由在外国无居留权的香港永久性居民中的中国公民组成。但非中国籍的香港永久性居民和在外国有居留权的香港永久性居民也可以当选为香港特别行政区立法会议员,其所占比例不得超过立法会全体议员的 20%。(5)在香港特别行政区政府各部门任职的公务人员,除《香港基本法》第 101 条对外籍公务人员另有规定者或法律规定某一职级以下者外,也必须是永久性居民。该法第 101 条规定,香港特别行政区政府可任用原香港公务人员中的或持有香港永久性居民身份证的英籍和其他外籍人士担任政府部门的各级公务人员,但下列各职级的官员必须由在外国无居留权的香港永久性居民中的中国公民担任:各司司长、副司长,各局局长,廉政专员,审计署署长,警务处处长,入境事务处处长,海关关长。除香港居民外,香港人还包括其他人。所谓其他人,是指在香港特别行政区境内但不具有香港居民身份的人。他们和非永久性居民的区别在于:非永久性居民有居民身份证,而其他人则没有居民身份证。

(二)香港居民的基本权利和义务及其特点

《香港基本法》关于香港居民权利和义务的规定集中体现了"一国两制"的色彩,具有三个特点。其一,香港居民的基本权利和义务,以《香港基本法》为依据。《香港基本法》第 11 条第 1 款规定:"根据中华人民共和国宪法第三十一条,香港特别行政区的制度和政策,包括社会、经济制度,有关保障居民的基本权利和自由的制度,行政管理、立法和司法方面的制度,以及有关政策,均以本法的规定为依据。香港特别行政区立法机关制定的任何法律,均不得同本法相抵触。"依据该规定,香港特别行政区实行的制度和政策中包括有关保障香港居民的基本权利和自由的制度,是以《香港基本法》的规定为依据的。全国人民代表大会在其所作关于《香港基本法》的决定中也指出,"香港特别行政区设立后实行的制度、政策和法律,以香港特别行政区基本法为依据",再次强调了前述原则。其二,《香港基本法》关于香港居民的基本权利和自由的规定,是按照《中英联合声明》加以规定的;此外,还根据"一国两制"原则增加了一些新的内容。《中英联合声明》指出:"香港特别行政区依法保障人身、言论、出版、集会、结社、旅行、迁徙、通信、罢工、选择职业和学术研究以及宗教信仰等各项权利和自由。私人财产、企业所有权、合法继承权以及外来投资均受法律保护。"前述这些权利和自由体现了"一个国家,两种制度"的方针,均全部规定在《香港基本法》的有关条文中。此外,《香港基本法》还根据香港各界人士提出的意见和建议,在第三章中增写了一些新的内容,包括:在法律面前一律平等,选举权和被选举权、新闻自由、文学艺术创作自由、劳工的福利待遇和退休保障受法律保护,以及《国际劳工公约》在香港特别行政区的适用等。其三,《香港基本法》关于香港居民基本义务的规定只有一条。《香港基本法》关于香港居民基本权利和义务的规定集中体现在第三章,共 19 条,其中关于香港居民基本义务的规定只有一条,即第 42 条。该条规定:"香港居民和在香港的其他人有遵守香港特别行政区实行的法律的义务。"前述界定基本义务的方式与《宪法》中关于公民基本义务的界定方式明显不同。之所以采行该种方式,主要基于以下四个方面的考虑。(1)由于实行"一个国家,两种制度"的方针,我国《宪法》虽然从整体上说适用于香港特别行政区,但是《宪法》有关社会主义制度和政策的规定不适用于该地区,全国性法律也只是限于有关国防、外交和其他按基本法规定不属于香港特别行政区自治范围的法律可以适用。因此,不便统一规定香港居民有遵守宪法和法律的义务。(2)由于香港居民中不但有中国公民,还有非中国籍的人,因此,《宪法》中有关中国公民的一些基本义务,在《香港基本法》中也不便统一规定为香港居民的基本义务。(3)香港居民固然也必须维护国家主权、统一和领土完整,但这一点在《香港基本法》其他有关条文中已有体现。例如,《香港基本法》第 23 条规定,香港特别行政区应自行立法禁止任何叛国、分裂国家、煽动叛乱、颠覆中央人民政府及窃取国家机密的行为,禁止外国的政治性组织或团体在香港特别行政区进行政治活动,禁止香港特别行政区的政治性组织或团体与外国政治性组织或团体建立联系等。(4)关于香港居民中的中国公民,既然《香港基本法》第 21 条规定他们有依法参加国家事务管理的权利,他们自然有遵守《宪法》和法律有关规定的义务。李鹏同志在第七届全国人大第三次会议上作的《政府工作报告》中指出:"港澳同胞作为中国公民的一部分,依法享有参与国家事务管理的权利,但这种参与要尊重内地的社会主义制度,遵守国家的宪法和法律。"

《香港基本法》关于香港居民基本权利的规定,不仅在权利主体方面具有迥异于《宪法》的特点,而且在权利内容方面也有许多特色,主要表现为以下几点。其一,基本权利的内容非常广泛。香港居民的基本权利和自由,主要规定在《香港基本法》第三章“居民的基本权利和义务”一章中,但是,在其他章节的相关条款中也有一些零星的规定。从《香港基本法》中关涉香港居民基本权利和自由的总体规定来看,具有明显的“一国两制”特色。基本权利和自由的范围非常广泛,其主要内容包括:平等权,选举权和被选举权,言论、新闻、出版自由权,结社、集会、游行、示威自由权,组织和参加工会权,罢工权,人身自由权,生命权,住宅和其他房屋不受侵犯权,通讯自由和通讯秘密权,香港特别行政区境内迁徙自由权,移居其他国家和地区自由权,旅行和出入境自由权,信仰自由权,选择职业自由权,学术研究、文学艺术创作和其他文化活动自由权,秘密法律咨询权,起诉权,选择律师权,社会福利权,婚姻自由权,生育权。在前述香港居民的基本权利和自由中,有许多基本权利和自由完全是从香港特别行政区实际情况出发加以规定的,我国《宪法》中并未作出相应规定。此外,有些基本权利和自由虽然《宪法》和《香港基本法》中均有规定,但条文表述却是不一样的。例如,《香港基本法》第28条第2款规定:“香港居民不受任意或非法逮捕、拘留、监禁。禁止任意或非法搜查居民的身体、剥夺或限制居民的人身自由。禁止对居民施行酷刑、任意或非法剥夺居民的生命。”该条关于香港居民人身自由权的规定中,在“非法”前面增加了“任意”二字,这是我国《宪法》中所没有的,在其他国家的宪法中也没有类似的表述。其二,对基本权利和自由设置了多层次、多样性的保障。具体表现如下。(1)将保障香港居民的基本权利和自由作为基本法的一项基本原则。《香港基本法》第4条规定:“香港特别行政区依法保障香港特别行政区居民和其他人的权利和自由。”(2)针对香港人的复杂性,实行分层保护。香港人包括香港居民和在香港特别行政区境内的其他人,其中,香港居民包括永久性居民和非永久性居民。在《香港基本法》第三章所规定的基本权利和自由中,选举权和被选举权只有香港永久性居民方才享有;其他基本权利和自由,香港居民均享有。在香港特别行政区内的香港居民之外的其他人,依法享有香港居民的权利和自由。(3)对“新界”原居民的权益作了专门规定。新界原居民指祖先于1899年英国租借新界(界限街以北、深圳河以南的地区)前已在新界各村定居者及其后人。针对“新界”原居民的特殊性,《香港基本法》第40条规定:“‘新界’原居民的合法传统权益受香港特别行政区的保护。”(4)在列举香港居民的基本权利和自由之后,又作了补充性规定。《香港基本法》第38条规定,“香港居民享有香港特别行政区法律保障的其他权利和自由”。依据该规定,香港特别行政区的现行法律中有关保障香港居民的权利和自由的法律,只要不与《香港基本法》相抵触或经香港特别行政区立法机关予以修改,都可以继续适用。同时,香港特别行政区的立法机关还可以《香港基本法》为依据,制定保障香港居民的权利和自由的法律。(5)对相关国际人权保障公约在香港的效力问题作了专门性规定。《香港基本法》第39条规定,“《公民权利和政治权利国际公约》、《经济、社会与文化权利的国际公约》和国际劳工公约适用于香港的有关规定继续有效,通过香港特别行政区的法律予以实施”。事实上,《香港基本法》中关于香港居民的权利和自由的规定已基本上囊括了《公民权利和政治权利国际公约》《经济、社会与文化权利的国际公约》中的主要内容,在罗列了香港居民享有的各项基本权利和自由之后,进而作出原则性的规定,能更全面地保障香港居民的权利和自由。

四、香港特别行政区的政治体制

(一)香港特别行政区行政主导型政治体制的特点

“行政主导”最初被用来指称港英政府下港督所领导的强势政府的特征。英国在香港殖民统治期间,港督是英国女王的代表,有权委任立法局和行政局,在实践中逐步形成了独裁式的总督集权体制。该种体制背离民主原则,但是对保障政府的有效管制具有积极作用。在《香港基本法》创制过程中,吸纳了港英政府的管制经验,同时结合“一国两制”、“港人治港”、高度自治的原则和精神,在政治体制设计中提出了“立法和行政分开，互相制约，行政主导”的原则，[1]《香港基本法》最终将该项原则确立下来，形成了行政主导型政治体制。香港回归后的政治实践证明，该种政治体制是符合香港特别行政区实际情况的、行之有效的政治架构。从《香港基本法》的规定来看，行政主导型政治体制主要表现在五个方面。

其一，特别行政区行政长官地位特殊。依据《香港基本法》第43条、第48条的规定，香港特别行政区行政长官具有双重身份，其既是特别行政区的首长，代表特别行政区，对中央人民政府和特别行政区负责；又是特别行政区政府的首长，领导特别行政区政府。与香港特别行政区立法会相比，其地位显然要重要得多。只有行政长官才可以代表特别行政区向中央人民政府述职，与中央人民政府联系；只有行政长官才可以代表香港特别行政区政府处理中央授权的对外事务和其他事务。

其二，在行政与立法的关系方面，行政处于主动地位。该种主动地位具体表现如下。(1)香港特别行政区政府拟定并提出法案、议案，由行政长官向立法会提出；政府提出的法案、议案应当优先列入立法会议程；涉及公共开支、政治体制及政府运作的法案、议案，只能由政府提出，立法会议员不能提出；立法会议员提出的涉及政府政策的法案、议案，在提出前必须得到行政长官的书面同意。(2)立法会通过的法案必须经行政长官签署、公布，方才能够生效。行政长官如果认为立法会通过的法案不符合香港特别行政区的整体利益，可以在3个月内将法案发回立法会重议，甚至可以在一定条件下解散立法会。(3)出于安全和重大公共利益的考虑，行政长官有权决定政府官员或其他负责政府公务的人员是否向立法会或其属下的委员会作证或提供证据。

其三，行政会议协助行政长官。具体表现如下。(1)香港特别行政区行政会议是协助行政长官决策的机构。(2)香港特别行政区行政会议的成员由行政长官从行政机关的主要官员、立法会议员和社会人士中

---

〔1〕 参见萧蔚云：《关于香港特别行政区基本法的几个问题》，载《法学杂志》2005年第2期。

委任,其任免由行政长官决定。行政会议成员的任期应不超过委任他的行政长官的任期。行政长官认为必要时可邀请有关人士列席会议。(3)香港特别行政区行政会议由行政长官主持。尽管行政长官在作出重要决策、向立法会提交法案、制定附属法规和解散立法会前,须征询行政会议的意见,但是,行政长官并不必然采纳行政会议多数成员的意见。行政长官如不采纳行政会议多数成员的意见,应将具体理由记录在案。而且,在人事任免、纪律制裁和紧急情况下采取的措施等事项不需要征询行政会议的意见。

其四,政府法案相较于立法会议员个人提出的议案更容易获得通过。根据《香港基本法》附件二第二部分“立法会对法案、议案的表决程序”的规定,立法会对政府法案和立法会议员个人提出的议案采取不同的表决程序。政府法案的表决程序为:获得出席会议的全体议员的过半数票,即为通过。立法会议员个人提出的议案的表决程序为:分别经功能团体选举产生的议员和分区直接选举、选举委员会选举产生的议员两部分出席会议议员各过半数方才通过。

其五,行政权对司法权有一定的制约。具体表现如下。(1)依据《香港基本法》第48条、第88条、第89条的规定,香港特别行政区行政长官有权依照法定程序任免各级法院法官;行政长官应当根据当地法官和法律界及其他方面知名人士组成的独立委员会推荐,任命香港特别行政区的法官;法官在无力履行职责或行为不检的情况下,行政长官可以依照法定程序予以免职。其中,香港特别行政区终审法院法官和香港特别行政区高等法院首席法官的任免,除依照前述程序外,还必须由行政长官征得立法会同意,并报全国人大常委会备案。(2)根据《香港基本法》第48条的规定,香港特别行政区行政长官有赦免或减轻刑事罪犯的权力。该种权力在一定程度上制约了司法权,彰显了行政权在香港特别行政区政治体制中的主导地位。

从纵向历史发展的角度来看,《香港基本法》确立的行政主导型政治体制在一定程度上吸收了港英时期“行政主导”体制的特点,但是,二者之间的差别也是非常明显的,具体表现如下。(1)香港特别行政区行政长官要向中央人民政府和香港特别行政区立法会负责。根据《香港基本法》第43条、第59条、第60条、第64条的规定,“香港特别行政区政府是香港特别行政区行政机关”;“香港特别行政区政府的首长是香港特别行政区行政长官”;香港特别行政区行政长官依照《香港基本法》对中央人民政府和香港特别行政区负责;“香港特别行政区政府必须遵守法律,对香港特别行政区立法会负责:执行立法会通过并已生效的法律;定期向立法会作施政报告;答复立法会议员的质询;征税和公共开支须经立法会批准。”(2)香港特别行政区立法会对行政长官有制约权。《香港基本法》第50条、第52条规定:“香港特别行政区行政长官如拒绝签署立法会再次通过的法案或立法会拒绝通过政府提出的财政预算案或其他重要法案,经协商仍不能取得一致意见,行政长官可解散立法会。”但是,在以下两种情形下,香港特别行政区行政长官必须辞职:第一,“因两次拒绝签署立法会通过的法案而解散立法会,重选的立法会仍以全体议员三分之二多数通过所争议的原案,而行政长官仍拒绝签署”;第二,“因立法会拒绝通过财政预算案或其他重要法案而解散立法会,重选的立法会继续拒绝通过所争议的原案”。(3)香港特别行政区法院可以对行政机关的行政决定进行司法审查,以制约行政权。香港特别行政区法院独立进行审判,不受任何干涉,司法人员履行审判职责的行为不受追究。

(二)香港特别行政区政治体制是《宪法》所确立之“一国两制”原则在《香港基本法》中的贯彻落实

《香港基本法》在框定香港特别行政区的政治体制时,必须直面香港特别行政区的政治现实,进而在我国法制体系的总体框架范围内,规划和设计香港特别行政区的政治体制。诚如前文所述,“一国两制”方针是我国解决台湾问题、香港问题的基本政策,该项方针政策的根本宗旨是维护国家的主权、安全和发展利益,保持特别行政区的长期繁荣稳定。要实现这个宗旨,必须处理好“一国”与“两制”的关系。具体来说,既要坚持“一国”的原则,又要尊重“两制”的差异;既要维护中央的权力,又要保障特别行政区的高度自治权。这既是香港特别行政区制度的政治基础,也是香港特别行政区政治体制中最核心的关系。要处理好这个核心关系,必须解决好由此产生出来的四个具体的政治关系,即内地和香港特别行政区两种不同政治制度的关系、中央全面管治权与香港特别行政区高度自治权的关系、香港特别行政区行政权与立法权的关系以及香港爱国爱港者政治力量与其他政治力量的关系。从上述关系中可以抽离出政治关系中的三个主体和三种权力(权利)。“一国两制”下的政治关系,主要有三个主体参与其中,具体包括:(1)国家主权机关,主要是全国人大及其常委会和国务院;(2)香港特别行政区公权力机关,包括香港特别行政区行政长官、行政机关、立法机关、司法机关;(3)香港居民。前述三个主体享有相应的权力和权利,既有中央的主权权力和全面管治权,又有香港特别行政区的高度自治权(包括立法权、行政权和司法权),还有香港居民的参政权(包括选举权、监督权等)。立基于此,构筑香港特别行政区政治体制时必然面临三大问题:(1)中央的主权权力和全面管治权的问题;(2)香港特别行政区行政权和立法权之间的关系问题;(3)香港居民的参政权与中央的全面管制权、行政主导权的关系问题。这些问题的妥当解决,直接关涉香港特别行政区的稳定和繁荣。1982年《宪法》制定时,增加了第31条,实现了“一国两制”由方针政策向宪法条款的制度性转化,也为《香港基本法》的制定确立了宪法原则,《香港基本法》在构筑香港特别行政区各方面的制度时必须贯彻落实该规定。《香港基本法》序言明确指出:“根据中华人民共和国宪法第三十一条的规定,设立香港特别行政区,并按照‘一个国家,两种制度’的方针,不在香港实行社会主义的制度和政策。国家对香港的基本方针政策,已由中国政府在中英联合声明中予以阐明。”如是以来,贯彻落实《中英联合声明》中中国政府已经阐明的对香港的基本方针政策,就成为制定《香港基本法》时必须遵循的准则。

《中英联合声明》第3条规定,中国对香港的基本方针政策为:

“(一)为了维护国家的统一和领土完整,并考虑到香港的历史和现实情况,中华人民共和国决定在对香港恢复行使主权时,根据中华人民共和国宪法第三十一条的规定,设立香港特别行政区。(二)香港特别行政区直辖于中华人民共和国中央人民政府。除外交和国防事务属中央人民政府管理外,香港特别行政区享有高度的自治权。(三)香港特别行政区享有行政管理权、立法权、独立的司法权和终审权。现行的法律基本不变。(四)香港特别行政区政府由当地人组成。行政长官在当地通过选举或协商产生,由中央人民政府任命。主要官员由香港特别行政区行政长官提名,报中央人民政府任命。原在香港各政府部门任职的中外籍公务、警务人员可以留用。香港特别行政区各政府部门可以聘请英籍人士或其他外籍人士担任顾问或某些公职。(五)香港特别行政区的现行社会、经济制度不变;生活方式不变。香港特别行政区依法保障人身、言论、出版、集会、结社、旅行、迁徙、通信、罢工、选择职业和学术研究以及宗教信仰等各项权利和自由。私人财产、企业所有权、合法继承权以及外来投资均受法律保护。(六)香港特别行政区将保持自由港和独立关税地区的地位。(七)香港特别行政区将保持国际金融中心的地位,继续开放外汇、黄金、证券、期货等市场,资金进出自由。港币继续流通,自由兑换。(八)香港特别行政区将保持财政独立。中央人民政府不向香港特别行政区征税。(九)香港特别行政区可同联合王国和其他国家建立互利的经济关系。联合王国和其他国家在香港的经济利益将得到照顾。(十)香港特别行政区可以‘中国香港’的名义单独地同各国、各地区及有关国际组织保持和发展经济、文化关系,并签订有关协定。香港特别行政区政府可自行签发出入香港的旅行证件。(十一)香港特别行政区的社会治安由香港特别行政区政府负责维持。(十二)关于中华人民共和国对香港的上述基本方针政策和本联合声明附件一对上述基本方针政策的具体说明,中华人民共和国全国人民代表大会将以中华人民共和国香港特别行政区基本法规定之,并在五十年内不变。”《香港基本法》在构筑香港特别行政区的政治体制时,必须将前述基本方针政策贯彻到《香港基本法》的具体条款中去。从《香港基本法》第四章"政治体制"的具体条款内容来看,前述方针政策在构筑香港政治体制时都实现了制度性的转化,这一点,无论是在香港特别行政区政治体制的地方性政治制度的特点上、行政长官与中央的关系上、行政机关和立法机关的关系上,还是在行政长官和立法会的产生办法上、立法会对法案和议案的表决程序上,都得到了具体体现。

第四章　全国人大常委会对《香港基本法》的解释

宪法在香港特别行政区的实施主要表现为宪法在香港特别行政区的适用,其表现方式较为多元,其中,全国人大常委会对《香港基本法》的解释是宪法在香港特别行政区适用的一种重要方式。1997 年香港回归以来,全国人大常委会对《香港基本法》共作了 5 次解释,围绕这 5 次解释,学界进行了深入的讨论,深化了对《香港基本法》解释相关问题的理解,强化了对全国人大常委会所作《香港基本法》解释相较于宪法在香港实施的意义。本章拟在对全国人大常委会所作 5 次释法决定纵向回顾的基础上,对全国人大常委会所作《香港基本法》解释中的一些理论问题作一框架性的梳理,以期为后文进一步展开的对宪法在香港特别行政区实施的监督提供一个平台基础。

第一节　全国人大常委会关于《香港基本法》解释的历史回顾

一、1999 年全国人大常委会关于《香港基本法》的第一次解释

(一)1999 年全国人大常委会解释《香港基本法》的历史背景

1999 年 6 月 26 日,全国人大常委会就吴某玲诉香港特别行政区入境处处长案以及其他有关案件(“居港权”系列案件)引发的有关争议,第一次对《香港基本法》中的有关条款进行解释。该解释涉及对《香港基本法》第 22 条第 4 款和第 24 条第 2 款第 3 项的理解。《香港基本法》

第22条第4款规定:“中国其他地区的人进入香港特别行政区须办理批准手续,其中进入香港特别行政区定居的人数由中央人民政府主管部门征求香港特别行政区政府的意见后确定。”香港特别行政区《入境条例》规定,港人在内地所生子女必须办理批准手续,在内地先办理好香港特别行政区政府颁发的居留权证书后才能申请到香港特别行政区定居。对于未办理上述法定手续但已经到香港特别行政区居住的港人子女,香港特别行政区政府会将他们遣返内地,要求他们按照法定程序办理申请批准手续后,按照先后顺序合法地来港居住。但是,在内地出生时其父母还不属于香港永久性居民的儿童不享有香港居留权。因此,有1000多名未取得居留权证书的港人子女被遣返内地。其中,有4名被遣返的港人子女以自己的合法权利被香港特别行政区政府剥夺为由,以香港特别行政区政府为被告向香港特别行政区法院提起诉讼,这就是吴某玲、吴某丹诉入境事务处处长案以及其他有关案件,即所谓的“居港权”系列案件。该系列案件最后上诉到香港特别行政区终审法院。香港特别行政区终审法院经过审理,于1999年1月29日对“居港权”系列案件作出终审判决,主体内容为香港永久性居民在中国内地所生子女,无论婚生的还是非婚生的,都有香港居留权;只要有香港特别行政区政府颁发的居留权证书,不必得到内地政府的批准也可到香港特别行政区居住。已经到香港特别行政区居住的港人在内地所生子女,即使未经内地政府批准,也不能遣返。香港特别行政区终审法院的终审判决作出后,引起了社会各界的广泛关注,人们关注的焦点主要包括两个方面。(1)在该判决书中,香港特别行政区终审法院认为其享有“宪法赋予香港特别行政区法院的司法管辖权”。如果全国人大及其常委会制定的法律与《香港基本法》相抵触,香港特别行政区终审法院有权对其进行审查并宣布全国人大及其常委会的立法无效。(2)在该判决书中,香港特别行政区终审法院认为其有权自行决定是否将《香港基本法》中的某一条款提请全国人大常委会解释。也就是说,如果香港特别行政区终审法院在综合研判《香港基本法》某一条款的立法目的、立法背景后认为,该条款并不涉及《香港基本法》第158条第3款所规定之"中央人民政府管理的事务或中央和香港特别行政区关系的条款",则可以自行决定不提交全国人大常委会对其进行解释。[1] 香港特别行政区终审法院的判决作出后,在国内引起了轩然大波。1999年2月6日,当香港特别行政区终审法院这份英文判词尚未完成中文译本之时,内地法律界人士就该终审法院的判决紧急发表意见,认为"该判决中有关香港特别行政区法院可审查并宣布全国人大及其常委会的立法行为无效的内容,违反基本法的规定,是对全国人大及其常委会的地位、对'一国两制'的严重挑战"。中央人民政府明确表示香港特别行政区终审法院的有关观点违反宪法。鉴于此,香港特别行政区政府律政司请求香港特别行政区终审法院就1999年1月29日的判词进行澄清说明。1999年2月26日,香港特别行政区终审法院接受律政司的请求,就判词中的相关观点作出澄清,主体内容为:香港特别行政区法院的司法管辖权来自基本法的授权;1999年1月29日香港特别行政区终审判决中的判词并没有质疑全国人大常委会根据《香港基本法》第158条所具有解释基本法的权力,如果全国人大常委会对《香港基本法》作出解释,香港特别行政区法院必须要以此为依归;1月29日判词也没有质疑全国人大及其常委会依据《香港基本法》条文和《香港基本法》所规定的程序行使任何权力,法院也接受这一权力是不能质疑的。

1999年5月20日,时任香港特别行政区行政长官董建华依据《香港基本法》第43条和第48条第2项所赋予的职权,向国务院提交《关于提请中央人民政府协助解决实施〈中华人民共和国香港特别行政区基本法〉有关条款所遇问题的报告》。该报告称,香港特别行政区终审法院1999年1月29日就香港居民在内地所生子女的居留权案件所作的判

---

〔1〕 相关内容可参见香港特别行政区终审法院判案书:FACV 14/1998, FACV15/1998、FACV16/1998(1999-01-29), http://se. info. gov. hk/gh/legalref. judiciary. gov. hk/doc/prd/tml/chi_jud/chamber/FACV000014Y_1998. htm; FACV Nos. 20&21 of 2000、FACV NO. 26 of 2000, http://se. info. gov/gh/www. info. gov. hk/basic_law/judgments/c-index. htm。

决,扩大了原来根据香港特别行政区《入境条例》香港永久性居民在内地所生中国籍子女获得香港特别行政区居留权的范围,并认为这些子女无须经内地有关机关批准,即可进入香港特别行政区定居。这一判决内容与香港特别行政区政府对《香港基本法》有关条款的理解不同。香港特别行政区临时立法会制定的有关法律规定,香港永久性居民在内地所生子女获得香港居留权,必须是在该子女出生时其父母双方或一方是香港永久性居民,并对居留权证明书作了规定。香港特别行政区终审法院于 1999 年 1 月 29 日判决临时立法会制定的有关法律不符合《香港基本法》,认为《香港基本法》第 24 条第 2 款第 3 项所指的香港居民所生子女,包括其父或母成为香港永久性居民之前或之后所生的子女;《香港基本法》第 22 条第 4 款中对"中国其他地区的人"进入香港特别行政区的限制不适用于这些人士。

该报告还称,香港特别行政区终审法院的判决,改变了香港特别行政区现行的出入境管理制度,引起了香港社会广泛的关注和讨论,并可能引发严重的社会问题和后果。据香港特别行政区政府的调查统计表明,根据这项判决,内地新增加的符合具有香港特别行政区居留权资格人士,至少有 167 万人(其中第一代约 69 万人;当第一代在香港通常居住连续 7 年以上后,其第二代符合居留权资格的人士约 98 万人)。香港特别行政区政府的评估显示,吸纳这些内地人士将为香港特别行政区带来巨大压力,香港特别行政区的土地和社会资源根本无法应付大量新进入的内地人士在教育、房屋、医疗卫生、社会福利及其他方面的需要,这将严重影响香港特别行政区的稳定和繁荣。香港社会对该项判决是否符合《香港基本法》,提出了质疑和争论。香港社会的广泛民意均要求尽快解决这一问题。该报告认为,由于香港特别行政区终审法院的有关判决涉及应如何理解《香港基本法》的原则性问题,而内地居民进入香港特别行政区的管理办法还涉及中央与香港特别行政区的关系,因此,请求国务院提请全国人大常委会根据《宪法》和《香港基本法》的有关规定,对《香港基本法》第 22 条第 4 款和第 24 条第 2 款第 3 项作出解释。

(二)1999年全国人大常委会解释《香港基本法》的内容

1999年6月26日,第九届全国人民代表大会常务委员会第十次会议审议了国务院《关于提请解释〈中华人民共和国香港特别行政区基本法〉第二十二条第四款和第二十四条第二款第(三)项的议案》。国务院的议案是应香港特别行政区行政长官根据《香港基本法》第43条和第48条第2项的有关规定提交的报告而提出的。鉴于议案中提出的问题涉及香港特别行政区终审法院1999年1月29日的判决对《香港基本法》有关条款的解释,该有关条款涉及中央管理的事务和中央与香港特别行政区的关系,香港特别行政区终审法院在判决前没有依照《香港基本法》第158条第3款的规定请全国人民代表大会常务委员会作出解释,而香港特别行政区终审法院的解释又不符合立法原意,经征询全国人民代表大会常务委员会香港特别行政区基本法委员会的意见,全国人民代表大会常务委员会决定,根据《宪法》第67条第4项和《香港基本法》第158条第1款的规定,对《香港基本法》第22条第4款和第24条第2款第3项的规定,作如下解释。

一、《中华人民共和国香港特别行政区基本法》第二十二条第四款关于"中国其他地区的人进入香港特别行政区须办理批准手续"的规定,是指各省、自治区、直辖市的人,包括香港永久性居民在内地所生的中国籍子女,不论以何种事由要求进入香港特别行政区,均须依照国家有关法律、行政法规的规定,向其所在地区的有关机关申请办理批准手续,并须持有有关机关制发的有效证件方能进入香港特别行政区。各省、自治区、直辖市的人,包括香港永久性居民在内地所生的中国籍子女,进入香港特别行政区,如未按国家有关法律、行政法规的规定办理相应的批准手续,是不合法的。

二、《中华人民共和国香港特别行政区基本法》第二十四条第二款前三项规定:"香港特别行政区永久性居民为:(一)在香港特别行政区成立以前或以后在香港出生的中国公民;(二)在香港特别行政区成立以前或以后在香港通常居住连续七年以上的中国公民；(三)第(一)、(二)两项所列居民在香港以外所生的中国籍子女”。其中第(三)项关于“第(一)、(二)两项所列居民在香港以外所生的中国籍子女”的规定，是指无论本人是在香港特别行政区成立以前或以后出生，在其出生时，其父母双方或一方须是符合《中华人民共和国香港特别行政区基本法》第二十四条第二款第(一)项或第(二)项规定条件的人。本解释所阐明的立法原意以及《中华人民共和国香港特别行政区基本法》第二十四条第二款其他各项的立法原意，已体现在1996年8月10日全国人民代表大会香港特别行政区筹备委员会第四次全体会议通过的《关于实施〈中华人民共和国香港特别行政区基本法〉第二十四条第二款的意见》中。

本解释公布之后，香港特别行政区法院在引用《中华人民共和国香港特别行政区基本法》有关条款时，应以本解释为准。本解释不影响香港特别行政区终审法院1999年1月29日对有关案件判决的有关诉讼当事人所获得的香港特别行政区居留权。此外，其他任何人是否符合《中华人民共和国香港特别行政区基本法》第二十四条第二款第(三)项规定的条件，均须以本解释为准。

全国人大常委会在前述解释中秉持的立场，可以从时任全国人大常委会法制委员会副主任乔晓阳同志所作相关说明中得到合理诠释。1999年6月22日，在第九届全国人民代表大会常务委员会第十次会议上，全国人大常委会法制工作委员会副主任乔晓阳作了“对《全国人民代表大会常务委员会关于〈中华人民共和国香港特别行政区基本法〉第二十二条第四款和第二十四条第二款第(三)项的解释(草案)》的说明”，其主体内容包括两个方面：其一，关于《香港基本法》第22条第4款。

《基本法》第二十二条第四款规定：“中国其他地区的人进入香港特别行政区须办理批准手续，其中进入香港特别行政区定居的人数由中央人民政府主管部门征求香港特别行政区政府的意见后确定。”《基本法》作出这一规定,是基于在内地与香港之间长期以来实行的出入境管理制度。按照该项制度,内地居民无论以何种理由赴港,均须向内地的有关机关提出申请,在获得批准后,须持有有关机关签发的有效证件方能进入香港。其中,香港永久性居民在内地所生子女的赴港定居安排,是在每天的赴港定居名额中划出专用定额,由内地有关机关协同特区主管机关对申请人的资格条件加以审查确认,然后分批发给当事人相应证件,这样当事人才能赴港定居。《基本法》第二十二条第四款的立法原意,正是肯定内地与香港之间长期以来实行的出入境管理制度,内地各省、自治区、直辖市的人,其中包括香港永久性居民在内地所生的中国籍子女,不论以何种事由要求进入香港特别行政区,均须依照国家有关法律、行政法规的规定,向其所在地区的有关机关申请办理批准手续,并须持有有关机关制发的有效证件方能进入香港特别行政区,但香港永久性居民在内地所生的中国籍子女已经依法取得香港永久性居民身份证的除外。这一立法原意,完全是为了保证内地居民有序赴港,是符合香港的整体利益的。

其二,关于《香港基本法》第24条第2款第3项。

《基本法》第二十四条第二款前三项规定:“香港特别行政区永久性居民为:(一)在香港特别行政区成立以前或以后在香港出生的中国公民;(二)在香港特别行政区成立以前或以后在香港通常居住连续七年以上的中国公民;(三)第(一)、(二)两项所列居民在香港以外所生的中国籍子女”。其中第(三)项关于“第(一)、(二)两项所列居民在香港以外所生的中国籍子女”的规定,是指无论本人是在香港特别行政区成立以前或以后出生,在其出生时,其父母双方或一方须是符合《基本法》第二十四条第二款第(一)项或第(二)项规定条件的人。这一立法原意体现了防止内地大量人口涌入香港,以利于维护香港的长期繁荣稳定。因此,《基本法》第二十四条第二款第(三)项与第二十二条第四款是密不可分的。为了在香港特别行政区成立后实施《基本法》第二十四条第二款的规定,1996 年 8 月 10 日全国人民代表大会香港特别行政区筹备委员会根据其立法原意通过了《关于实施〈中华人民共和国香港特别行政区基本法〉第二十四条第二款的意见》。筹委会通过该意见前,曾广泛听取香港各界的意见,并充分考虑了香港的实际情况和一贯做法。意见公布后,香港社会普遍认同。1997 年 3 月 10 日,筹委会主任委员钱其琛在第八届全国人大第五次会议上所作的《全国人民代表大会香港特别行政区筹备委员会工作报告》中将筹委会关于实施《基本法》第二十四条第二款的意见向全国人民代表大会作了报告。1997 年 3 月 14 日,第八届全国人大第五次会议通过了《关于全国人民代表大会香港特别行政区筹备委员会工作报告的决议》,批准了钱其琛的报告。香港回归后,香港特区临时立法会参照筹委会意见制定了有关法律。该项法律对有效地控制香港的人口增长起到积极作用。

二、2004 年全国人大常委会关于《香港基本法》的第二次解释

(一)2004 年全国人大常委会解释《香港基本法》的历史背景

《香港基本法》关于香港特别行政区政治体制的规定,是根据"一国两制"原则和国家对香港特别行政区的一系列方针确定的,从香港特别行政区的法律地位和实际情况出发,兼顾社会各阶层的利益,有利于香港特别行政区经济的发展,既保持香港特别行政区原政治体制中行之有效的部分,又明确了发展香港特别行政区民主制度应当遵循从实际出发、循序渐进、均衡参与等重大原则,根本目的是保障香港特别行政区的长期繁荣和稳定。香港特别行政区行政长官的产生办法和立法会的产生办法,是香港特别行政区政治体制的重要组成部分。这两个产生办法是由《香港基本法》附件一和附件二规定的。《香港基本法》附件一第 7 条规定:"2007 年以后各任行政长官的产生办法如需修改,须经立法会全体议员三分之二多数通过,行政长官同意,并报全国人民代表大会常

务委员会批准。”附件二第3条规定，2007年以后立法会的产生办法和表决程序，如需进行修改，“须经立法会全体议员三分之二多数通过，行政长官同意，并报全国人民代表大会常务委员会备案”。对《香港基本法》附件一、附件二中这两条规定，香港社会各界的理解不甚相同，分歧主要集中在四个方面：(1)2007年以后是否包括2007年本身？(2)“如需”修改的意思是不是“必须”修改？(3)由谁确定需要修改及由谁提出修改法案？(4)如果不修改，是否继续适用现行规定。由于香港特别行政区未来政治体制的发展关系到“一国两制”方针和基本法的贯彻实施，关系中央与香港特别行政区的关系，关系香港社会各阶层、各方面的利益，关系香港特别行政区的长期繁荣稳定，为了保证《香港基本法》能够得到正确理解和贯彻实施，根据《宪法》第67条第4项关于全国人大常委会行使法律解释权的规定、《香港基本法》第158条第1款关于全国人大常委会行使基本法解释权的规定，全国人大常委会委员长会议根据部分人大代表的意见，提出了《全国人民代表大会常务委员会关于〈中华人民共和国香港特别行政区基本法〉附件一第七条和附件二第三条的解释（草案）》。

（二）2004年全国人大常委会解释《香港基本法》的内容

2004年4月6日，第十届全国人大常委会第八次会议审议了委员长会议关于提请审议《全国人民代表大会常务委员会〈关于中华人民共和国香港特别行政区基本法〉附件一第七条和附件二第三条的解释（草案）》的议案。经征询全国人大常委会香港特别行政区基本法委员会的意见，全国人民代表大会决定，根据《宪法》第67条第4项和《香港基本法》第158条第1款的规定，对《香港基本法》附件一《香港特别行政区行政长官的产生办法》第7条和附件二《香港特别行政区立法会的产生办法和表决程序》第3条的规定，作出如下解释。

一、上述两个附件中规定的“2007年以后”，含2007年。

二、上述两个附件中规定的2007年以后各任行政长官的产生办法、立法会的产生办法和法案、议案的表决程序“如需”修改，是指可以进行修改，也可以不进行修改。

三、上述两个附件中规定的须经立法会全体议员三分之二多数通过，行政长官同意，并报全国人民代表大会常务委员会批准或备案，是指行政长官的产生办法和立法会的产生办法及立法会议案、议案的表决程序修改时必经的法律程序。只有经过上述程序，包括最后全国人民代表大会常务委员会依法批准或者备案，该修改方可生效。是否需要进行修改，香港特别行政区行政长官应向全国人民代表大会常务委员会提出报告，由全国人民代表大会常务委员会依照《中华人民共和国香港特别行政区基本法》第四十五条和第六十八条规定，根据香港特别行政区的实际情况和循序渐进的原则确定。修改行政长官产生办法和立法会产生办法及立法会议案、议案表决程序的法案及其修正案，应由香港特别行政区政府向立法会提出。

四、上述两个附件中规定的行政长官的产生办法、立法会的产生办法和法案、议案的表决程序如果不作修改，行政长官的产生办法仍适用附件一关于行政长官产生办法的规定；立法会的产生办法和法案、议案的表决程序仍适用附件二关于第三届立法会产生办法的规定和附件二关于法案、议案的表决程序的规定。

对于全国人大常委会在前述解释中秉持的立场，2004 年 4 月 2 日全国人大常委会法制工作委员会副主任李飞在第十届全国人大常委会第八次会议上作了关于《全国人民代表大会常务委员会关于〈中华人民共和国香港特别行政区基本法〉附件一第七条和附件二第三条的解释（草案）》的说明。主体内容包括四个方面。

一、关于“2007 年以后”的含义问题

对香港基本法附件一第七条和附件二第三条所属“2007 年以后”，香港社会有两种不同的理解。一种认为，“2007 年以后”是指 2007 年结束以后的实践,不包含2007年,因此,2007年选举的第三任行政长官,其产生办法不包含在“如需修改”的范围之内;另一种认为,“2007年以后”包括2007年本数在内。因此,应当包含在“如需修改”的范围之内。

根据我国有关法律的规定,法律用语中表示具体数字或年份时的“以前”、“以后”,均包括本数在内。因此,香港基本法附件一第七条和附件二第三条规定的“2007年以后”应当理解为包含2007年。

二、关于“如需”修改的含义问题

香港基本法第四十五条规定:“香港特别行政区行政长官在当地通过选举或协商产生,由中央人民政府任命”;“行政长官的产生办法根据香港特别行政区的实际情况和循序渐进的原则而规定,最终达致一个有广泛代表性的提名委员会按民主程序提名后普选产生的目标”。香港基本法第六十八条规定:“香港特别行政区立法会由选举产生”;“立法会的产生办法根据香港特别行政区的实际情况和循序渐进的原则而规定,最终达致全部议员普选产生的目标”。香港基本法第四十五条和六十八条的规定、香港基本法附件一和附件二对行政长官的具体产生办法和立法会的具体产生办法的规定,都确立和体现了香港政制发展必须根据香港的实际情况、循序渐进和均衡参与的原则。这些原则是香港政制发展必须长期遵循的原则。据此,香港基本法附件一第七条、附件二第三条规定的“如需”修改,应当理解为2007年以后可以进行修改,也可以不进行修改,而不是说到2007年就必须进行修改。

三、关于“如需”修改应由谁提出修改法案的问题

香港特别行政区是直辖于中央人民政府的享有高度自治权的地方行政区域。香港特别行政区的高度自治权来源于中央的授权。香港特别行政区的政治体制是由全国人大制定的香港基本法予以规定的。我国是单一制国家,不是联邦制,地方无权自行决定或改变其政治体制。香港政治体制的发展,涉及中央和特别行政区的关系,必须在香港基本法的框架内进行。修改行政长官的产生办法和立法会的产生办法及立法会法案、议案的表决程序,是香港政治体制发展中的重大问题。是否

需要修改和如何修改,决定权在中央。这是宪法和香港基本法确立的一项极为重要的原则,是"一国两制"方针的应有之义。

香港基本法附件一第七条和附件二第三条规定,修改行政长官的产生办法、立法会的产生办法和法案、议案的表决程序,须经立法会全体议员三分之二多数通过,行政长官同意,并报全国人大常委会批准或备案。这一规定,一是指修改时必经的法律程序,二是通过"批准"或"备案"才能生效表明了中央的决定权。如认为确需修改,根据行政长官对中央负责的原则,特别行政区行政长官应向全国人大常委会提出报告,由全国人大常委会依照香港基本法第四十五条和第六十八条规定,根据香港特别行政区的实际情况和循序渐进的原则予以确定。这是中央对香港特别行政区政制发展所必须承担的责任,对于维护香港社会各阶层、各界别、各方面的利益,逐步发展适合香港实际情况的民主制度,保障香港的长期繁荣稳定,是十分必要的。

对于在修改行政长官产生办法和立法会产生办法及立法会法案、议案的表决程序时,应当由谁提出修改法案,香港社会存在着不同的理解和认识。根据香港基本法确立的政治体制,香港特别行政区实行行政主导,行政长官是特别行政区的首长,代表特别行政区,对中央人民政府和香港特别行政区负责;同时,香港基本法第四十七条还规定,"香港特别行政区立法会议员根据本法规定并依照法定程序提出法律草案,凡不涉及公共开支或政治体制或政府运作者,可以由立法会议员个别或联名提出。"因此,立法会议员个别或联名不得提出涉及政治体制的法律草案。据此,修改行政长官产生办法和立法会产生办法及立法会法案、议案表决程序的法案及其修正案,应由特别行政区政府向立法会提出。

四、关于如果不作修改是否适用现行规定的问题

如果2007年以后对行政长官的产生办法和立法会的产生办法及立法会法案、议案的表决程序不作修改,则届时行政长官的产生办法和立法会的产生办法及立法会法案、议案的表决程序,需要加以明确。按照"如需"修改的立法原意,在不作修改的情况下,行政长官的产生办法理

应使用附件一关于行政长官产生办法的规定；立法会的产生办法和法案、议案的表决程序，理应适用附件二关于第三届立法会产生办法的规定和附件二关于法案、议案的表决程序的规定。

三、2005年全国人大常委会关于《香港基本法》的第三次解释

（一）2005年全国人大常委会第三次解释《香港基本法》的背景

《香港基本法》第52条第1款规定，香港特别行政区行政长官“因严重疾病或其他原因无力履行职务”的，必须辞职。2005年3月，时任香港特别行政区行政长官董建华因病提出辞职。3月12日，国务院颁布第433号令，批准董建华先生辞去香港特别行政区行政长官职务的请求。《香港基本法》第53条第1款规定，“香港特别行政区行政长官短期不能履行职务时，由政务司长、财政司长、律政司长依次临时代理其职务”。依据该规定，时任香港特别行政区政务司司长曾荫权暂代行政长官职务。《香港基本法》第53条第2款规定：“行政长官缺位时，应在六个月内依本法第四十五条[1]的规定产生新的行政长官。行政长官缺位期间的职务代理，依照上款规定办理。”香港特别行政区《行政长官选举条例》作了类似规定。根据《香港基本法》第53条第2款及香港特别行政区《行政长官选举条例》的有关规定，须于2005年7月10日选举新的行政长官。但是，接踵而来的问题是，继任者的任期是一个新的5年任期，还是第二任行政长官的剩余任期？对此，《香港基本法》和香港特别行政区《行政长官选举条例》均未对其作出明确规定。香港特别行政区政府认为，补选产生的新的行政长官的任期为原行政长官任期的余下部分。据此，香港特别行政区政府需要修订《行政长官选举条例》，把行政长官职位在原行政长官任内出缺时经补选产生的新的行政长官的任期，

---

〔1〕《香港基本法》第45条规定，“香港特别行政区行政长官在当地通过选举或协商产生，由中央人民政府任命。行政长官的产生办法根据香港特别行政区的实际情况和循序渐进的原则而规定，最终达致由一个有广泛代表性的提名委员会按民主程序提名后普选产生的目标。行政长官产生的具体办法由附件一《香港特别行政区行政长官的产生办法》规定”。

以清晰明确的条文规定下来。在修改《行政长官选举条例》时，香港社会对此出现两种不同意见：一种观点是以普通法为基本判断依据，认为任期是新的一届，为5年任期；另一种观点认为《香港基本法》为全国性的法律，应以国家宪法性规定和惯例来解释基本法，据此，补选产生之行政长官的任期为"剩余任期"，即2年。当时，有立法会议员及市民公开表示将会对《行政长官选举条例》的修订草案提出司法复核。事实上，香港特别行政区法院在2005年4月4日已经收到一个司法复核申请。香港特别行政区政府面临的现实问题为：(1)为确保修订草案的立法程序能够如期完成，需要有对《香港基本法》有关条文的权威性及决定性的法律解释，为本地立法提供稳固的基础；(2)如出现司法复核情况，司法程序一经展开，需要一段较长时间才能完成，极有可能不能依法如期在7月10日选出新的行政长官。倘若不能依法如期在7月10日选出新的行政长官，对政府制订重要政策、施政及正常运作，都会带来不良影响，甚至可能引发宪制危机。同时，这会令香港居民和国际社会对香港特别行政区执行《香港基本法》的决心和能力产生疑问，也将会对金融市场的运作、投资者的信心等带来负面的影响。这些均不利于香港特别行政区的稳定繁荣。2005年4月6日，香港特别行政区署理行政长官曾荫权依据《香港基本法》第43条和第48条第2项所赋予的职权，向国务院提交了《关于请求国务院提请全国人民代表大会常务委员会就〈中华人民共和国香港特别行政区基本法〉第五十三条第二款作出解释的报告》。国务院研究了香港特别行政区署理行政长官曾荫权提交的报告，认为该报告中提出的问题关系到《香港基本法》第53条第2款的正确实施，关系香港特别行政区新的行政长官的顺利产生和此后中央人民政府对行政长官的任命，因此，向全国人大常委会提出《关于提请解释〈中华人民共和国香港特别行政区基本法〉第五十三条第二款的议案》。

(二)2005年全国人大常委会第三次解释《香港基本法》的内容

2005年4月27日，第十届全国人大常委会第十五次会议审议了国务院《关于提请解释〈中华人民共和国香港特别行政区基本法〉第五十三条第二款的议案》,根据《宪法》第67条第4项和《香港基本法》第158条第1款的规定,并征询全国人大常委会香港特别行政区基本法委员会的意见,全国人大常委会对《香港基本法》第53条第2款的规定,作如下解释。

《中华人民共和国香港特别行政区基本法》第五十三条第二款规定:"行政长官缺位时,应在六个月内依本法第四十五条的规定产生新的行政长官。"其中,"依本法第四十五条的规定产生新的行政长官",既包括新的行政长官应依据《中华人民共和国香港特别行政区基本法》第四十五条规定的办法产生,也包括新的行政长官的任期应依据《中华人民共和国香港特别行政区基本法》第四十五条规定的产生办法确定。

《中华人民共和国香港特别行政区基本法》第四十五条第三款规定:"行政长官产生的具体办法由附件一《香港特别行政区行政长官的产生办法》规定。"附件一第一条规定:"行政长官由一个具有广泛代表性的选举委员会根据本法选出,由中央人民政府任命。"第二条规定:"选举委员会每届任期五年。"第七条规定:"二〇〇七年以后各任行政长官的产生办法如需修改,须经立法会全体议员三分之二多数通过,行政长官同意,并报全国人民代表大会常务委员会批准。"上述规定表明,二〇〇七年以前,在行政长官由任期五年的选举委员会选出的制度安排下,如出现行政长官未任满《中华人民共和国香港特别行政区基本法》第四十六条规定的五年任期导致行政长官缺位的情况,新的行政长官的任期应为原行政长官的剩余任期;二〇〇七年以后,如对上述行政长官产生办法作出修改,届时出现行政长官缺位的情况,新的行政长官的任期应根据修改后的行政长官具体产生办法确定。"

对于全国人大常委会在前述解释中秉持的立场,2005年4月24日时任全国人大常委会法制工作委员会副主任的李飞在第十届全国人大常委会第十五次会议上曾经作关于《全国人民代表大会常务委员会关于

〈中华人民共和国香港特别行政区基本法〉第五十三条第二款的解释(草案)》的说明,主体内容如下。

香港基本法起草委员会在起草基本法第五十三条有关规定时,政治体制专题小组对于行政长官缺位情况下产生的新的行政长官,其任期是重新起算的五年任期,还是原行政长官的剩余任期,曾经进行过一定程度的讨论,为此香港基本法草案的有关条文在表述上发生过明显变化。1987年12月最初形成的香港基本法各章条文草稿汇编中规定:"香港特别行政区行政长官缺位时,应在六个月内选出新的行政长官。"1988年4月公布的香港基本法(草案征求意见稿)将此规定修改为:"行政长官缺位时,应在六个月内产生新的一届行政长官"。1989年2月公布的香港基本法(草案),以及1990年4月七届全国人大三次会议通过的香港基本法第五十三条第二款,将这一规定又修改为:"行政长官缺位时,应在六个月内依本法第四十五条的规定产生新的行政长官"。其中,删去了"一届"二字,把"新的一届行政长官"改为"新的行政长官";并且在删去"一届"二字的同时,增加规定了新的行政长官须"依本法第四十五条的规定产生"的内容。这表明,行政长官缺位后,新的行政长官应依据香港基本法第四十五条规定的产生办法产生,同时,新的行政长官的任期也应依据香港基本法第四十五条规定的产生办法确定。

香港基本法第四十五条第一款规定:"香港特别行政区行政长官在当地通过选举或协商产生,由中央人民政府任命";第二款规定:"行政长官的产生办法根据香港特别行政区的实际情况和循序渐进的原则而规定,最终达至由一个有广泛代表性的提名委员会按民主程序提名后普选产生的目标";第三款规定:"行政长官产生的具体办法由附件一《香港特别行政区行政长官的产生办法》规定"。上述第一款和第二款主要规定了选举和任命行政长官的基本原则,依据第三款的规定在香港基本法附件一中规定了行政长官产生的具体办法。

香港基本法附件一第一条规定:"行政长官由一个具有广泛代表性

的选举委员会根据本法选出,由中央人民政府任命";第二条规定:"选举委员会每届任期五年"。设立一个任期为五年的选举委员会,其法定职责和任务就是选举行政长官,其中一个重要目的就是为了便于在五年中行政长官缺位时能够及时选出新的行政长官。同时,选举委员会任期五年,也表明其职责范围是负责选出五年任期的行政长官,而不能产生跨过五年任期的行政长官。这是香港基本法作出的一种独特的制度安排。因此,在行政长官五年任期届满前缺位的情况下,由该选举委员会选出的新的行政长官,只能完成原行政长官未任满的剩余任期,而不能跨过五年任期。与此同时,香港基本法附件一第七条规定:"2007 年以后各任行政长官的产生办法如需修改,须经立法会全体议员三分之二多数通过,行政长官同意,并报全国人民代表大会常务委员会批准。"对附件一的这一规定,香港基本法起草委员会主任委员姬鹏飞在关于香港基本法草案的说明中专门阐明行政长官"在 1997 年至 2007 年的十年内由有广泛代表性的选举委员会选举产生"的原则,表明在香港特区成立后的头十年内,是按两个五年任期的行政长官来安排的,即只能产生任期各五年的第一任、第二任行政长官,其任期不应超过 2007 年。2007 年以后如有需要可以对行政长官的产生办法进行修改,如果香港基本法附件一对上述行政长官的产生办法作出修改,则那时行政长官缺位后产生的新的行政长官的任期,要依届时的行政长官的产生办法来确定。

根据香港基本法附件一的规定,2004 年 4 月《全国人民代表大会常务委员会关于香港特别行政区 2007 年行政长官和 2008 年立法会产生办法有关问题的决定》也做了相应的规定,即"2007 年香港特别行政区第三任行政长官的选举,不实行由普选产生的办法。"在此前提下,"2007 年香港特别行政区第三任行政长官的具体产生办法",可以"作出符合循序渐进原则的适当修改"。这些规定表明,第三任行政长官将在 2007 年根据届时的产生办法选举产生,此前第二任行政长官缺位后产生的新的行政长官,其任期只能是原行政长官未任满的剩余任期,而不是重新起算的五年任期。

四、2011 年全国人大常委会关于《香港基本法》的第四次解释

(一)2011 年全国人大常委会第四次解释《香港基本法》的背景

"刚果(金)案"是一起向香港特别行政区法院申请承认和执行以外国为被告的仲裁裁决的案件。2008 年 5 月 15 日,原告秃鹰基金(FG HEMISHPERE ASSOCIATES LLC)向香港特别行政区法院申请签发对刚果(金)的原诉传票,意欲启动香港特别行政区法院司法程序,以强制执行外国仲裁机构就刚果(金)政府的欠款作出的仲裁裁决。由于刚果(金)在香港特别行政区没有可执行财产,基于中国中铁公司及其香港附属公司根据其早前与刚果(金)矿业公司的协议,须向刚果(金)政府支付 1.04 亿美元的入门费,原告也将中国中铁公司及其香港特别行政区附属公司列为被告,请求香港特别行政区法院禁止中铁公司向刚果(金)支付入门费以将该入门费用于抵消刚果(金)对原告的债务。2008 年 5 月 15 日,香港特别行政区高等法院原讼法庭邵德炜法官裁定许可原告刚果(金)和中铁等公司送达原诉传票。

2008 年 7 月 7 日,刚果(金)以享有国家豁免权为由,主张香港特别行政区法院对刚果(金)没有管辖权,要求撤销邵法官的判决,原被告就回归后香港特别行政区普通法是否实行绝对豁免制度展开争辩。2008 年 12 月 12 日,原讼法庭芮安牟法官判决认为,虽然其本人倾向认为香港特别行政区实行限制豁免制度,但是本案产生的入门费支付的情况不属于商业交易,即使根据限制豁免原则也是不能执行的,因而撤销针对刚果(金)和中铁公司的原讼传票。[1] 原告对此不认可,遂向香港特别行政区高等法院上诉庭提起上诉。2010 年,上诉庭以 2∶1 的多数票判决撤销原讼庭的判决。上诉庭司徒敬法官和袁家宁法官认为,香港在回归前奉行英国的限制豁免制度,回归后因为没有关于国家豁免的全国性法律在香港特别行政区适用,且限制豁免制度已经成为国际习惯并构成

〔1〕 FG HEMISPHERE ASSOCIATES LLC. 诉刚果民主共和国及另四人,HCMP 928/2008。

普通法的一部分,故限制豁免制度继续在香港特别行政区适用,本案所涉财产并非全部是商业财产,即使被执行人是主权国家,也是可以执行的。上诉庭法官杨振权对此秉持不同立场,认为中国一向奉行绝对豁免制度,限制豁免制度没有形成国际惯例,香港特别行政区法院对本案没有管辖权。[1]

刚果民主共和国多次通过外交渠道向我国政府提出交涉。鉴于案件涉及国家主权和中央人民政府的外交权力,经授权,外交部通过驻香港特别行政区特派员公署向香港特别行政区政府政制及内地事务局先后发出三封函件,说明中央人民政府关于国家豁免问题的立场,指出我国一贯坚持的国家豁免原则并统一适用于全国,包括香港特别行政区;香港特别行政区如果实行与中央立场不一致的国家豁免原则将对国家主权造成损害等。上述函件均由香港特别行政区政府律政司司长作为证据转交香港特别行政区法院。由于案件涉及《香港基本法》实施的重大法律问题,香港特别行政区政府律政司司长依法以介入人身份参与诉讼。

2011 年 6 月 8 日,香港特别行政区终审法院作出临时判决,裁定香港特别行政区应遵循中央人民政府决定采取的国家豁免规则,刚果民主共和国享有国家豁免,香港特别行政区法院对刚果民主共和国无司法管辖权。鉴于上述临时判决涉及对《香港基本法》关于中央人民政府管理的事务及中央和香港特别行政区关系条款的解释,按照《香港基本法》第 158 条第 3 款的规定,香港特别行政区终审法院认为有责任在作出终局判决前提请全国人大常委会解释《香港基本法》第 13 条第 1 款和第 19 条。在全国人大常委会对《香港基本法》有关条款作出解释后,香港特别行政区终审法院将依据全国人大常委会的解释作出最终判决。香港特别行政区终审法院提请解释以下四个问题:"(1)根据第十三条第一款的真正解释,中央人民政府是否有权力决定中华人民共和国的国家

---

〔1〕 FG HEMISPHERE ASSOCIATES LLC. 诉刚果民主共和国及另四人,CACV 43/2009。

豁免规则或政策；(2)如有此权力的话，根据第十三条第一款和第十九条的真正解释，香港特别行政区（'香港特区'）（包括香港特区的法院）是否：①有责任援用或实施中央人民政府根据第十三条第一款所决定的国家豁免规则或政策；或②反之，可随意偏离中央人民政府根据第十三条第一款所决定的国家豁免规则或政策，并采取一项不同的规则；(3)中央人民政府决定国家豁免规则或政策是否属于《基本法》第十九条第三款第一句中所说的'国防、外交等国家行为'；以及(4)香港特区成立后，第十三条第一款、第十九条和香港作为中华人民共和国的特别行政区的地位，对香港原有(即1997年7月1日之前)的有关国家豁免的普通法(如果这些法律与中央人民政府根据第十三条第一款所决定的国家豁免规则或政策有抵触)所带来的影响，是否令到这些普通法法律，须按照《基本法》第八条和第一百六十条及于1997年2月23日根据第一百六十条作出的《全国人民代表大会常务委员会的决定》的规定，在适用时作出必要的变更、适应、限制或例外，以确保关于这方面的普通法符合中央人民政府所决定的国家豁免规则或政策。"[1]

（二）2011年全国人大常委会第四次解释《香港基本法》的内容

2011年8月26日，第十一届全国人大常委会第二十二次会议审议了委员长会议关于提请审议《全国人民代表大会常务委员会关于〈中华人民共和国香港特别行政区基本法〉第十三条第一款和第十九条的解释(草案)》的议案。委员长会议的议案是应香港特别行政区终审法院依据《香港基本法》第158条第3款的规定提请全国人民代表大会常务委员会解释《香港基本法》有关规定的报告提出的。根据《宪法》第67条第4项和《香港基本法》第158条的规定，并征询全国人民代表大会常务委员会香港特别行政区基本法委员会的意见，全国人民代表大会常务委员会就香港特别行政区终审法院提请解释的《香港基本法》第13条第1

[1] 2011年8月26日，第十一届全国人民代表大会常务委员会第二十二次会议通过《全国人民代表大会常务委员会关于〈中华人民共和国香港特别行政区基本法〉第十三条第一款和第十九条的解释》。

款和第19条的规定以及相关问题,作如下解释。

一、关于香港特别行政区终审法院提请解释的第(1)个问题。依照《中华人民共和国宪法》第八十九条第(九)项的规定,国务院即中央人民政府行使管理国家对外事务的职权,国家豁免规则或政策属于国家对外事务中的外交事务范畴,中央人民政府有权决定中华人民共和国的国家豁免规则或政策,在中华人民共和国领域内统一实施。基于上述,根据《中华人民共和国香港特别行政区基本法》第十三条第一款关于"中央人民政府负责管理与香港特别行政区有关的外交事务"的规定,管理与香港特别行政区有关的外交事务属于中央人民政府的权力,中央人民政府有权决定在香港特别行政区适用的国家豁免规则或政策。

二、关于香港特别行政区终审法院提请解释的第(2)个问题。依照《中华人民共和国香港特别行政区基本法》第十三条第一款和本解释第一条的规定,中央人民政府有权决定在香港特别行政区适用的国家豁免规则或政策;依照《中华人民共和国香港特别行政区基本法》第十九条和本解释第三条的规定,香港特别行政区法院对中央人民政府决定国家豁免规则或政策的行为无管辖权。因此,香港特别行政区法院在审理案件时遇有外国国家及其财产管辖豁免和执行豁免问题,须适用和实施中央人民政府决定适用于香港特别行政区的国家豁免规则或政策。基于上述,根据《中华人民共和国香港特别行政区基本法》第十三条第一款和第十九条的规定,香港特别行政区,包括香港特别行政区法院,有责任适用或实施中央人民政府决定采取的国家豁免规则或政策,不得偏离上述规则或政策,也不得采取与上述规则或政策不同的规则。

三、关于香港特别行政区终审法院提请解释的第(3)个问题。国家豁免涉及一国法院对外国国家及其财产是否拥有管辖权,外国国家及其财产在一国法院是否享有豁免,直接关系到该国的对外关系和国际权利与义务。因此,决定国家豁免规则或政策是一种涉及外交的国家行为。基于上述,《中华人民共和国香港特别行政区基本法》第十九条第三款规定的"国防、外交等国家行为"包括中央人民政府决定国家豁免规则或政策的行为。

四、关于香港特别行政区终审法院提请解释的第(4)个问题。依照《中华人民共和国香港特别行政区基本法》第八条和第一百六十条的规定,香港原有法律只有在不抵触《中华人民共和国香港特别行政区基本法》的情况下才予以保留。根据《全国人民代表大会常务委员会关于根据〈中华人民共和国香港特别行政区基本法〉第一百六十条处理香港原有法律的决定》第四条的规定,采用为香港特别行政区法律的香港原有法律,自1997年7月1日起,在适用时,应作出必要的变更、适应、限制或例外,以符合中华人民共和国对香港恢复行使主权后香港的地位和《基本法》的有关规定。香港特别行政区作为中华人民共和国一个享有高度自治权的地方行政区域,直辖于中央人民政府,必须执行中央人民政府决定的国家豁免规则或政策。香港原有法律中有关国家豁免的规则必须符合上述规定才能在1997年7月1日后继续适用。基于上述,根据《中华人民共和国香港特别行政区基本法》第十三条第一款和第十九条的规定,依照《全国人民代表大会常务委员会关于根据〈中华人民共和国香港特别行政区基本法〉第一百六十条处理香港原有法律的决定》采用为香港特别行政区法律的香港原有法律中有关国家豁免的规则,从1997年7月1日起,在适用时,须作出必要的变更、适应、限制或例外,以符合中央人民政府决定采取的国家豁免规则或政策。

对于全国人大常委会在前述解释中秉持的立场,2011年8月24日全国人大常委会法制工作委员会副主任李飞在第十一届全国人大常委会第二十二次会议上作了关于《全国人民代表大会常务委员会关于〈中华人民共和国香港特别行政区基本法〉第十三条第一款和第十九条的解释(草案)》的说明,主体内容包括六个方面。

一、国家豁免属于外交事务范畴

国家豁免是国际社会普遍接受的国际法原则。国家豁免的具体含义是:(一)未经一国放弃司法管辖豁免,另一国不得受理和审判以该国为被告的诉讼;(二)即使一国已放弃了司法管辖豁免,如未经该国放弃执行豁免,另一国法院不得对该国国家财产采取强制措施。国家豁免建基于国家主权和平等的原则,既是一个法律问题,又是一个涉及国家对外关系的政策问题。作为法律问题,它涉及一国法院对外国国家及其财产是否拥有管辖权,外国国家及其财产在一国法院是否享有豁免权。作为国家对外政策问题,它直接关系到一国与外国国家的关系和该国对外政策的实施,直接涉及国家的对外关系和利益,各国都按照本国国情需要和对外政策,采用符合本国利益的国家豁免制度。因此,香港基本法第十三条第一款规定的"外交事务",包括有关决定和实行国家豁免规则或政策方面的事务。

二、决定国家豁免规则或政策是中央的权力

我国是单一制国家,外交政策从来都是统一的,这是维护国家主权、统一和领土完整的必然要求,因此,我国政府对香港的基本方针政策中,十分强调外交权属于中央的原则。1984年12月19日签署的中英关于香港问题的联合声明规定,外交事务属中央人民政府管理。1984年11月6日吴学谦国务委员兼外交部长向全国人大常委会所作的《关于中英关于香港问题协议文件的报告》中特别强调,"外交和国防是国家主权的重要标志,外交事务由中央人民政府统一管理。"我国采用何种国家豁免原则,涉及我国与外国的关系,涉及我国的国际权利和国际义务,是国家外交事务的重要组成部分。我国宪法第八十九条第(九)项规定国务院管理对外事务,基于此项规定,中央人民政府有权决定我国的国家豁免规则或政策,并在全国范围内统一实施。香港基本法第十三条第一款规定"中央人民政府负责管理与香港特别行政区有关的外交事务",体现了外交权属于中央,处理外交事务不属于香港特别行政区高度自治权范围。因此,按照香港基本法第十三条第一款的规定,管理与香港特别行政区有关的外交事务属于中央人民政府的权力，中央人民政府有权决定在香港特别行政区适用的国家豁免规则或政策。这一理解与我国宪法规定的中央人民政府在这方面的权力完全一致。

三、我国目前实行的国家豁免规则或政策

我国坚持奉行国家豁免这一维护国家间关系正常发展的重要法律原则，即我国法院不管辖、实践中也从未处理以外国国家为被告或针对外国国家财产的案件；同时，我国也不接受外国法院对以我国国家为被告或针对我国国家财产的案件享有管辖权。我国采取的这种国家豁免立场，通常被称为"绝对豁免"。我国的国家豁免立场，体现在我国政府对外正式声明和实践之中，这是一个法律事实，并为国际社会广泛了解。在国与国之间实行国家豁免的实践中，有些国家对国家豁免规定了例外情况，把国家的商业活动和用于商业活动的财产等排除在国家豁免的范围之外，这种做法通常被称为"限制豁免"。这里需要说明的是，2005年9月14日，我国签署了《联合国国家及其财产管辖豁免公约》，该公约在赋予外国国家及其财产管辖豁免和执行豁免的同时，对国家豁免规定若干例外，把国家的商业活动和用于商业活动的财产等排除在国家豁免的范围之外。但该公约尚未生效，全国人大常委会也未批准该公约，目前我国仍然实行一贯坚持的国家豁免规则和政策。

四、香港特别行政区须遵循国家统一的国家豁免规则或政策

按照香港基本法第十三条第一款的规定，中央人民政府有权决定在香港特别行政区适用的国家豁免规则或政策，同时按照香港基本法第十九条的规定，香港特别行政区法院对中央人民政府决定国家豁免规则或政策的行为无管辖权，因此，香港特别行政区，包括香港特别行政区法院，必须遵循中央人民政府决定的国家豁免规则或政策。这是1997年7月1日中国政府对香港恢复行使主权的必然结果，是香港基本法第一条和第十二条规定的香港特别行政区地位所决定的，也是贯彻落实香港基本法第十三条第一款规定的内在要求。基于上述，根据香港基本法第十三条第一款和第十九条的规定，香港特别行政区，包括香港特别行政区

法院,必须适用和实施中央人民政府决定采取的国家豁免规则或政策,不得偏离这种规则或政策,也不得采取与这种规则或政策不同的规则。

五、决定国家豁免规则或政策的行为属于国家行为

我国作为一个主权国家享有国家豁免,同时,我国也赋予外国国家及其财产在我国享有国家豁免。中央人民政府决定国家豁免规则或政策的行为,体现了国家主权,是涉及外交的国家行为。决定适用于香港特别行政区的国家豁免规则或政策,是中央人民政府在《中华人民共和国宪法》赋予的职权范围内,履行《中华人民共和国香港特别行政区基本法》规定的管理与香港特别行政区有关的外交事务的权力的行为。香港基本法第十九条第三款规定,"香港特别行政区法院对国防、外交等国家行为无管辖权",这里规定的"国家行为"包括中央人民政府决定国家豁免规则或政策的行为。香港特别行政区作为我国的一个地方行政区域,依法享有高度自治权,但不具有决定国家豁免规则或政策的权力。需要特别指出的是,香港基本法第十九条第三款专门规定香港特别行政区法院对国防、外交等国家行为无管辖权,是与香港基本法关于中央与香港特别行政区权力关系的界定紧密联系在一起的。香港基本法起草委员会主任委员姬鹏飞在香港基本法草案及其有关文件的说明中指出,"草案所规定的由全国人大常委会或中央人民政府行使的职权或负责管理的事务,都是体现国家主权所必不可少的"。香港基本法第十三条第一款明确规定,管理与香港特别行政区有关的外交事务属于中央人民政府的权力,与此相适应,香港特别行政区法院对涉及外交的国家行为无管辖权。

六、香港原有法律中不符合我国国家豁免规则或政策的规定不再有效

对于香港原有法律,香港基本法第八条规定,"香港原有法律,即普通法、衡平法、条例、附属立法和习惯法,除同本法相抵触或经香港特别行政区的立法机关作出修改者外,予以保留。"第一百六十条第一款规定,"香港特别行政区成立时,香港原有法律除由全国人民代表大会常务

委员会宣布为同本法抵触者外,采用为香港特别行政区法律,如以后发现有的法律与本法抵触,可依照本法规定的程序修改或停止生效。"1997年2月23日通过的《全国人民代表大会常务委员会关于根据〈中华人民共和国香港特别行政区基本法〉第一百六十条处理香港原有法律的决定》明确规定:"采用为香港特别行政区法律的香港原有法律,自1997年7月1日起,在适用时,应作出必要的变更、适应、限制或例外,以符合中华人民共和国对香港恢复行使主权后香港的地位和《基本法》的有关规定";"除符合上述原则外,原有的条例或附属立法中:(一)规定与香港特别行政区有关的外交事务的法律,如与在香港特别行政区实施的全国性法律不一致,应以全国性法律为准,并符合中央人民政府享有的国际权利和承担的国际义务"。根据香港基本法第十三条第一款和第十九条以及解释草案第一条、第二条和第三条规定,香港特别行政区必须适用或实施中央人民政府决定的国家豁免规则或政策。如果香港特别行政区适用或实施与中央人民政府决定的国家豁免规则或政策不同的规定,将与香港基本法第十三条第一款和第十九条相抵触,不符合香港特别行政区作为中华人民共和国的地方行政区域的地位。因此,依照1997年2月23日《全国人民代表大会常务委员会关于根据〈中华人民共和国香港特别行政区基本法〉第一百六十条处理香港原有法律的决定》采用为香港特别行政区法律的香港原有法律中有关国家豁免的规则,从1997年7月1日起,在适用时,应作出必要的变更、适应、限制或例外,以符合中央人民政府决定采用的国家豁免规则或政策;凡不符合中央人民政府决定采用的国家豁免规则或政策的香港原有法律中的有关国家豁免规则,不得继续适用。

五、2016年全国人大常委会关于《香港基本法》的第五次解释

(一)2016年全国人大常委会第五次解释《香港基本法》的背景

近年来,香港社会中有些人公开宣扬"港独"或具有"港独"性质的主张,引起包括广大香港居民在内的全国人民的高度关注、忧虑和愤慨。

"港独"的本质是分裂国家,"港独"言行严重违反"一国两制"方针政策,严重违反我国《宪法》《香港基本法》和香港特别行政区有关法律的规定,严重损害国家的统一、领土完整和国家安全,并且对香港特别行政区的长期繁荣稳定造成了严重影响。2016 年 9 月,香港特别行政区第五届立法会选举产生。10 月 12 日,新当选来自政治团体"青年新政"的两位议员梁颂恒、游蕙祯在就职宣誓时展示主张"港独"的标语并出现辱华言行。监督人(立法会秘书长)裁定其宣誓无效,但立法会主席梁君彦在咨询法律意见后决定准许他们于 10 月 19 日的立法会会议上重新宣誓。[1] 10 月 18 日,香港特别行政区行政长官及律政司司长向香港特别行政区高等法院原讼庭提出针对立法会主席前述决定的司法复核诉讼,并要求该法院根据《宣誓及声明条例》第 21 条和《立法会条例》第 73 条裁定该两名议员已因违反就职宣誓的法定要求而丧失议员资格。香港特别行政区高等法院即时批出司法复核申请的许可并排期聆讯该案,但同时拒绝颁布原告申请的临时禁制令,申请该禁制令原本的目的在于禁止两位议员在 10 月 19 日再次进行宣誓。在 10 月 19 日的香港特别行政区立法会会议上,过半数议员在梁颂恒、游蕙祯两位议员准备宣誓时离开会场以示抗议,立法会因法定人数不足而未能举行,两位议员未能宣誓。10 月 25 日,香港特别行政区立法会主席在考虑了立法会多数议员联署信件表达的意见后,决定在法院就司法复核案作出判决前,暂不安排两位议员重新宣誓。很明显,香港社会乃至立法会内部、立法会与香港特别行政区政府之间,对于上述宣誓的有效性、是否应该重新安排宣誓等问题产生了严重的意见分歧和争议,由此影响香港特别行政区立法会的正常运作。鉴于上述情况,并考虑有关争议涉及对《香港基本法》有关条文的正确理解和执行,为有效打击和遏制"港独"活动,维护国家主权和领土完整,维护香港居民的根本利益和香港特别行政区的繁

---

〔1〕 参见《立法会主席就 6 位议员在 2016 年 10 月 12 日的立法会会议上作出立法会誓言的有效性所作的裁决》,载香港特别行政区立法会官网:http://www. legco. gov. hk/yr16 - 17/chineses/pre_rul/pre20161018-rcf-c. pdf,2020 年 7 月 18 日最后访问。

荣稳定，根据《宪法》第 67 条第 4 项关于全国人大常委会行使解释法律的职权的规定和《香港基本法》第 158 条第 1 款关于全国人大常委会有权解释《香港基本法》的规定，全国人大常委会委员长会议提出了《全国人民代表大会常务委员会关于〈中华人民共和国香港特别行政区基本法〉第一百零四条的解释（草案）》。

（二）2016 年全国人大常委会第五次解释《香港基本法》的内容

2016 年 11 月 7 日，第十二届全国人民代表大会常务委员会第二十四次会议审议了委员长会议提请审议《全国人民代表大会常务委员会关于〈中华人民共和国香港特别行政区基本法〉第一百零四条的解释（草案）》的议案。经征询全国人民代表大会常务委员会香港特别行政区基本法委员会的意见，全国人民代表大会常务委员会决定，根据《宪法》第 67 条第 4 项和《香港基本法》第 158 条第 1 款的规定，对《香港基本法》第 104 条“香港特别行政区行政长官、主要官员、行政会议成员、立法会议员、各级法院法官和其他司法人员在就职时必须依法宣誓拥护中华人民共和国香港特别行政区基本法，效忠中华人民共和国香港特别行政区”的规定，作如下解释。

一、《中华人民共和国香港特别行政区基本法》第一百零四条规定的“拥护中华人民共和国香港特别行政区基本法，效忠中华人民共和国香港特别行政区”，既是该条规定的宣誓必须包含的法定内容，也是参选或者出任该条所列公职的法定要求和条件。

二、《中华人民共和国香港特别行政区基本法》第一百零四条规定相关公职人员“就职时必须依法宣誓”，具有以下含义：

（一）宣誓是该条所列公职人员就职的法定条件和必经程序。未进行合法有效宣誓或者拒绝宣誓，不得就任相应公职，不得行使相应职权和享受相应待遇。

（二）宣誓必须符合法定的形式和内容要求。宣誓人必须真诚、庄重地进行宣誓，必须准确、完整、庄重地宣读包括“拥护中华人民共和国香港特别行政区基本法，效忠中华人民共和国香港特别行政区”内容的法定誓言。

（三）宣誓人拒绝宣誓，即丧失就任该条所列相应公职的资格。宣誓人故意宣读与法定誓言不一致的誓言或者以任何不真诚、不庄重的方式宣誓，也属于拒绝宣誓，所作宣誓无效，宣誓人即丧失就任该条所列相应公职的资格。

（四）宣誓必须在法律规定的监誓人面前进行。监誓人负有确保宣誓合法进行的责任，对符合本解释和香港特别行政区法律规定的宣誓，应确定为有效宣誓；对不符合本解释和香港特别行政区法律规定的宣誓，应确定为无效宣誓，并不得重新安排宣誓。

三、《中华人民共和国香港特别行政区基本法》第一百零四条所规定的宣誓，是该条所列公职人员对中华人民共和国及其香港特别行政区作出的法律承诺，具有法律约束力。宣誓人必须真诚信奉并严格遵守法定誓言。宣誓人作虚假宣誓或者在宣誓之后从事违反誓言行为的，依法承担法律责任。

对于全国人大常委会在前述解释中秉持的立场，全国人大常委会法制工作委员会副主任张荣顺 2016 年 11 月 5 日在第十二届全国人大常委会第二十四次会议上作了《关于〈全国人民代表大会常务委员会关于《中华人民共和国香港特别行政区基本法》第一百零四条的解释（草案）〉的说明》，主体内容包括三个方面。

一、拥护中华人民共和国香港特别行政区基本法、效忠中华人民共和国香港特别行政区，是参选或者出任香港特别行政区有关公职的法定要求和条件

1984 年 6 月，邓小平同志就明确指出，“港人治港有个界线和标准，就是必须由以爱国者为主体的港人来治理香港。”对于什么是爱国者，邓小平同志指出，“爱国者的标准是，尊重自己民族，诚心诚意拥护祖国恢

复行使对香港的主权,不损害香港的繁荣和稳定。”香港基本法关于香港特别行政区行政长官以及行政机关、立法机关和司法机关组成人员的规定,贯穿着由以爱国者为主体的港人治理香港的原则,其中一项重要的要求是:行政长官、主要官员、行政会议成员、立法会议员、各级法院法官和其他司法人员都必须拥护中华人民共和国香港特别行政区基本法,效忠中华人民共和国香港特别行政区。在香港基本法具体条文起草过程中,这一要求与香港通行的就职宣誓制度结合起来,形成了香港基本法第一百零四条规定,即“香港特别行政区行政长官、主要官员、行政会议成员、立法会议员、各级法院法官和其他司法人员在就职时必须依法宣誓拥护中华人民共和国香港特别行政区基本法,效忠中华人民共和国香港特别行政区”。因此,香港基本法第一百零四条规定的“拥护中华人民共和国香港特别行政区基本法,效忠中华人民共和国香港特别行政区”,既是依法宣誓必须包含的法定内容,也是参选或者出任该条所列公职的法定要求和条件。

香港基本法颁布后,对于香港基本法第一百零四条的规定,中央和香港特别行政区一直是这样理解和执行的。1996 年成立的全国人民代表大会香港特别行政区筹备委员会,在其制定的香港特别行政区第一任行政长官人选的产生办法、临时立法会的产生办法和第一届立法会的具体产生办法中,都规定行政长官参选人、立法会议员候选人必须拥护中华人民共和国香港特别行政区基本法,愿意效忠中华人民共和国香港特别行政区。全国人民代表大会香港特别行政区筹备委员会是全国人民代表大会决定设立的负责筹备成立香港特别行政区的权力机构,其所作出的决定和规定具有法律效力。按照香港基本法和筹委会上述决定,香港特别行政区制定的《行政长官选举条例》第十六条和《立法会条例》第四十条作出了相应的规定,并在历任行政长官和历届立法会选举中得到遵循。鉴于在香港特别行政区第六届立法会选举中,出现了公开宣扬“港独”的人参选并当选的情况,有必要明确参选或者出任香港基本法第一百零四条规定公职的人必须拥护中华人民共和国香港特别行政区基本法，效忠中华人民共和国香港特别行政区。为此，本解释(草案)第一条规定："《中华人民共和国香港特别行政区基本法》第一百零四条规定的'拥护中华人民共和国香港特别行政区基本法，效忠中华人民共和国香港特别行政区'，既是该条规定的宣誓必须包含的法定内容，也是参选或者出任该条所列公职的法定要求和条件。"

需要特别说明的是，在香港宣扬和推动"港独"，属于香港基本法第二十三条明确规定禁止的分裂国家行为，从根本上违反香港基本法第一条关于"香港特别行政区是中华人民共和国不可分离的部分"、第十二条关于"香港特别行政区是中华人民共和国的一个享有高度自治权的地方行政区域，直辖于中央人民政府"等规定。宣扬"港独"的人不仅没有参选及担任立法会议员的资格，而且应依法追究其法律责任。

二、关于香港基本法第一百零四条规定的"就职时必须依法宣誓"的含义

香港基本法第一百零四条规定有关公职人员"就职时必须依法宣誓"。按照法律规定及其实践，这一规定至少具有四个层次的含义：第一，宣誓是该条规定的有关公职人员就职的法定条件和必经程序，未依照法定程序进行合法有效宣誓或者拒绝宣誓，有关公职人员不得就职，从而也不得行使相应的职权和享受相应的待遇。第二，宣誓是一项庄严的声明，必须符合法定的形式和内容要求，即宣誓人的行为方式必须真诚、庄重，在宣誓内容上必须按照法律规定的誓言准确、完整、庄重地进行宣誓。第三，如果宣誓人拒绝宣誓，即丧失就任基本法第一百零四条所列相应公职的资格。宣誓人故意以行为、语言、服饰、道具等方式违反、亵渎宣誓程序和仪式，或者故意改动、歪曲法定誓言或者宣读与法定誓言不一致的誓言，也应认定该宣誓行为不符合宣誓的形式或实质要求，从而宣誓无效，宣誓人即丧失就任资格。至于不是出于宣誓人的故意而出现的不符合规范的情况，可允许宣誓人进行再次宣誓。第四，宣誓必须有监誓的安排。监誓人负有确保宣誓合法进行的责任，相应地也具有对宣誓是否有效作出决定的权力。对故意违反宣誓要求者，不得为

其重新安排宣誓。为此，本解释（草案）第二条规定："《中华人民共和国香港特别行政区基本法》第一百零四条规定相关公职人员'就职时必须依法宣誓'，具有以下含义：（一）宣誓是该条所列公职人员就职的法定条件和必经程序。未进行合法有效宣誓或者拒绝宣誓，不得就任相应公职，不得行使相应职权和享受相应待遇。（二）宣誓必须符合法定的形式和内容要求。宣誓人必须真诚、庄重地进行宣誓，必须准确、完整、庄重地宣读包括'拥护中华人民共和国香港特别行政区基本法，效忠中华人民共和国香港特别行政区'内容的法定誓言。（三）宣誓人拒绝宣誓，即丧失就任该条所列相应公职的资格。宣誓人故意宣读与法定誓言不一致的誓言或者以任何不真诚、不庄重的方式宣誓，也属于拒绝宣誓，所作宣誓无效，宣誓人即丧失就任该条所列相应公职的资格。（四）宣誓必须在法律规定的监誓人面前进行。监誓人负有确保宣誓合法进行的责任，对符合本解释和香港特别行政区法律规定的宣誓，应确定为有效宣誓；对不符合本解释和香港特别行政区法律规定的宣誓，应确定为无效宣誓，并不得重新安排宣誓。"

需要特别说明的是，上述解释内容是依法宣誓的必然含义，也是香港历来有关宣誓的基本要求。香港回归后，行政长官、主要官员、行政会议成员、绝大部分立法会议员、各级法院法官和其他司法人员都能够按照基本法的要求依法进行就职宣誓，但个别立法会议员背离宣誓的基本要求，而且愈演愈烈。特别是香港特别行政区第六届立法会议员宣誓时，个别候任议员在宣誓过程中破坏庄严的宣誓仪式，呼喊与宣誓无关的口号，不按法定誓言宣誓，甚至侮辱国家和民族。这些人的行为无论在形式上还是在内容上，都违反依法宣誓的要求，严重挑战"一国两制"的原则底线和香港基本法的规定。因此，进一步明确香港基本法第一百零四条关于"就职时必须依法宣誓"的规定，是维护香港基本法和法律尊严的要求，也是恢复立法会议员宣誓秩序的需要。

三、关于香港基本法第一百零四条规定的依法宣誓的法律约束力及其法律责任

宣誓是宣誓人以公开声明的方式对国家和社会作出的庄严承诺，具有法律约束力，违反誓言必须承担相应的法律责任。就香港基本法第一百零四条规定而言，依法宣誓拥护中华人民共和国香港特别行政区基本法，效忠中华人民共和国香港特别行政区，是该条所列公职人员对中华人民共和国及其香港特别行政区的一项法律承诺。宣誓是具有法律效力的法定行为，宣誓人必须真正赞同、真诚信奉誓言要求，并决心遵守誓言，同时也公开表明如果违反誓言，愿意承担相应的法律责任。这是香港基本法第一百零四条的题中应有之义。据此，本解释（草案）第三条规定："《中华人民共和国香港特别行政区基本法》第一百零四条所规定的宣誓，是该条所列公职人员对中华人民共和国及其香港特别行政区作出的法律承诺，具有法律约束力。宣誓人必须真诚信奉并严格遵守法定誓言。宣誓人作虚假宣誓或者在宣誓之后从事违反誓言行为的，依法承担法律责任。"

第二节　全国人大常委会《香港基本法》解释中的相关问题

一、《香港基本法》解释制度

（一）《香港基本法》解释体制的形成

《香港基本法》是全国人大依据《宪法》、按照《中英联合声明》中中国政府承诺的关于香港的方针政策制定的。《香港基本法》序言规定："为了维护国家的统一和领土完整，保持香港的繁荣和稳定，并考虑到香港的历史和现实情况，国家决定，在对香港恢复行使主权时，根据中华人民共和国宪法第三十一条的规定，设立香港特别行政区，并按照'一个国家，两种制度'的方针，不在香港实行社会主义的制度和政策。国家对香港的基本方针政策，已由中国政府在中英联合声明中予以阐明。"由于香港特别行政区法律地位的特殊性以及《香港基本法》制定的特殊环境与

过程，全国人大确立不同于内地法律的基本法解释制度，其确立依据就是《宪法》第31条和《中英联合声明》中的相关规定。1984年中英两国政府达成的《中英联合声明》曾就未来香港特别行政区享有的独立的司法权和终审权作出承诺，具体包括两个方面：(1)《中英联合声明》附件一《中华人民共和国政府对香港的基本方针政策的说明》第一节规定："香港特别行政区直辖于中华人民共和国中央人民政府，并享有高度的自治权。除外交和国防事务属中央人民政府管理外，香港特别行政区享有行政管理权、立法权、独立的司法权和终审权。"(2)《中英联合声明》附件一《中华人民共和国政府对香港的基本方针政策的说明》第一节规定："香港特别行政区成立后，除因香港特别行政区法院享有终审权而产生的变化外，原在香港实行的司法体制予以保留。香港特别行政区的审判权属于香港特别行政区法院。法院独立进行审判，不受任何干涉。"前述规定对《香港基本法》解释制度的具体构筑产生了较大影响。在《香港基本法》起草过程中，香港社会各界对《香港基本法》解释权的归属问题产生了较大争议，主要包括三种观点。其一，《香港基本法》的解释权应当全部授予香港特别行政区法院。该观点具体分为两种意见。(1)《香港基本法》的解释权属于香港特别行政区终审法院。该意见认为，全国人大常委会不应当拥有对《香港基本法》的解释权，解释权应当归属于香港特别行政区终审法院。理由为：1997年之后，香港特别行政区将享有司法终审权，那么，所有与《香港基本法》条文有关的案件都应当可以上诉至香港特别行政区终审法院解决。香港特别行政区终审法院在判决案件时可以解释《香港基本法》，其司法解释是最高的、最有法律效力的。(2)《香港基本法》的解释权属于专门设立的宪法法庭。该意见认为，应当在香港特别行政区设立宪法法庭，专门就涉及基本法的案件进行聆讯，宪法法庭须由内地及香港特别行政区法官(包括英国法官)组成，负责就具体案件以普通法原则进行审讯。在审讯案件时，宪法法庭可以对与案件有关的基本法条款进行解释，其解释为最终解释，具有法律效力。[1] 其二,全国人大常委会与香港特别行政区法院共同拥有《香港基本法》解释权。该观点认为,《香港基本法》的解释权应当由全国人大常委会和香港特别行政区法院共同行使。其中,有关国防、外交以及中央与香港特别行政区关系事务的条款由全国人大常委会解释;有关香港特别行政区自治范围事务的条款由香港特别行政区法院解释。尽管全国人大常委会对整部《香港基本法》均可解释,但应当在《香港基本法》中规定,香港特别行政区法院可以在审理案件时解释《香港基本法》。此外,全国人大常委会可以用自我约制的方法,不解释纯粹涉及香港特别行政区内部事务的条款,或者,直接把解释此类条款的权力授权给香港特别行政区法院行使。全国人大常委会在解释《香港基本法》前,应当咨询全国人大常委会基本法委员会的意见,借此建立完全接受全国人大常委会基本法委员会所提出意见的"惯例"。[2] 其三,全国人大常委会和香港特别行政区法院共同拥有《香港基本法》的解释权,二者之间既有区分,又有衔接。全国人大常委会有权解释《香港基本法》,全国人大常委会授权香港特别行政区法院审理案件时自行解释《香港基本法》自治范围内的相关条款。香港特别行政区法院对其他条款也可以进行解释,但关涉国防、外交及中央与香港特别行政区关系的条款应当由全国人大常委会解释;香港特别行政区终审法院在对案件作出终局裁决前,如涉及前述条款,应当提请全国人大常委会对其进行解释。[3] 在前述三种意见中,第一种意见与我国的人大制度相悖,第二种意见实践中不可行,相比之下,第三种意见最为妥当。在收集各方面意见的基础上,经过反复推敲琢磨,香港基本法起草委员会最终于 1988 年 4 月通过了《香港基本法(草案)征求意见稿》,在其第 169 条中对《香港基本法》解释权作了规定。该条规定,《香港基本法》的解释权属于全国人大常

---

〔1〕 参见香港特别行政区基本法咨询委员会:《中华人民共和国香港特别行政区基本法(草案)征求意见稿咨询报告》(第 2 册),第 41 页。(香港大学法学图书馆可查阅)

〔2〕 同上。

〔3〕 同上书,第 42 页。

委会，全国人大常委会授权香港特别行政区法院在审理案件时解释基本法条款。但终审案件涉及国防、外交及其他应当由中央政府管理的事务的条款的解释时，香港特别行政区通过行政长官提请全国人大常委会属下的基本法委员会对有关条款作出说明。[1]《香港基本法（草案）征求意见稿》发布之后，社会各界对其第 169 条提出了种种意见和看法，在充分考虑各种意见的基础上，《香港基本法（草案）征求意见稿》经过修订，形成了 1989 年 2 月的《香港基本法（草案）》第 157 条。该条规定："本法的解释权属于全国人民代表大会常务委员会。全国人民代表大会常务委员会授权香港特别行政区法院在审理案件时对本法关于香港特别行政区自治范围内的条款进行解释。香港特别行政区法院在审理案件时对本法的其他条款也可解释。但如香港特别行政区法院在审理案件时需要对本法关于中央人民政府管理的事务或中央和香港特别行政区关系的条款进行解释，而该条款的解释又影响到案件的判决，在对该案件作出不可上诉的终局判决前，应由香港特别行政区终审法院请全国人民代表大会常务委员会对有关条款作出解释。如全国人民代表大会常务委员会作出解释，香港特别行政区终审法院在引用该条款时，应以全国人民代表大会常务委员会的解释为准。但在此以前作出的判决不受影响。全国人民代表大会常务委员会在对本法进行解释前，征询其所属的香港特别行政区基本法委员会的意见。"1990 年 2 月公布的《香港基本法（草案）》第 158 条沿用了 1989 年 2 月发布的《香港基本法（草案）》第 157 条的规定。之后，第七届全国人大第三次会议于 1990 年 4 月 4

---

〔1〕 关于《基本法（草案）征求意见稿》第 169 条的含义和立法指导思想，香港《文汇报》记者曾经做过总结。其认为：《香港基本法》第 169 条的含义应当理解为香港特别行政区法院可以对基本法的任何条款进行解释，唯一的限制是在审判程序方面，即法院审理的案件如果涉及关于国防、外交及其他由中央管理的事务的条款的解释，在对这类案件作出终局判决以外，应提请全国人大常委会对有关条款作出解释。该规定主要是考虑香港特别行政区有终审权，终局判决对基本法条文所作的解释，将成为判例。为了避免香港特别行政区法院的解释同全国人大常委会的解释不一致，采取该项措施。参见香港《文汇报》编印：《香港特别行政区基本法（草案）征求意见稿参考资料》，1988 年 6 月，第 30 页。原著无版权页及其他印制出版资讯，藏于哈佛大学法学院图书馆。

日审议通过该草案,成为现行《香港基本法》的第 158 条。从文本内容来看,《香港基本法(草案)》第 158 条与《香港基本法》最终文本之间没有文字上的差别。

(二)《香港基本法》解释体制的特点

《香港基本法》第 158 条规定:"本法的解释权属于全国人民代表大会常务委员会。""全国人民代表大会常务委员会授权香港特别行政区法院在审理案件时对本法关于香港特别行政区自治范围内的条款自行解释。""香港特别行政区法院在审理案件时对本法的其他条款也可解释。但如香港特别行政区法院在审理案件时需要对本法关于中央人民政府管理的事务或中央和香港特别行政区关系的条款进行解释,而该条款的解释又影响到案件的判决,在对该案件作出不可上诉的终局判决前,应由香港特别行政区终审法院请全国人民代表大会常务委员会对有关条款作出解释。如全国人民代表大会常务委员会作出解释,香港特别行政区法院在引用该条款时,应以全国人民代表大会常务委员会的解释为准。但在此以前作出的判决不受影响。""全国人民代表大会常务委员会在对本法进行解释前,征询其所属的香港特别行政区基本法委员会的意见。"依据前述规定,国内学界在阐释《香港基本法》解释体制的特征时,往往采用两种方式加以描述。(1)二元制的基本法解释体制。例如,有学者把《香港基本法》解释机制称为"二元制的基本法解释机制",意思是说该机制"一方面认定基本法是中国法律系统的一部分,另一方面又确定香港继续施行普通法,需要从实际出发解决问题,不能从单一方面提出解决办法,既可以做到符合'一国',也可以维持'两制'"。[1](2)双轨制的基本法解释体制。例如,有学者将《香港基本法》解释权称为"双轨制释法权";[2]也有学者通过对《香港基本法》第 158 条的分析,

---

〔1〕 参见李昌道:《香港基本法解释机制探析》,载《复旦学报》(社会科学版)2008 年第 3 期。

〔2〕 程洁:《论双轨政治下的香港司法权——宪政维度下的再思考》,载《中国法学》2006 年第 5 期。

认为《香港基本法》解释权是“立法者们设计的双轨制”的释法权，使立法解释与法官解释在香港并存。[1] 还有学者在阐释《香港基本法》解释体制的特征时认为，该种解释体制是一种法律解释的双轨制，“一法两释”（全国人大常委会和香港特别行政区法院两种解释）。[2] 对于将《香港基本法》的解释体制描述为二元制或者双轨制解释体制的观点，有学者提出质疑，认为使用“二元制”或者“双轨制”来描述《香港基本法》解释体制是不准确的，容易引起理解上的歧义。《香港基本法》解释体制应当是“一元两级主从解释体制”。[3] 笔者认为，“二元制”、“双轨制”和“一元两级主从解释体制”之间其实并没有实质性的区别。前两者是从《香港基本法》解释主体的角度来分析基本法解释体制的，后者是从不同解释主体之间解释权关系的角度来分析基本法解释体制的，视角不同，由此，对基本法解释体制所作的定位自然也就不甚相同。依据《香港基本法》第 158 条的规定，其解释体制的特征可以归结为以下四个方面。

其一，全国人大常委会拥有《香港基本法》解释权。我国实行的是人民代表大会制度，是单一制的国家结构形式，它决定了我国的法律解释体制：只有全国人大或者全国人大常委会方才能够解释法律，其他中央国家机关、地方国家机关均无权解释法律。依据《宪法》第 67 条第 4 项的规定，全国人大常委会有权解释法律。《香港基本法》是全国人大制定的基本法律，其解释权理所当然归属全国人大常委会，这不仅符合我国的政体和单一制的国家结构形式，而且也能够保证《香港基本法》在全国范围内的统一理解和贯彻实施。基于此，《香港基本法》第 158 条第 1 款明确规定，《香港基本法》的解释权属于全国人大常委会。对此，有观点认为，由全国人大常委会来行使《香港基本法》的解释权，会妨碍和限制香港特别行政区法院的有效运作、司法独立和终审权。其原因在

---

〔1〕 参见焦洪昌：《香港基本法解释冲突之原因分析》，载《广东社会科学》2008 年第 3 期。
〔2〕 参见朱国斌：《香港基本法第 158 条与立法解释》，载《法学研究》2008 年第 2 期。
〔3〕 邹平学：《香港基本法解释机制基本特征刍议》，载《法学》2009 年第 5 期。

于:“香港的法庭在现行的制度下有权解释宪制文件里的每一个字,将来若受到限制,对司法的工作就会造成很大的障碍,令香港特别行政区的法庭不能够有效运作。”[1]该观点的逻辑前提是,在香港特别行政区,只有法院释法才能保证司法独立,反之,则会走向反面。对此,笔者秉持不同立场。笔者认为,香港特别行政区保持现有司法制度,实行司法独立的前提是“一国”,对司法独立的维护应该建立在承认和接受该制度前提的基础上,否则,就背离了“两制”由以存在的前提基础。有学者认为,全国人大常委会是按照1981年《关于加强法律解释工作的决议》的规定行使法律解释权的,其解释法律的场景限定在需要明确法律条文界限和内容的时候,并不需要有具体案件牵涉有关法律时方才可以行使解释权,因此,并不涉及司法机关如何具体处理案件的问题,自然也就无所谓影响香港特别行政区法院司法运作的问题。[2] 对此,笔者秉持不同立场。笔者认为,全国人大常委会固然要根据前述决议限定其解释基本法的场景,但并不必然意味着其在牵涉具体案件时无权解释基本法,这是由“两制”的实际情况决定的。《香港基本法》第158条第3款的规定反映了这一点。

其二,香港特别行政区法院经授权解释基本法。《香港基本法》第158条第2款规定:“全国人民代表大会常务委员会授权香港特别行政区法院在审理案件时对本法关于香港特别行政区自治范围内的条款自行解释。”对此,可以从三个方面理解。(1)香港特别行政区法院拥有基本法解释权。按照我国的法律解释制度,只有最高人民法院方才拥有法律解释权,地方法院无权对法律进行司法解释。香港特别行政区法院是地方法院,按照传统的法律解释制度,是没有法律解释权的。但是,由于香港回归后实行特殊的制度,原有的司法制度保持不变,因此,香港特别

[1] 香港《文汇报》编印:《香港特别行政区基本法(草案)征求意见稿参考资料》,1988年6月,第87页。原著无版权页及其他印制出版资讯,藏于哈佛大学法学院图书馆。

[2] 参见香港《文汇报》编印:《香港特别行政区基本法(草案)征求意见稿参考资料》,1988年6月,第29页。原著无版权页及其他印制出版资讯,藏于哈佛大学法学院图书馆。

行政区普通法院可以继续拥有法律解释权，有权对《香港基本法》进行解释。归根结底，这是由“两制”的特殊性决定的。(2)香港特别行政区法院拥有的基本法解释权是全国人大授予的。尽管香港特别行政区法院和全国人大常委会均拥有基本法解释权，但两者所处的地位是不同的，全国人大常委会拥有的基本法解释权是固有的，而香港特别行政区法院的基本法解释权是全国人大常委会授予的，二者具有主从性。(3)香港特别行政区法院的基本法解释权是有限的。依据《香港基本法》第158条第2款的规定，香港特别行政区法院解释基本法的时空场景和解释权范围都是有限的。前者表现在：香港特别行政区法院只有在“审理案件时”才能解释《香港基本法》；后者表现在：法院只有对《香港基本法》“关于香港特别行政区自治范围内的条款”方才有权自行解释，对其自治范围之外的其他条款无权自行解释。

其三，香港特别行政区法院可以有条件地全面解释基本法。《香港基本法》第158条第3款规定，“香港特别行政区法院在审理案件时对本法的其他条款也可解释”。联系《香港基本法》第158条第2款的规定，第3款前述规定的意思为：香港特别行政区法院的基本法解释权原则上限定于《香港基本法》关于香港特别行政区自治范围内的条款，但是，由于基本法不同条款之间具有内在的逻辑关联性，按照普通法的传统，在解释相关法律条文时往往会涉及对其他条文的理解，因此，香港特别行政区法院对基本法自治范围之外的其他条款也有权进行解释。如是以来，香港特别行政区法院对基本法的解释权范围似乎就和全国人大常委会的解释权范围趋同。为了避免二者趋同之后有可能出现的立场冲突，《香港基本法》第158条第3款又对香港特别行政区法院解释自治范围外条款的权力作了一定的限制：“如香港特别行政区法院在审理案件时需要对本法关于中央人民政府管理的事务或中央和香港特别行政区关系的条款进行解释，而该条款的解释又影响到案件的判决，在对该案件作出不可上诉的终局判决前，应由香港特别行政区终审法院请全国人民代表大会常务委员会对有关条款作出解释。如全国人民代表大会常务委员会作出解释,香港特别行政区法院在引用该条款时,应以全国人民代表大会常务委员会的解释为准。"至于为什么要施加该限制,有学者认为,施加限制的理由是:"(1)基本法是一个非常重要的法律,不是一个纯粹的地方法律……而且它规定了许多的中央与香港特别行政区关系的内容,如果完全由一个地方法院在审理案件中对它进行无限制的解释,这种解释不但影响香港特别行政区,而且可能影响到全国,所以无限制的解释似乎是欠妥的。(2)如果是涉及国防、外交与中央直接管辖范围内的事务的案件,完全由香港特别行政区法院来解释,这和《中英联合声明》的精神似乎也不完全一致,即使法院能审理这类案件,在实际工作中也可能会遇到困难。而且……1997 年后香港特别行政区终审法院的法官又并不限于香港居民,这也是应当考虑的。(3)在 1997 年后香港特别行政区终审法院有终审权,它的判决即最终判决,不能再上诉到北京,如果是涉及国防、外交及中央直接管辖的事务的案件,香港特别行政区法院又审判得不正确,这种错误的案件将无法得到纠正。"[1]

其四,《香港基本法》委员会介入全国人大常委会解释基本法的程序。《香港基本法》第 158 条第 4 款规定:"全国人民代表大会常务委员会在对本法进行解释前,征询其所属的香港特别行政区基本法委员会的意见。"根据该规定,全国人大常委会无论是主动解释,还是应香港特别行政区终审法院的提请解释,均应在作出解释前征询其所属的香港特别行政区基本法委员会的意见。尽管该条款中并未使用"应当""得"等强制性字眼,但从此前全国人大常委会的 5 次释法实践来看,全国人大常委会均在作出解释前征询了香港特别行政区基本法委员会的意见,这已经成为全国人大常委会解释基本法的必经程序。根据 1990 年 4 月 4 日第七届全国人大第三次会议审议通过的《全国人大常委会关于批准香港特别行政区基本法委员会的建议的决定》的规定,香港特别行政区基本法委员会是设立在全国人大常委会之下的一个工作委员会。它由 12 人

---

〔1〕 香港《文汇报》编印:《香港特别行政区基本法(草案)征求意见稿参考资料》,1988 年 6 月,第 62 页以下。原著无版权页及其他印制出版资讯,藏于哈佛大学法学院图书馆。

组成，由内地人士及香港特别行政区人士各6名组成；其中，香港特别行政区委员由在外国无居留权的香港永久性居民中的中国公民担任，并经香港特别行政区行政长官、立法会主席和终审法院首席法官联合提名，报全国人大常委会任命。

二、全国人大常委会解释《香港基本法》的性质

（一）全国人大常委会解释《香港基本法》的性质概述

对全国人大常委会解释《香港基本法》的性质定位，可以从三个不同的角度加以厘定。

其一，从《香港基本法》的性质来看，全国人大常委会对《香港基本法》的解释属于法律解释。依据《宪法》第67条的规定，全国人大常委会既有宪法解释权，又有法律解释权。也就是说，它所作的解释究竟是宪法解释还是法律解释完全取决于被解释对象的性质：如果被解释的是宪法，它所作的解释自然属于宪法解释；如果被解释的是法律，它所作的解释就应当属于法律解释。在内地范围内，全国人大常委会所作解释的性质不会出现理解上的歧义。但是，对于《香港基本法》的解释却甚有歧义。人们对《香港基本法》的性质定位不甚一致，有的将其理解为"小宪法"或者"特殊宪法"，有的将其理解为"基本法律"，因此，对《香港基本法》的解释自然也就定位为不同性质的解释。笔者认为，尽管《香港基本法》名为"基本法"，但它的制定主体、制定程序以及我国的国家结构形式决定了它不可能是宪法，只能是基本法律。相应地，对其所作的解释自然也就只能属于法律解释。从实践来看，香港特别行政区法院在其判词中往往将《香港基本法》称为"宪法"。例如，香港特别行政区高等法院上诉法庭在"马某騉案"的判词中指出，《香港基本法》不单是国际条约《中英联合声明》的成果，也是中国的全国性法律和香港特别行政区的宪法。[1]

---

〔1〕 原文为英文，即 The Basic Law is not only a brainchild of an international treaty, the Joint Declaration. It is also a national law of the PRC and the constitution of the HKSAR, (1997) HKLRD761, para. 13。

在“吴某玲案”中,香港特别行政区终审法院的判词中也有类似的文辞表达:“解释基本法这样的宪法时,法院均会采取考虑立法目的这种趋向,而这方法亦被广泛接纳。”[1]但是,该种表述方式不足以改变《香港基本法》的法律性质,全国人大常委会解释《香港基本法》的性质不会因为该种表述习惯衍变为宪法解释。之所以采取《香港基本法》的表述方式,主要是因为该法在香港特别行政区所处的宪制性地位,但这并不意味着它就是一部宪法。

其二,从《香港基本法》的解释主体来看,全国人大常委会对《香港基本法》的解释属于立法解释。在内地范围内,不仅全国人大常委会拥有法律解释权,最高人民法院、最高人民检察院也拥有法律解释权。前者称为立法解释,后两者分别是审判解释和检察解释,合称司法解释。该种称谓显然是从法律解释主体性质的角度进行界定的。依据《宪法》和《立法法》的规定,全国人大常委会不仅有法律解释权,而且有立法权,它所作的解释自然是立法解释。当然,全国人大常委会所作的法律解释既包括对自己制定的其他法律的解释,也包括对全国人大制定的基本法律的解释。《香港基本法》是全国人大制定的基本法律,对它所作的解释自然属于立法解释。目前,学界对立法机关解释法律的方式存在理解上的歧义,主要有两种立场。(1)肯定论。该观点认为:“谁有权制定法律、法规,谁就有权给自己制定的法作出解释”。“法的解释完全由司法机关承担,只是西方一部分国家的观念和做法,并不符合我国现行的民主集中制。”[2](2)否定论。该观点反对由立法机关解释法律。有学者认为,“常委会解释法律的制度,是常委会重复行使立法权的误称”,甚至认为“常委会解释宪法的制度有违宪政的一般性原则”,设定

---

〔1〕 FACV14/1998,FACV15/1998 FACV16/1998.

〔2〕 李步云:《关于起草〈中华人民共和国立法法(专家建议稿)〉的若干问题》,载《中国法学》1997 年第 1 期。

全国人大常委会解释法律的权力没有必要、违反法治精神。[1] 还有学者认为,立法机关不应作为法律解释机关,即认为不应有立法解释制度,包括不应由全国人大常委会解释宪法。[2] “立法者未必比其他人更懂得法律,因此也未必更适合做其法律的解释者。”[3]笔者认为,对立法解释秉持何种立场,归根结底取决于国家的政权组织形式。我国的政体是人民代表大会制度,在该种制度下,反对立法解释,崇尚和追求单一的司法解释将会造成对人大制度的冲击。在香港特别行政区,反对全国人大常委会对《香港基本法》的解释权还会冲击和影响单一制的国家结构形式。因此,必须正视立法解释制度的正当性。

其三,从解释《香港基本法》行为的性质来看,全国人大常委会对《香港基本法》的解释属于介于立法行为和司法行为之间的行为。全国人大常委会对基本法的解释属于立法解释,但其解释基本法的行为却不能简单地归为立法行为。其原因在于:立法解释是从解释主体的角度来审视的,但立法行为却应当从全国人大常委会所为之解释行为的性质的角度加以确定。《宪法》第67条规定,全国人大常委会既有立法权,又有法律解释权,很明显,立法行为和法律解释行为是两种不同性质的行为。就《香港基本法》而言,《宪法》第31条明确规定,特别行政区的制度由全国人大以法律的形式加以规定。依据该规定,如果全国人大常委会解释基本法的行为是立法行为的话,就意味着它可以通过基本法解释这种“立法行为”来规定香港特别行政区实行的制度,这是违反《宪法》第31条规定的。既然如此,全国人大常委会解释基本法的行为应该是什么性质的行为呢?这实际上涉及对法律解释行为的性质定位问题。有学者认为,“在中国的宪法和法律解释理论中,法律的解释权是最高权力(立

---

〔1〕 参见黎枫、莫舟强:《论立法解释制度——兼评〈立法法〉对法律解释制度的规定》,载天府评论网:www.028cn.com,2001年8月13日最后访问。转引自邹平学:《全国人大委员会解释法律与解释基本法的若干问题研究》,载《港澳研究》2006年冬季号。

〔2〕 参见袁吉亮:《论立法解释制度之非》,载《中国法学》1994年第4期;张志铭:《关于中国法律解释体制的思考》,载《中国社会科学》1997年第2期。

〔3〕 李红梅:《立法者适合做解释者吗?》,载《人民法院报》2003年9月8日,第B2版。

法权）的附属权力，解释宪法和法律是全国人大常委会除了立法、监督、决定、人事任免职能之外的一项独立的职能，与其他职能同等重要。全国人大常委会既是立法机关，也是中国的宪法和法律解释机关。这种释法行为尽管不是司法行为，但也不是立法行为，而是介于立法和司法之间的‘半立法、半司法’的行为，也可以说，是独立于一般司法和立法的专门性法律解释行为”。[1] 对于法律解释行为的性质，有学者表达了类同的理解，认为“在中国的制度设计上，法律解释一般说来既非属于司法裁判权的一种活动，也非附属于立法权或法律实施权的一种活动；它在法律上被单列为一种权力，一种通过解释形成具有普遍法律效力的一般解释性规定的权力，而在不同的国家机关之间对这种权力的分配，则构成了一种极具中国本土特色的法律解释体制”。[2] 前述学者对法律解释行为性质的表述不甚相同，但定位却是一致的，即该种行为既不是司法行为，也不是立法行为，而是介于立法行为和司法行为之间的行为。对全国人大常委会解释《香港基本法》行为的性质定位可以秉持该种立场。

（二）全国人大常委会对《香港基本法》附件的解释属于对《香港基本法》的解释

1997年香港回归以来，全国人大常委会共对《香港基本法》作了5次解释，分别发生在1999年、2004年、2005年、2011年和2016年，每次旨在解决不同性质的基本法问题。其中，2004年的解释是针对《香港基本法》附件一第7条和附件二第3条作出的。由此衍生出的问题是，对《香港基本法》附件的解释是否属于对《香港基本法》的解释？如果是，前述关于全国人大常委会解释《香港基本法》的性质定位类同适用。否则，前述关于全国人大常委会解释《香港基本法》的性质定位并不适用于该种情形。该问题的本质实际上是，《香港基本法》附件是否属于《香港基本法》的有机组成部分？对此，《香港基本法》没有作出明确规定，

---

〔1〕 王振民：《论回归后香港法律解释制度的变化》，载《政治与法律》2007年第3期。
〔2〕 张志铭：《法律解释操作分析》，中国政法大学出版社1998年版，第228页。

人们的理解也不甚一致。从直观层面来看,《香港基本法》与其附件似乎是不一样的,具体表现在:《香港基本法》与其附件的修改程序不同。《香港基本法》第159条规定:"本法的修改权属于全国人民代表大会。本法的修改提案权属于全国人民代表大会常务委员会、国务院和香港特别行政区。香港特别行政区的修改议案,须经香港特别行政区的全国人民代表大会代表三分之二多数、香港特别行政区立法会全体议员三分之二多数和香港特别行政区行政长官同意后,交由香港特别行政区出席全国人民代表大会的代表团向全国人民代表大会提出。本法的修改议案在列入全国人民代表大会的议程前,先由香港特别行政区基本法委员会研究并提出意见。本法的任何修改,均不得同中华人民共和国对香港既定的基本方针政策相抵触。"《香港基本法》附件一《香港特别行政区行政长官的产生办法》第7条规定,"二〇〇七年以后各任行政长官的产生办法如需修改,须经立法会全体议员三分之二多数通过,行政长官同意,并报全国人民代表大会常务委员会批准"。《香港基本法》附件二《香港特别行政区立法会的产生办法和表决程序》第3条规定:"二〇〇七年以后香港特别行政区的产生办法和法案、议案的表决程序,如需对本附件的规定进行修改,须经立法会全体议员三分之二多数通过,行政长官同意,并报全国人民代表大会常务委员会备案。"《香港基本法》第18条第3款规定:"全国人民代表大会常务委员会在征询其所属的香港特别行政区基本法委员会和香港特别行政区政府的意见后,可对列于本法附件三的法律作出增减,任何列入附件三的法律,限于有关国防、外交和其他按本法规定不属于香港特别行政区自治范围的法律。"

对前述法条进行关联性分析后,可以看出,《香港基本法》与其附件的修改程序存在如下区别。(1)修改权主体不同。《香港基本法》的修改权属于全国人大;基本法附件一的修改必须报请全国人大常委会批准,附件二的修改必须报请全国人大常委会备案,附件三的修改权属于全国人大常委会。(2)关于修改提案权主体的规定不同。《香港基本法》的修改提案权主体包括全国人大常委会、国务院和香港特别行政区;

《香港基本法》三个附件的修改提案权主体在《香港基本法》和三个附件中均未作出明确规定。(3)修改程序不同。《香港基本法》的修改应当由法定提案权主体提出,香港特别行政区的修改议案经香港特别行政区的全国人民代表大会代表2/3多数、香港特别行政区立法会全体议员2/3多数和香港特别行政区行政长官同意后,交由香港特别行政区出席全国人大的代表团向全国人大提出,并由其决定。修改议案在列入全国人民代表大会的议程前,应当先由香港特别行政区基本法委员会研究并提出意见。《香港基本法》附件一的修改须经香港特别行政区立法会全体议员2/3多数通过,行政长官同意,并报全国人民代表大会常务委员会批准;附件二的修改须经香港立法会全体议员2/3多数通过,行政长官同意,并报全国人民代表大会常务委员会备案;附件三的修改程序较简单,全国人民代表大会常务委员会在征询其所属的香港特别行政区基本法委员会和香港特别行政区政府的意见后,即可进行修改。(4)修改的限制性要求不同。《香港基本法》的修改不得同中华人民共和国对香港特别行政区既定的基本方针政策相抵触;《香港基本法》附件一、附件二的修改没有作限制性规定。附件三的修改要求修改后列入附件三的法律,限于有关国防、外交和其他按本法规定不属于香港特别行政区自治范围的法律。基于前述差别,似乎可以推导出《香港基本法》附件不属于基本法的结论,相应地,对《香港基本法》附件的解释也就不属于对《香港基本法》的解释。

笔者认为,《香港基本法》附件和《香港基本法》的修改程序不同并不意味着两者是相对独立的,《香港基本法》附件不属于《香港基本法》的组成部分。事实上,《香港基本法》附件所涉及的内容并不是单纯由附件规定的,而是《香港基本法》附件和《香港基本法》主体部分共同规定的。例如,关于行政长官产生方面的内容不仅涉及《香港基本法》第44条、第45条、第46条,而且涉及附件一第1~6条。《香港基本法》及其附件之所以对附件的修改程序作出不同于《香港基本法》修改程序的规定,其目的是维护《香港基本法》本身的稳定性,并不意味着《香港基本法》附件和《香港基本法》是分体式的。从《香港基本法》附件的制定程序来看，它们和《香港基本法》是捆绑式通过的，而不是由全国人大按照其他程序另行通过的，它们是《香港基本法》的有机组成部分。1990年4月4日《全国人民代表大会关于〈中华人民共和国香港特别行政区基本法〉的决定》指出："第七届全国人民代表大会第三次会议通过《中华人民共和国香港特别行政区基本法》，包括附件一：《香港特别行政区行政长官的产生办法》，附件二：《香港特别行政区立法会的产生办法和表决程序》，附件三：《在香港特别行政区实施的全国性法律》，以及香港特别行政区区旗和区徽图案。"统合前述，笔者认为，《香港基本法》附件是《香港基本法》的有机组成部分，全国人大常委会对《香港基本法》附件的解释就是对《香港基本法》的解释，其性质是法律解释、立法解释以及介于立法行为和司法行为之间的行为。

三、全国人大常委会与香港特别行政区法院在《香港基本法》解释条款范围方面的权限分工

依据《香港基本法》第158条的规定，全国人大常委会和香港特别行政区法院在《香港基本法》解释权方面的权限分工如下：(1)全国人大常委会有权解释《香港基本法》；(2)香港特别行政区法院有权在审理案件时对自治范围内的条款自行解释；(3)香港特别行政区法院在审理案件时对自治范围以外的其他条款也可以进行解释，但受到一定的限制。从直观层面来看，《香港基本法》对全国人大常委会与香港特别行政区法院在《香港基本法》解释权方面的权限分工似乎是很清楚的，但是，该条关于《香港基本法》解释权配置的规定实际上存在很多问题。有学者认为，《香港基本法》第158条存在许多"灰色地带"，[1] 该种"灰色地带"实际上就是胡锦光教授所言之《香港基本法》第158条存在的诸多问

---

〔1〕 林来梵：《从宪法规范到规范宪法——规范宪法学的一种前言》，商务印书馆2017年版，第427页。

题,[1]其中,关涉《香港基本法》解释权配置的内容包括:(1)《香港基本法》第158条没有明确规定全国人大常委会是否有权对香港特别行政区自治范围内条款作出解释?(2)《香港基本法》第158条没有明确规定自治范围内条款与非自治范围内条款的认定标准、认定权限归属以及认定权限冲突的解决机制。此外,香港特别行政区基本法咨询委员会编辑的《香港基本法(草案)征求意见稿咨询报告》中,曾经就《香港基本法》制定过程中围绕其解释权配置的一些争议问题作了列举性阐释,具体包括:(1)"本法的解释权属于全国人民代表大会常务委员会"是否意味着全国人大常委会有更高的权力可以干涉已经由香港特别行政区法院作出的在自治范围内自行解释的条款?(2)在什么情况下,全国人大常委会必须接受香港特别行政区基本法咨询委员会的建议?(3)全国人大常委会能够授权香港特别行政区法院在审理案件时对自治范围内的条款自行解释,是否可以对《香港基本法》任何条款作出案件以外的解释?(4)既然全国人大常委会授权香港特别行政区法院行使解释权,那么,全国人大常委会是否还有对同一主题的解释权?若其又作出解释,是否违宪?针对学者提出的前述问题,结合全国人大常委会与香港特别行政区法院在基本法解释权配置方面的权限分工这一主题,笔者拟从以下两个方面展开分析。

(一)全国人大常委会是否有权解释香港特别行政区自治范围内的相关条款

《香港基本法》第158条第2款规定:"全国人民代表大会常务委员会授权香港特别行政区法院在审理案件时对本法关于香港特别行政区自治范围内的条款自行解释。"从该条款中可以窥察许多信息,具体包括:(1)香港特别行政区法院有权解释《香港基本法》,该解释权是全国人大常委会授予的;(2)香港特别行政区法院只有在审理案件时方才可以解释《香港基本法》;(3)香港特别行政区法院解释的权限范围限于香

---

[1] 参见胡锦光:《中国宪法问题研究》,新华出版社1998年版,第315页。

港特别行政区自治范围内的相关条款;(4)香港特别行政区法院对自治范围内条款可以自行解释,无须报请全国人大常委会。由此衍生出的问题是,既然全国人大常委会已经授权香港特别行政区法院自行解释自治范围内相关条款,那么,全国人大常委会对自治范围内条款是否还拥有解释权呢?对此,学界的理解不甚相同。有学者认为,全国人大常委会既然已经将此类条款的解释权授权给香港特别行政区法院,就不能再行使解释权。[1] 该观点的主要理由包括两个方面。(1)《香港基本法》第158条第2款的规定意味着全国人大常委会将其拥有的立法解释权授予香港特别行政区法院行使了,既然如此,自然不能再行使该权力。1981年《全国人大常委会关于加强法律解释工作的决议》规定,凡关于法律、法令本身需要进一步明确界限或作补充性规定的,由全国人大常委会进行解释或用法令加以规定;凡属于法院审判工作中具体应用法律、法令的问题,由最高人民法院进行解释。依据该规定,全国人大常委会拥有立法解释权,最高人民法院拥有司法解释权。依据《香港基本法》第158条第2款的规定,香港特别行政区法院对《香港基本法》自治范围内条款的解释权是全国人大常委会授予的。既然如此,全国人大常委会在作出授权后,就不能再行使对香港特别行政区自治范围内相关条款的解释权了。(2)香港特别行政区法院基于全国人大常委会的授权行使对《香港基本法》的立法解释权符合普通法传统。在普通法系国家,法院享有的法律解释权均为立法解释权。香港特别行政区实行普通法制度和原则,法院享有解释权,《香港基本法》第158条第2款的规定实际上是通过授权确认香港特别行政区法院享有立法解释权。这样,既能保证国家主权统一,又能够确认香港特别行政区的高度自治权。

对此,笔者秉持不同意见。笔者认为,全国人大常委会授权香港特别行政区法院自行解释《香港基本法》关于香港特别行政区自治范围内条款,并不意味着全国人大常委会丧失了解释此类条款的权力,具体理

---

〔1〕 参见胡锦光:《中国宪法问题研究》,新华出版社1998年版,第315页。

由包括两个方面。(1)全国人大常委会法律解释的性质可以从不同角度加以定位。从解释主体的角度,可以将其理解为立法解释;从解释对象的角度,可以将其理解为法律解释;从解释行为的角度,可以将其理解为介于立法和司法之间的行为。立法解释仅是对其性质的某一维度的界定,而不是对其总体面相的结构性厘定。将全国人大常委会的基本法解释单一地厘定为立法解释,进而衍生出其将立法解释权授权给香港特别行政区法院之后就不可以再自行行使的结论,是一种完全表象式的逻辑推理。依据《宪法》的规定,只有全国人大常委会方才拥有法律解释权,而《宪法》中并没有明确规定最高人民法院、最高人民检察院的法律解释权,它们拥有的法律解释权严格来说是全国人大及其常委会授予给它们的。但是,不能认为它们经授权获得法律解释权之后,全国人大常委会的法律解释权就不复存在了,这是一种误解,是对人大制度的违反。就香港特别行政区法院的法律解释权来说,应当秉持同样立场,不能认为全国人大常委会授予其解释自治范围内条款的权力之后就丧失了对该类条款的解释权。(2)香港特别行政区自治范围内条款和非自治范围内条款实际上是关联在一起的,很难截然分开。从《香港基本法》第158条第2款的字面含义来看,全国人大常委会授权香港特别行政区法院在审理案件时就香港特别行政区自治范围内的条款自行解释。该规定给人的直观感受是,香港特别行政区法院就特别行政区自治范围内的条款自行解释,全国人大常委会解释自治范围外的其他条款。但是,问题的症结在于:自治范围内的条款和自治范围外的条款往往是关联在一起的,很难截然分开。如果绝对排斥全国人大常委会解释自治范围内条款,将影响全国人大常委会基本法解释权的正常行使。例如,1999年全国人大常委会针对“居港权”案件对《香港基本法》作的第一次解释,既涉及《香港基本法》第22条第4款,也涉及《香港基本法》第24条第2款第3项。前者是《香港基本法》第二章“中央和香港特别行政区的关系”中的条款,后者是《香港基本法》第三章“居民的基本权利和义务”中的条款。按照《香港基本法》第158条的字面含义,前者属于全国人大常委会的基本法解释权范围，后者属于香港特别行政区法院的基本法解释权范围，但是，在"居港权"系列案件中，这两个条文是关联在一起的，无法截然分开。如果全国人大常委会仅仅解释《香港基本法》第22条第4款，不解释第24条第2款第3项，将无法对前述条款作出全面、准确的解释。舍此而外，还必须注意到的问题为：自治范围内和自治范围外的条款往往无法准确识别，缺乏具体的判断标准。统合前述理由，笔者认为，《香港基本法》第158条第2款的规定并不意味着全国人大常委会绝对无权解释基本法自治范围内条款。当然，基于对香港特别行政区自治权的尊重，全国人大常委会应尽可能抑制对该类条款的解释。

(二)全国人大常委会基本法解释权范围中的衍生问题

依据《香港基本法》第158条的规定，全国人大常委会和香港特别行政区法院在基本法解释权范围上的分工如下。(1)全国人大常委会有权解释《香港基本法》，既可以解释《香港基本法》中香港特别行政区自治范围外条款，也可以解释《香港基本法》中香港特别行政区自治范围内条款。以前者为原则，以后者为例外。(2)香港特别行政区法院依据全国人大常委会授权有权解释《香港基本法》中自治范围内条款，对此类条款之外的其他条款也可以进行解释，但受到限制。因而，全国人大常委会与香港特别行政区法院在基本法解释范围方面就出现了交叉，进而衍生出一些问题。其中，较为突出的问题有两个。

其一，全国人大常委会解释《香港基本法》自治范围内条款对香港特别行政区法院司法独立的影响。依据《香港基本法》第158条第2款的规定，全国人大常委会授权香港特别行政区法院解释《香港基本法》中香港特别行政区自治范围内的相关条款，但是，该授权并不意味着全国人大常委会丧失自身对该类条款的解释权，否则，不仅有违我国的人民代表大会制度，而且会造成香港特别行政区法院与全国人大常委会在基本法解释条款范围上的截然分割，不利于全国人大常委会基本法解释权的顺畅行使，使《香港基本法》第158条第1款关于全国人大常委会拥有基本法解释权的规定形同虚设。由于《香港基本法》中自治范围内条款和自治范围外条款往往是关联在一起的,将全国人大常委会与香港特别行政区法院的解释范围根据条款的性质截然分开不太现实,全国人大常委会 1999 年对《香港基本法》第 22 条第 4 款和第 24 条第 2 款第 3 项的解释就是典型实例。但是,《香港基本法》第 19 条、第 82 条、第 85 条的规定,"香港特别行政区享有独立的司法权和终审权";"香港特别行政区的终审权属于香港特别行政区终审法院";"香港特别行政区法院独立进行审判,不受任何干涉"。依据前述规定,如果全国人大常委会有权对《香港基本法》中自治范围内条款进行解释的话,将不可避免地与香港特别行政区法院的司法独立、司法终审产生冲突。例如,针对 1999 年全国人大常委会解释《香港基本法》第 22 条第 4 项和第 24 条第 2 款第 3 项的行为,一些人提出了疑义。时任香港大学法律系主任的陈文敏认为,"并不能以极为牵强的非例外条款作为终审法院必须提请全国人大常委会基本法委员会的理由。否则,终审法院将失去解释自治范围内的非例外条款的权力,这将大大削弱香港的高度自治"。[1] 笔者认为,该学者对基本法解释权配置的理解是片面的。对全国人大常委会解释《香港基本法》中自治范围内条款的权力应作如下解读:(1)《香港基本法》的解释权属于全国人大常委会,解释权范围包括《香港基本法》全部条款;(2)全国人大常委会授权香港特别行政区法院在审理案件时对《香港基本法》自治范围内条款自行解释;(3)全国人大常委会所作前述授权并不导致其对该类条款解释权的丧失;(4)为避免与香港特别行政区法院的司法独立、终审权产生冲突,全国人大常委会解释该类条款应当谨慎为之,原则上只有在该类条款与自治范围外条款关联在一起时方才行使对该类条款的解释权,1999 年针对"居港权案"所作的解释就是典型实例。

其二,香港特别行政区法院解释《香港基本法》自治范围外条款时与全国人大常委会基本法解释权之间的衔接问题。依据《香港基本法》

---

[1] 陈文敏:《司法独立是香港重要基石:对内地法律专家的评论的回应》,载佳日思等主编:《居港权引发的宪法争论》,香港大学出版社 2000 年版,第 61 页。

第158条第3款的规定，对《香港基本法》中香港特别行政区自治范围外的其他条款，香港特别行政区法院审理案件时也有权进行解释。相较其对《香港基本法》中自治范围内条款的解释来说，香港特别行政区法院对该类条款的解释属于例外情形。按照《香港基本法》第158条所作的基本法解释权配置，自治范围外条款的解释权原则上属于全国人大常委会。如是以来，香港特别行政区法院与全国人大常委会在解释该类条款时就出现了权力的重合，并不可避免地将全国人大常委会的主权机关地位与香港特别行政区法院的司法独立、终审权纠扯在了一起。为了避免前述冲突的发生，《香港基本法》第158条第3款中设计了防范机制：如果"香港特别行政区法院在审理案件时需要对本法关于中央人民政府管理的事务或中央和香港特别行政区关系的条款进行解释，而该条款的解释又影响到案件的判决，在对该案件作出不可上诉的终局判决前，应由香港特别行政区终审法院请全国人民代表大会常务委员会对有关条款作出解释。如全国人民代表大会常务委员会作出解释，香港特别行政区法院在引用该条款时，应以全国人民代表大会常务委员会的解释为准。但在此以前作出的判决不受影响"。从直观层面来看，该条款设计的防范机制似乎是非常全面的，足以防范前述冲突的发生。但实际情况却并非如此，我们有可能面临以下质疑。(1)香港特别行政区法院对该类自治范围外条款是否有权自行解释？如果有权自行解释的话，其所作的解释与全国人大常委会对该类条款的解释之间的关系如何协调？如果全国人大常委会所作解释与香港特别行政区法院此前所作解释的立场不一致的话，全国人大常委会的主权机关地位与香港特别行政区法院的司法独立、终审权之间的关系如何协调？(2)如果香港特别行政区终审法院在对该类案件作出不可上诉的终局判决前，不提请全国人大常务委员会对有关条款作出解释，而是自行解释并以自己的解释作为裁判的依据，全国人大常委会应当如何处理呢？如是，《香港基本法》中均未作出明确规定，全国人大常委会有可能采取的应对举措就不可避免地成为一些秉持普通法惯性思维的人的一种想象，当该种想象与现实不一致的时候就转化为对全国人大常委会应对举措的无端质疑。1999 年全国人大常委会第一次解释基本法时清晰地展示了这一点。该解释对全国人大常委会解释基本法的过程是这样表述的。

> 第九届全国人民代表大会常务委员会第十次会议审议了国务院《关于提请解释〈中华人民共和国香港特别行政区基本法〉第二十二条第四款和第二十四条第二款第(三)项的议案》。国务院的议案是应香港特别行政区行政长官根据《中华人民共和国香港特别行政区基本法》第四十三条和第四十八条第(二)项的有关规定提交的报告提出的。鉴于议案中提出的问题涉及香港特别行政区终审法院 1999 年 1 月 29 日的判决对《中华人民共和国香港特别行政区基本法》有关条款的解释,该有关条款涉及中央管理的事务和中央与香港特别行政区的关系,终审法院在判决前没有依照《中华人民共和国香港特别行政区基本法》第一百五十八条第三款的规定请全国人民代表大会常务委员会作出解释,而终审法院的解释又不符合立法原意,经征询全国人民代表大会常务委员会香港特别行政区基本法委员会的意见,全国人民代表大会常务委员会决定,根据《中华人民共和国宪法》第六十七条第(四)项和《中华人民共和国香港特别行政区基本法》第一百五十八条第一款的规定,对《中华人民共和国香港特别行政区基本法》第二十二条第四款和第二十四条第二款第(三)项的规定,作如下解释。

依据全国人大常委会所作的前述解释,该解释涉及《香港基本法》第 158 条第 3 款所言之"关于中央人民政府管理的事务或中央和香港特别行政区关系的条款",且"对该条款的解释又影响到案件的判决",但是,香港特别行政区终审法院在"对该案件作出不可上诉的终审判决前",并没有请"全国人大常委会对有关条款作出解释",而是自行对相关条款进行了解释并作出终审裁决。针对该种情形,全国人大常委会根据国务院提出的议案,对相关条款进行了解释。全国人大常委会认为,香港特别行政区终审法院此前所作的解释不符合立法原意，经征询全国人大常委会香港特别行政区基本法委员会的意见，作出了新的解释，为前述问题的解决提供了一个典型范例。

四、全国人大常委会解释《香港基本法》的程序

(一) 全国人大常委会解释《香港基本法》实践中的几个程序问题

《香港基本法》第158条旨在解决全国人大常委会与香港特别行政区法院之间的基本法解释权划分问题，尽管该种划分存在前述诸多方面的问题，但它确实在宏观层面框定了二者之间的基本法解释权配置问题。但是，《香港基本法》第158条以及其他条文中却并未对全国人大常委会、香港特别行政区法院解释《香港基本法》的程序作出具体规定或者提供方向性的导引，由此引发了基本法解释实践中的诸种争议。就全国人大常委会解释《香港基本法》的程序而言，实践中存在的问题主要包括三个方面。

其一，全国人大常委会解释《香港基本法》的场景问题。《香港基本法》第158条规定，全国人大常委会有权解释《香港基本法》。但是，对于全国人大常委会在什么场景下可以对《香港基本法》进行解释，该条和《香港基本法》其他条款中均未明确规定。实践中人们感到困惑的问题为：(1)全国人大常委会是否可以在香港特别行政区法院审理案件之前主动解释《香港基本法》？(2)香港特别行政区法院受理案件后，全国人大常委会未经香港特别行政区法院提请是否可以主动对《香港基本法》进行解释？由于前述问题在《香港基本法》中均未作出明确规定，在实践中全国人大常委会基于特殊情况主动解释《香港基本法》时，为一些人所诟病。2004年全国人大常委会第二次解释基本法时，之所以遭到一些人的质疑，一个很重要的原因就是未经香港特别行政区终审法院提请而主动对《香港基本法》作了解释。此外，由于缺乏明确的基本法解释程序，在实践中，当香港特别行政区法院对《香港基本法》的解释不符合立法原意时，全国人大常委会不得不进行的主动解释往往会陷入程

序上的被动。2005 年全国人大常委会的第三次释法之所以在香港特别行政区引起争议,一个很大的原因就是该次解释中所采行的程序——香港特别行政区行政长官向国务院提出建议,国务院进而提请全国人大常委会解释《香港基本法》,而《香港基本法》中没有作出明确规定。

其二,《香港基本法》第 158 条的保障程序问题。《香港基本法》第 158 条第 3 款规定,香港特别行政区法院对《香港基本法》中自治范围外条款也可以解释。但是,在程序上作了适度限制:如果"香港特别行政区法院在审理案件时需要对本法关于中央人民政府管理的事务或中央和香港特别行政区关系的条款进行解释,而该条款的解释又影响到案件的判决,在对该案件作出不可上诉的终局判决前,应由香港特别行政区终审法院请全国人民代表大会常务委员会对有关条款作出解释"。但是,该条款仅规定了当出现前述情形时,香港特别行政区终审法院应当在作出终局裁决前,报请全国人大常委会解释相关条款,却没有进而规定如果香港特别行政区终审法院拒绝报请全国人大常委会解释并自行根据自己的解释作出终局裁决,全国人大常委会应当依据什么程序加以处理。

其三,香港特别行政区政府提请解释《香港基本法》的程序问题。依据《香港基本法》第 158 条第 3 款的规定,香港特别行政区法院解释自治范围外条款时,如果出现了该条款所列的特定情形,应当由香港特别行政区终审法院提请全国人大常委会解释基本法。但是,如果香港特别行政区终审法院拒绝提请,香港特别行政区行政长官是否可以提请呢?依据《香港基本法》第 43 条、第 60 条的规定,香港特别行政区行政长官是香港特别行政区的首长,是香港特别行政区政府的首长,有资格提请全国人大常委会解释《香港基本法》相关条款。但是,香港特别行政区行政长官应当依据什么程序提请解释呢?对此,《香港基本法》中没有作出明确规定。2005 年 4 月 6 日,香港特别行政区行政长官曾荫权向国务院提交了《关于请求国务院提请全国人民代表大会常务委员会就〈中华人民共和国香港特别行政区基本法〉第五十三条第二款做出解释的报告》，建议国务院向全国人大常委会提出释法申请，由全国人大常委会对《香港基本法》第 53 条第 2 款作出解释。国务院收到该报告后，经研究认为有必要向全国人大常委会提起释法申请，遂于 2005 年 4 月 10 日向全国人大常委会提出《关于提请解释〈中华人民共和国香港特别行政区基本法〉第五十三条第二款的议案》。全国人大常委会委员长会议对国务院的议案进行审议后，征询了香港特别行政区基本法委员会的意见，并先后听取了香港特别行政区全国人大代表、全国政协委员和香港各界人士的意见，然后对《香港基本法》第 53 条第 2 款作了解释。前述程序较妥当地解决了香港特别行政区行政长官缺位时补选新任行政长官的任期问题。

（二）全国人大常委会解释《香港基本法》的程序依据

《香港基本法》第 158 条第 1 款规定，“本法的解释权属于全国人民代表大会常务委员会”，但是，该法中并未具体规定全国人大常委会解释《香港基本法》的程序。那么，全国人大常委会应该依据什么程序来解释《香港基本法》呢？我们面临的问题是，如果全国人大常委会只能依据《香港基本法》中的程序性规定方才可以解释《香港基本法》的话，它所拥有的基本法解释权将无法行使。如果全国人大常委会可以依据《香港基本法》之外的其他法律中的程序性规定解释《香港基本法》的话，似乎又缺乏法律依据。《香港基本法》第 18 条规定，“全国性法律除列于本法附件三者外，不在香港特别行政区实施”；“任何列入附件三的法律，限于有关国防、外交和其他按本法规定不属于香港特别行政区自治范围的法律”。从《香港基本法》附件三所列全国性法律的内容来看，并无关涉法律解释程序内容的全国性法律。也就是说，如果全国人大常委会只有依据《香港基本法》及其附件三所列全国性法律中关于法律解释程序的规定方才可以解释《香港基本法》，全国人大常委会的基本法解释权将形同虚设，根本无法实际行使。对此，有学者认为，尽管《香港基本法》对适用于香港特别行政区的全国性法律作了限制性规定，即必须列入《香港基本法》附件三，且内容上有严格的要求，但是，如果涉及中央有关国家机关依据《香港基本法》行使职权，如全国人大常委会依据

《香港基本法》第158条的规定解释《香港基本法》等,则与其职权行使有关的全国性法律即便没有被列入《香港基本法》附件三,也可以适用于香港特别行政区。[1]

对此,笔者秉持类同立场。笔者认为,全国人大常委会解释《香港基本法》时所遵循的程序性规定,并不必须是列入《香港基本法》附件三之全国性法律中所作的规定,附件三之外的其他全国性法律所作的程序性规定也可以作为全国人大常委会解释《香港基本法》的程序依据,因为该类规定与全国人大基本法解释权的行使直接相关。立基于此,《立法法》《全国人民代表大会组织法》《全国人民代表大会常务委员会议事规则》中的相关规定应当作为全国人大常委会解释《香港基本法》的程序。诚然,从直观上来看,《香港基本法》附件三所列"在香港特别行政区实施的全国性法律"中并不包括《立法法》、《全国人民代表大会组织法》以及《全国人民代表大会常务委员会议事规则》,但是,《立法法》中规定了法律解释程序,《全国人民代表大会组织法》《全国人民代表大会常务委员会议事规则》中规定了全国人大常委会的工作程序,全国人大常委会解释《香港基本法》的时候依据前述法律是题中应有之义,并不需要《香港基本法》对此作出重复性规定,也无须基于确保全国人大常委会基本法解释权行使的需要,将前述全国性法律生拉硬扯地列入《香港基本法》附件三。舍此而外,就其性质而言,《香港基本法》不是宪法,而是全国人大制定的基本法律。既然如此,全国人大常委会解释基本法的时候自然要依据《立法法》中关于法律解释的相关程序性规定。全国人大常委会职权行使的方式就是开会,而会议必须按照法定的程序进行。

因此,全国人大常委会解释《香港基本法》时,必须依据《全国人民代表大会组织法》及《全国人民代表大会常务委员会议事规则》中的相关程序性规定。《立法法》(2000年)第43条规定,"国务院、中央军事委员会、最高人民法院、最高人民检察院和全国人民代表大会各专门委

---

[1] 参见王禹:《"一国两制"宪法精神研究》,广东人民出版社2008年版,第79~81页。

员会以及省、自治区、直辖市的人民代表大会常务委员会”均可以向全国人大常委会提出解释包括《香港基本法》在内的法律的要求，由全国人大常委会按照《立法法》(2000 年)第 44 条、第 45 条及第 46 条的规定加以处理。《全国人民代表大会组织法》第 32 条第 2 款及《全国人民代表大会常务委员会议事规则》第 11 条第 3 款均规定，全国人大常委会组成人员 10 人以上可以向常委会提出属于常委会职权范围内的议案。《全国人民代表大会常务委员会议事规则》(2009 年)第 11 条第 1 款规定，全国人大常委会“委员长会议可以向常委会提出属于常务委员会职权范围内的议案”。此外，《香港基本法》第 43 条规定：“香港特别行政区行政长官是香港特别行政区的首长，代表香港特别行政区。香港特别行政区行政长官依照本法的规定对中央人民政府和香港特别行政区负责。”

综合前述，笔者认为，尽管《香港基本法》中并未规定全国人大常委会解释《香港基本法》的程序，但是，依据《香港基本法》第 43 条以及《立法法》《全国人民代表大会组织法》《全国人民代表大会常务委员会议事规则》中的相关规定，全国人大常委会可以依据“全国人大常委会委员长会议”“国务院”“香港特首”等主体的提案或者提请，[1] 主动解释《香港基本法》，并不必须由香港特别行政区终审法院启动《香港基本法》解释程序之后，再由全国人大常委会被动地解释《香港基本法》。

五、全国人大常委会解释抑或修改《香港基本法》的性质判定

《香港基本法》附件一《香港特别行政区行政长官的产生办法》第 7 条规定：“二〇〇七年以后各任行政长官的产生办法如需修改，须经立法会全体议员 2/3 多数通过，行政长官同意，并报全国人民代表大会常务委员会批准。”依据该规定，修改附件一的程序包括：(1)立法会全体议

---

〔1〕《香港基本法》实施以来，全国人大常委会先后于 1999 年、2004 年、2005 年、2011 年和 2016 年 5 次对其作了解释。其中，1999 年和 2005 年的释法是由香港特别行政区行政长官请求国务院提请全国人大常委会作出解释，2004 年、2016 年是委员长会议提请解释，2011 年是香港特别行政区终审法院提请解释。

员 2/3 多数通过;(2)行政长官同意;(3)报全国人大常委会批准。《香港基本法》附件二《香港特别行政区立法会的产生办法和表决程序》规定:“二〇〇七年以后香港特别行政区立法会的产生办法和法案、议案的表决程序,如需对本附件的规定进行修改,须经立法会全体议员三分之二多数通过,行政长官同意,并报全国人民代表大会常务委员会备案。”依据该规定,修改附件二的程序包括:(1)立法会全体议员 2/3 多数通过;(2)行政长官同意;(3)报全国人大常委会备案。附件一和附件二的修改程序有一个细微差别:附件一的修改须报全国人大常委会批准,附件二的修改须报全国人大常委会备案。“批准”和“备案”显然不甚相同:中央对前者拥有的是批准权,对后者却并不拥有批准权,只是登记存案,以备审查;批准是生效的前提,但备案却并不影响文件生效;批准是事前审查,备案是事后审查,而且是可能意义上的审查。

2004 年全国人大常委会关于《香港基本法》附件一第 7 条和附件二第 3 条的解释表明:“上述两个附件中规定的须经立法会全体议员三分之二多数通过,行政长官同意,并报全国人大常委会批准或备案,是指行政长官的产生办法和立法会的产生办法及立法会法案、议案的表决程序修改时必经的法律程序。只有经过上述程序,包括最后全国人民代表大会常务委员会依法批准或备案,该修改方可生效。是否需要进行修改,香港特别行政区行政长官应向全国人民代表大会常务委员会提出报告,由全国人民代表大会常务委员会依照《香港特别行政区基本法》第四十五条和第六十八条规定,根据香港特别行政区的实际情况和循序渐进的原则确定。修改行政长官产生办法和立法会产生办法及立法会法案、议案表决程序的法律及其修正案,应由香港特别行政区政府向立法会提出。”前述 2004 年全国人大常委会所作释法决定确定了香港特别行政区政制改革的“五部曲”。[1] 在其确定的“五部曲”中,只有“后三部”是

---

〔1〕“五部曲”是指全国人大常委会在 2004 年 4 月 6 日释法时阐明的并在 2007 年 12 月 29 日的决定中确认的程序,在《香港基本法》附件一第 7 条和附件二第 3 条确立的“三部曲”前面加上行政长官报告全国人大常委会确定是否需要修改,以及由特别行政区政府提出相应的修正案两个程序。

《香港基本法》附件一第7条和附件二第3条规定的,"前两部"[1]在《香港基本法》中并未作出规定。此外,修改前《香港基本法》附件一第7条、附件二第3条所规定的各自的修改程序是不一样的,前者是报"全国人大常委会批准",后者是"报全国人大常委会备案"。但是,2004年释法决定中却将二者的修改程序混同解释了,表述为"报全国人大常委会批准或备案",如是以来,修改前《香港基本法》附件一第7条、附件二第3条似乎就被全国人大常委会所作的释法决定"实质性"地修改了。2004年释法决定作出后,有人对此提出质疑,认为全国人大常委会在释法决定中增加的"前两部"在《香港基本法》中没有依据,全国人大常委会并不是对《香港基本法》附件一、附件二进行解释,而是对它们进行了"实质性修改",这种做法是违反《宪法》第31条[2]的规定的。[3] 对此,笔者秉持否定立场。具体从以下两个方面进行分析。

其一,全国人大常委会解释《香港基本法》的方式与香港特别行政区法院不同。《香港基本法》确立了全国人大常委会和香港特别行政区法院共享基本法解释权的体制。二者解释基本法的方式不甚相同,由此导致对同一问题的不同认知,进而对全国人大常委会所作释法决定在香港民众中的可接受性产生一定消极影响。《宪法》规定全国人大常委会有权解释法律,但是,在解释《香港基本法》之前,全国人大常委会基本上没有解释法律的具体实践。所以,其解释法律时究竟会采取何种方式实际上并不清楚。[4] 全国人大常委会在其对《香港基本法》所作的5次解释中,反复表明其解释《香港基本法》的方式——原意解释。例如,在其1999年针对"居港权案"所作的第一次释法决定中,全国人大常委会

---

〔1〕 此即行政长官报告全国人大常委会确定是否需要修改,以及由特别行政区政府提出相应的修正案两个程序。

〔2〕 《宪法》第31条规定:"国家在必要时得设立特别行政区。在特别行政区内实行的制度按照具体情况由全国人民代表大会以法律规定。"

〔3〕 参见陈弘毅:《"一国两制"的法治实践》,载全国人大常委会香港基本法委员会办公室编:《纪念香港基本法实施十周年文集》,中国民主法制出版社2007年版,第165页。

〔4〕 Lin Feng and P. Y. Lo, *One Term, Two Interpretations: The Justifications and the Future of Basic Law Interpretation*, *in interpreting Hong Kong's Basic Law*, Palgrave Macmillan, 2007, p. 151.

指出,其释法的背景是在“吴某玲案”中“终审法院在判决前没有按照《基本法》第158条第3款的规定提请全国人大常委会进行解释,而终审法院的解释权又不符合立法原意”。因此,全国人大常委会解释《香港基本法》的目的就是探求《香港基本法》的立法原意,以纠正香港特别行政区法院的错误。有学者指出,全国人大常委会之所以采取原意解释的方法,主要有四个方面的原因:(1)立法解释体制的影响;(2)维护自身解释高于特区解释正当性的需要;(3)强调自己是释法而非修法的需要;(4)化解特区内部对基本法理解分歧的需要。[1] 与内地相比,香港特别行政区法院解释《香港基本法》的方式更多地受到了普通法的影响。按照传统的普通法理论,法院解释法律的时候应当遵循三大规则,即“文义解释”、“黄金规则”以及“除弊规则”。[2] 其中,“文义解释”是法院解释法律时采取的主要方法。香港特别行政区法院在解释《香港基本法》的初期,曾经一度采取目的解释的方式,但是,自2001年“庄丰源案”以来,香港特别行政区法院开始摒弃以前采取的目的解释方式,转而采取文义解释方式。“法院根据普通法解释基本法时的任务是诠释法律文本所用的字句,以确定这些字句所表达的依法原意……法例的文本才是法律”。[3] 有学者指出,香港特别行政区法院解释《香港基本法》之所以采取“文义解释”的方法,主要是基于四个方面的原因:(1)普通法传统的影响;(2)基本法立法目的的不确定性使法官舍弃了原意解释;(3)对所谓的“全国人大常委会以释法为名行修法之实”的担忧;(4)政治因素的考量。[4] 笔者认为,一些人之所以有人对全国人大常委会所作2004年释法决定提出质疑,是认为它是在“实质性修改”《香港基本法》,归根结底是由于全国人大常委会和香港特别行政区法院解释

---

〔1〕 参见姚国建、王勇:《论陆港两地基本法解释方法的冲突与调适》,载《法学评论》2013年第5期。

〔2〕 Minister of Home Affairs v. Fisher [1980] AC319,329E.

〔3〕 Director of Immigration v. Chong Fung Yuen [2001] 2 HKLJD 533.

〔4〕 参见姚国建、王勇:《论陆港两地基本法解释方法的冲突与调适》,载《法学评论》2013年第5期。

《香港基本法》时采取的方法不同。全国人大常委会解释《香港基本法》时，受大陆法系的影响较大，而香港特别行政区法院解释《香港基本法》，却主要受普通法系的影响。“在普通法下，释法的一个重要方法是字面解释，要求法官必须严格按照法律条款字面的含义去解释法律，即强调法律规则的‘明显含义’，而大陆法系的法官则倾向于‘目的论’的解释方法”。[1] 依据“目的论的解释方法”，全国人大常委会在2004年的释法决定中确定“政改五部曲”的做法，实质上是通过法律解释来填补法律条文的空白，而不是实质性修改基本法，更不是创设香港特别行政区政改制度。一些人之所以认为全国人大常委会所作解释是在“实质性修改”基本法，实际上是受到了香港特别行政区法院释法所采取之“文义解释”方法的影响。依据《香港基本法》第158条的规定，《香港基本法》的解释权属于全国人大常委会，香港特别行政区法院对《香港基本法》的解释权是由全国人大常委会授予的，它们在解释《香港基本法》时可以因循普通法的传统，采取“文义解释”的方法进行解释。对此，中央给予足够的尊重。全国人大常委会解释《香港基本法》的时候，可以按照大陆法的传统，采取“目的论”解释方法。对此，香港特别行政区法院也应该尊重，香港民众对此应该予以理解和支持。

其二，全国人大常委会是通过立法程序来解释法律的，它有权明确法律条文的界限或者作补充规定。香港特别行政区法院和全国人大常委会解释《香港基本法》的性质不甚相同。由于香港特别行政区法院是在审理案件的过程中对《香港基本法》进行解释的，因此，其解释本质上属于一种司法行为。与之相比，全国人大常委会解释《香港基本法》却并不依托具体的案件，而是通过立法程序对基本法进行解释的，其解释的权限范围也迥异于香港特别行政区法院。因此，该种解释本质上属于一种立法行为，而不是司法行为。对此，学界也有不同的立场。有学者认为：“在中国的宪法和法律解释理论中，法律的解释权是最高权力（立

[1] 沈宗灵：《比较法研究》，北京大学出版社1998年版，第289页。

法权)的附属权力,解释宪法和法律是全国人大常委会除了立法、监督、决定、人事任免等职能之外的一项独立的职能,与其他职能同等重要。全国人大常委会既是立法机关,也是中国的宪法和法律解释机关。这种释法行为尽管不是司法行为,但也不是立法行为,而是介于立法和司法之间的'半立法'、'半司法'的行为,也可以说是独立于一般司法和立法的专门性法律解释行为。"[1]

对此,笔者秉持不同立场。笔者认为,在中国,全国人大常委会的法律解释行为本质上应当属于立法行为,具体理由如下。(1)全国人大常委会解释法律的程序是立法程序。全国人大常委会解释法律的程序包括三点。①提案程序。《立法法》(2000年)第43条规定,国务院、中央军委、最高人民法院、最高人民检察院、全国人大各专门委员会以及各省、自治区、直辖市人大常委会可以向全国人大常委会提出法律解释要求。《全国人民代表大会组织法》第32条第2款规定,全国人大常委会组成人员10人以上可以向常委会提出属于常委会职权范围内的议案。《全国人民代表大会常务委员会议事规则》(2009年)第11条第1款规定,委员长会议可以向全国人大常委会提出属于常委会职权范围内的议案。②拟定、修改法律草案的程序。《立法法》(2000年)第44条、第45条规定,全国人大常委会工作机构研究拟定法律解释草案,由委员长会议决定列入常委会议程。法律解释草案经全国人大常委会审议,由法律委员会根据全国人大常委会组成人员的审议意见进行审议、修改,提出法律解释草案表决稿。③对法律解释草案的表决程序。《立法法》(2000年)第46条规定,法律解释草案表决稿需经全国人大常委会全体组成人员的过半数通过,而后由全国人大常委会发布公告予以公布。否则,法律解释决定无效。将上述法律解释程序与立法程序相比,二者尽管并不完全相同,但是,立法程序的总体框架结构在法律解释中得到了适用,该种程序可以说是一种准立法程序。(2)全国人大常委会的法律

[1] 王振民:《论回归后香港法律解释制度的变化》,载《政治与法律》2007年第3期。

解释权限具有立法性,法律解释效力与立法相同。1981 年《全国人民代表大会常务委员会关于加强法律解释工作的决议》规定:“凡关于法律、法令条文本身需要进一步明确界限或作补充规定的,由全国人民代表大会常务委员会进行解释或用法令加以规定。”《立法法》(2000 年)第 45 条规定:“法律解释权属于全国人大常委会。法律有以下情况之一的,由全国人大常委会解释:(一)法律的规定需要进一步明确具体含义的;(二)法律制定后出现新的情况,需要明确适用法律依据的。”依据前述规定,全国人大常委会对法律解释的权限范围迥异于法院,后者只能对审判工作中法律的具体应用问题进行解释,无权对法律条文本身进一步明确界限或者作补充规定。全国人大常委会所作的法律解释具有明显的立法性。舍此而外,《立法法》还进而对法律解释的效力作了规定。《立法法》(2000 年)第 47 条规定,全国人大常委会的法律解释同法律具有同等效力。

综合前述,笔者认为,全国人大常委会解释法律的行为是一种立法性质的行为,迥异于法院的司法解释。与全国人大常委会常规意义上的法律解释相比,其对《香港基本法》的解释与对一般法律的解释不完全相同。但是,由于《香港基本法》中并未规定全国人大常委会解释《香港基本法》的程序,全国人大常委会不可避免地要依据前述法律中的相关程序性规定来解释《香港基本法》。因此,全国人大常委会解释《香港基本法》的程序和解释的效力均迥异于香港特别行政区法院对《香港基本法》的解释,不能从后者的视角来识别和判断前者对《香港基本法》所作解释的正当性。全国人大常委会在其所作之 2004 年的释法决定中尽管增加了两个《香港基本法》附件中没有规定的政制改革程序,但是,它不应该被理解为对《香港基本法》的实质性修改或对《宪法》第 31 条的违反,而应当将其理解为进一步明确《香港基本法》中模糊条款的含义或者是对《香港基本法》作出的补充规定,这完全符合《立法法》中关于法律解释权限范围的规定。之所以有人对 2004 年释法决定的合宪性提出质疑,其根本原因是对全国人大常委会对《香港基本法》的解释权理解不清。

第五章　全国性法律在香港特别行政区的实施

立法实施是宪法在香港特别行政区实施的一种重要形式,该种立法既包括《香港基本法》,也包括《香港基本法》之外的其他全国性法律。这种全国性法律既包括列于《香港基本法》附件三的全国性法律,也包括《香港基本法》第 18 条第 4 款所规定的战争状态或者紧急状态下由中央人民政府发布命令实施于香港特别行政区的有关全国性法律。此外,全国人大依据《香港基本法》第 23 条的规定,直接为香港特别行政区制定的国家安全立法也属于贯彻实施宪法的全国性法律。本章拟对全国性法律在香港特别行政区实施的理论和实践问题作框架性的分析梳理,以期为后文进一步展开的对宪法在香港特别行政区实施的监督提供一个平台基础。

第一节　全国性法律在香港特别行政区的实施概述

一、香港特别行政区实施的全国性法律的内涵及范围

(一)香港特别行政区实施的全国性法律的内涵

法律有狭义和广义之分。狭义的法律仅指全国人大及其常委会通过的法律;广义的法律却包含更广阔的内容,除狭义的法律外,还包括行政法规、地方性法规、自治条例、单行条例、部门规章、地方政府规章、经济特区授权法规等。狭义的法律无所谓全国性的法律和地方性的法律,

广义的法律却有全国性的法律和地方性的法律之分。“一般把全国范围内实施的法律称为全国性法律,而在某一特定行政区域实施的法律称为地方性法律。”〔1〕相应地,广义的全国性法律包括法律、行政法规、部门规章等由中央国家机关制定的在全国范围内实施的法律文件,而狭义的全国性法律却仅限于全国人大及其常委会制定的法律。但是,作为一种正式的法律用语,“全国性法律”一词仅存在于涉及“一国两制”的法律体系中,如《香港基本法》《澳门基本法》《香港驻军法》《澳门驻军法》等。〔2〕其中,《香港基本法》和《澳门基本法》分别在第 18 条对全国性法律在港澳特区的实施作了明确规定,内容完全相同;《香港驻军法》第 6 条和《澳门驻军法》第 7 条也作了同样的规定,该规定是分别根据《香港基本法》《澳门基本法》第 18 条第 4 款制定的。根据《香港基本法》,“全国性法律”主要存在于两种语境中:其一,与《香港基本法》附件三有关的“全国性法律”;其二,在战争或者紧急状态下无须列入附件三而直接在香港实施的“全国性法律”。由于实践中第二种情形发生的概率非常小,因此,常规意义上论及的《香港基本法》中的“全国性法律”通常是指列入基本法附件三的“全国性法律”。进言之,《香港基本法》中的全国性法律仅限于全国人大及其常委会制定的法律,不包括国务院及各部委制定的行政法规、部门规章。

有学者认为,在香港特别行政区实施的法律包括四类:《宪法》、《香港基本法》、依据《香港基本法》第 18 条列于附件三的全国性法律、中央为香港特别行政区制定的其他法律。〔3〕该观点是从更广阔的学理意义上来说的,该学者指称的“全国性法律”和《香港基本法》中所言之“全国性法律”不是一个含义。诚如前文所言,从实证法的角度来说,“全国性

---

〔1〕庄金锋:《论“基本法”的创造性及其对法理学的新贡献》,载《政治与法律》2007 年第 3 期。

〔2〕参见张小帅:《论全国性法律在香港特区的实施——基于对〈香港基本法〉第十八条的分析》,载《港澳研究》2015 年第 3 期。

〔3〕参见王振民:《论回归后全国性法律在香港特别行政区的实施》,载《中国法律》2007 年 6 月。

法律”目前仅存在于关涉“一国两制”的法律体系中，全国人大及其常委会制定的其他法律中并未出现过“全国性法律”的称谓。因此，该学者所言之前述四种类型的法律固然适用于香港特别行政区，但和本章所探讨之立基于《香港基本法》的全国性法律不甚相同。此外，该学者所言之在香港特别行政区实施的前述第四种类型的法律，即“中央为香港特别行政区制定的其他法律”，[1]和本章主题所言之“在香港特别行政区实施的全国性法律”不是一个概念，故不纳入本章论证的内容范围。舍此而外，还必须注意到的一个问题是，《香港基本法》所言之全国性法律和通常意义上所说之全国性法律似乎不完全相同。例如，《旅游法释义》在谈及该法的地域管辖范围时指出：“本法是由全国人大常委会制定的全国性法律，其效力范围及于全国。但是有一种情形例外，即在‘一国两制’方针指导下……除两个基本法附件中规定的特别行政区适用的全国性法律外，其他法律不适用于特别行政区。本法未被列入两个基本法的附件，因此，本法原则上不适用于两个特别行政区。”[2]很明显，该书中全国人大常委会法制工作委员会对《旅游法》的定位是“全国人大常委会制定的全国性法律”，但是，该“全国性法律”并不适用于香港特别行政区和澳门特别行政区。既然如此，该法是“全国性法律”吗？香港特别行政区和澳门特别行政区均属于我国的领土范围，只有那些既能够适用于香港特别行政区、澳门特别行政区，又能够适用于我国内地的法律，方才能被称为“全国性法律”。也就是说，只有列于《香港基本法》附件三、《澳门基本法》附件三的“全国性法律”，方才算得上是真正意义上的全国性法律；反之，则不能算是全国性的法律。但是，通常人们往往将全国人大及其常委会制定的所有法律均理解为全国性法律，这种理解和《香港基本法》中所言之“全国性法律”的含义不完全相同。本章所阐释之“全国性法律”是后者。

---

〔1〕 如1997年全国人大审议通过的《香港特别行政区选举第九届全国人民代表大会的办法》。

〔2〕 李飞、邵琪伟主编：《中华人民共和国旅游法释义》，法律出版社2013年版，第3～4页。

(二)香港特别行政区实施的全国性法律的范围

围绕哪些法律可以在香港特别行政区实施,在《香港基本法》起草过程中一度存在争议,主要有概括式和列举式两种立场。《香港特别行政区基本法(草案)征求意见稿》对拟适用于香港特别行政区的全国性法律曾经采取概括式的表述方式:"全国人民代表大会和全国人民代表大会常务委员会制定的有关国防、外交的法律以及其他有关体现国家统一和领土完整并且按本法规定不属于香港特别行政区自治范围的法律,凡需在香港特别行政区实施的,由国务院指令香港特别行政区政府在当地公布或立法实施。"[1] 该种表述方式的优点是能够涵盖所有适用于香港特别行政区的全国性法律。对此,一些人士表示了担忧,认为"体现国家统一和领土完整""不属于香港特别行政区自治范围"等字眼过于宽泛,其内涵显然有些模糊不清,容易导致中央把过多的全国性法律实施于香港特别行政区,从而削弱其自治权。为了避免该种概括式规定方式所带来的"全国性法律"范围的不确定性,《香港基本法》最终采取了将在香港特别行政区实施的全国性法律列入附件三的方式。与概括性规定方式相比,列举性方式所框定的"全国性法律"的范围更清楚。而且,由于它是由附件规定的,因此,相较《香港基本法》直接规定而言,修改程序更简便。1990 年 4 月 4 日,第七届全国人大第三次会议审议通过《香港基本法》。该法附件三列举的在香港特别行政区实施的全国性法律包括六部,分别是《关于中华人民共和国国都、纪年、国歌、国旗的决议》《关于中华人民共和国国庆日的决议》《中央人民政府公布中华人民共和国国徽的命令》《中华人民共和国政府关于领海的声明》《国籍法》《外交特权与豁免条例》。1997 年 7 月 1 日,第八届全国人大常委会第二十六次会议审议通过《全国人民代表大会常务委员会关于〈中华人民共和国香港特别行政区基本法〉附件三所列全国性法律增减的决定》,增加了 5 部在香港特别行政区实施的全国性法律,分别是《国旗法》《领

〔1〕《香港基本法(草案)征求意见稿》第 17 条。

事特权与豁免条例》《国徽法》《领海及毗连区法》《香港特别行政区驻军法》。与此同时,将《中央人民政府公布中华人民共和国国徽的命令》从附件三中删除。1998 年 11 月4 日,第九届全国人大常委会第五次会议审议通过《全国人民代表大会常务委员会关于增加〈中华人民共和国香港特别行政区基本法〉附件三所列全国性法律的决定》,将《专属经济区和大陆架法》增加到附件三中。2005 年 10 月 27 日,第十届全国人民代表大会常务委员会第十八次会议决定:在附件三中增加全国性法律《外国中央银行财产司法强制措施豁免法》。2017 年 11 月4 日,第十二届全国人大常委会第三十次会议审议通过《全国人大常委会关于增加〈中华人民共和国香港特别行政区基本法〉附件三所列全国性法律的决定》,将《国歌法》增入附件三中。至此,在香港特别行政区实施的全国性法律共包括 13 部。

二、全国性法律在香港特别行政区适用的必要性及限定条件

(一)全国性法律在香港特别行政区适用的必要性

围绕全国性法律在香港特别行政区的适用问题,在《香港基本法》起草过程中,曾经有过比较激烈的争论。

反对意见具体如下。(1)全国性法律不应在香港特别行政区适用,否则将违反《中英联合声明》。[1]《中英联合声明》附件一《中华人民共和国政府对香港的基本方针政策的具体说明》第2 条明确规定:“香港特别行政区成立后,香港原有法律(即普通法及衡平法、条例、附属立法、习惯法)除与《基本法》相抵触或香港特别行政区的立法机关作出修改者外,予以保留。香港特别行政区的立法权属于香港特别行政区立法机关。立法机关可根据《基本法》的规定并依照法定程序制定法律,报中华人民共和国全国人民代表大会常务委员会备案。立法机关制定的法

---

〔1〕 参见香港特别行政区基本法咨询委员会:《中华人民共和国香港特别行政区基本法(草案)征求意见稿:咨询报告》(1988 年),资料来源:香港大学法学图书馆网:https://julac.hosted.exlibrisgroup.com/permalink/f/1fsosp7/HKU_IZ21405818770003414,2020 年 8 月 10 日最后访问。

律凡符合《基本法》和法定程序者，均属有效。在香港特别行政区实行的法律为《基本法》，以及上述香港原有法律和香港特别行政区立法机关制定的法律。”在前述规定中，并未提及全国性法律在香港特别行政区的适用问题。(2)全国性法律在特别行政区适用会影响香港特别行政区的高度自治权。[1] 有学者指出，所谓全国性法律，“是指由全国人大及其常委会通过的在全国范围内适用的法律。这些法律主要是从内地的情况出发、符合内地的特点，基本上是内地的法律”。[2] 换句话说，全国性法律是针对内地的社会主义制度和具体情况制定的，不适用于香港特别行政区。依据《香港基本法》的规定，香港特别行政区享有高度自治的立法权，它在客观上对全国性法律在香港特别行政区的实施产生了限制作用；香港特别行政区享有高度自治的行政管理权，行政长官和政府可以独立地制定政府政策、发布行政命令、管理各项行政事务，不受内地行政法规或者部门规章的约束。如果将全国性法律适用于香港特别行政区，将影响香港特别行政区的自治权。

对此，笔者秉持不同立场。笔者认为，全国性法律有必要在香港特别行政区适用，但要限制其适用的范围。具体理由如下。

(1)应当全面准确地理解《中英联合声明》，不能孤立地理解《中英联合声明》附件一第2条的规定。《香港基本法》序言规定：“国家对香港的基本方针政策，已由中国政府在中英联合声明中予以阐明。”《中英联合声明》附件一《中华人民共和国政府对香港的基本方针政策的具体说明》第2条中所罗列的在香港特别行政区适用的法律，确实不包括全国人大及其常委会制定的全国性法律，但这并不能由此推导出全国性法律不能在香港特别行政区适用的结论。其原因在于：《中英联合声明》是一个整体，附件一第2条仅是其中的一个条款，不能对此作孤立的理

---

〔1〕 参见香港特别行政区基本法咨询委员会：《中华人民共和国香港特别行政区基本法(草案)征求意见稿：咨询报告》(1988年)，资料来源：香港大学法学图书馆网：https://julac.hosted.exlibrisgroup.com/permalink/f/1fsosp7/HKU_IZ21405818770003414，2020年8月10日最后访问。

〔2〕 萧蔚云：《论香港基本法对香港特别行政区法治的保障》，载《中外法学》1999年第2期。

解。《中英联合声明》第3条规定，中华人民共和国对香港的基本方针政策包括："香港特别行政区直辖于中华人民共和国中央人民政府。除外交和国防事务属中央人民政府管理外，香港特别行政区享有高度的自治权。"《中英联合声明》附件一《中华人民共和国政府对香港的基本方针政策的具体说明》第1条第2款规定："香港特别行政区直辖于中华人民共和国中央人民政府，并享有高度的自治权。除外交和国防事务属中央人民政府管理外，香港特别行政区享有行政管理权、立法权、独立的司法权和终审权。中央人民政府授权香港特别行政区自行处理本附件第十一节所规定的各项涉外事务。"依据前述规定，香港特别行政区仅是中国的一个地方行政区域单位，它固然享有行政管理权、立法权、独立的司法权和终审权，但它并没有外交、国防事务的管理权，后者属于中央人民政府的管理范围。中央对这些事务的管理，主要依据与此有关的全国性法律。如果此类法律不能在香港特别行政区实施，中央国家机关在香港特别行政区执行职权将面临无法可依的窘境。

（2）在香港特别行政区实施的全国性法律的范围明确规定于《香港基本法》中。《中英联合声明》附件一《中华人民共和国政府对香港的基本方针政策的具体说明》第2条中所罗列的在香港特别行政区适用的法律尽管不包括全国人大及其常委会制定的全国性法律，但包括《香港基本法》，该法明确规定了可以在香港特别行政区适用的全国性法律的范围，将前述《中英联合声明》第3条及其附件一第1条第2款中的方针政策作了具体的贯彻落实。《中英联合声明》第3条第12项规定："关于中华人民共和国对香港的上述基本方针政策和本联合声明附件一对上述基本方针政策的具体说明，中华人民共和国全国人民代表大会将以中华人民共和国香港特别行政区基本法规定之，并在五十年内不变。"《香港基本法》序言规定："根据中华人民共和国宪法，全国人民代表大会特制定中华人民共和国香港特别行政区基本法，规定香港特别行政区实行的制度，以保障国家对香港的基本方针政策的实施。"《香港基本法》第18条第2款规定："全国性法律除列于本法附件三者外，不在香港特别行政区实施。”第18条第4款规定:“全国人民代表大会常务委员会决定宣布战争状态或因香港特别行政区内发生香港特别行政区政府不能控制的危及国家统一或安全的动乱而决定香港特别行政区进入紧急状态,中央人民政府可发布命令将有关全国性法律在香港特别行政区实施。”依据前述规定,《香港基本法》附件三所列全国性法律以及特殊情况下的有关全国性法律可以在香港特别行政区实施,该规定是《中英联合声明》及其附件精神的具体贯彻落实。

(3)“一国”是“两制”的基础,香港特别行政区高度自治权的行使必须建立在维护国家主权统一和领土完整的基础上。《中英联合声明》第3条第1项规定,“为了维护国家的统一和领土完整,并考虑到香港的历史和现实情况,中华人民共和国决定在对香港恢复行使主权时,根据中华人民共和国宪法第三十一条的规定,设立香港特别行政区”。《中英联合声明》附件一《中华人民共和国政府对香港的基本方针政策的具体说明》第1条第1款规定:“中华人民共和国宪法第三十一条规定:‘国家在必要时得设立特别行政区。在特别行政区内实行的制度按照具体情况由全国人民代表大会以法律规定。’据此,中华人民共和国将在1997年7月1日对香港恢复行使主权时,设立中华人民共和国香港特别行政区。中华人民共和国全国人民代表大会将根据中华人民共和国宪法制定并颁布中华人民共和国香港特别行政区基本法,规定香港特别行政区成立后不实行社会主义的制度和政策,保持香港原有的资本主义制度和生活方式,五十年不变。”依据前述规定,香港特别行政区由以设立的法理基础是“一个国家,两种制度”。根据该方针,香港特别行政区行使高度自治权和中央行使主权是并行不悖的。全国性法律在香港特别行政区的实施是中央对香港特别行政区行使主权的具体体现,它不仅不会削弱香港特别行政区的自治权,反而会夯实其自治权由以行使的主权基础,确保其顺畅地实现。基于对香港特别行政区自治权的尊重,《香港基本法》第18条规定,“任何列入附件三的法律,限于有关国防、外交和其他按基本法规定不属于特别行政区自治范围的法律”。

(二)全国性法律在香港特别行政区实施的限定条件

在香港特别行政区实施的全国性法律总体可以分为两大类:《香港基本法》明文规定可以在香港特别行政区实施的全国性法律;《香港基本法》没有明文规定,但实际上在香港特别行政区实施的全国性法律。其中,第一类全国性法律包括两种,即常规状态下在香港特别行政区实施的全国性法律和非常规状态下在香港特别行政区实施的全国性法律。前述两种全国性法律类别不同,各自在香港特别行政区实施的条件也不甚相同,具体可以分三种情形加以分析。

其一,列于《香港基本法》附件三的全国性法律。该类法律属于常规状态下在香港特别行政区实施的全国性法律,也是最主要的实施于香港特别行政区的全国性法律。《香港基本法》第 18 条第 2 款、第 3 款对全国性法律在香港特别行政区的实施作了明确规定:"全国性法律除列于本法附件三者外,不在香港特别行政区实施。凡列于本法附件三之法律,由香港特别行政区在当地公布或立法实施。""全国人民代表大会常务委员会在征询其所属的香港特别行政区基本法委员会和香港特别行政区的意见后,可对列于本法附件三的法律作出增减,任何列入附件三的法律,限于有关国防、外交和其他按基本法规定不属于特别行政区自治范围的法律。"依据前述规定,列于附件三的全国性法律在香港特别行政区的实施,必须符合三个条件。(1)必须列于附件三,且列于附件三的全国性法律仅限于有关国防、外交和其他按基本法规定不属于特别行政区自治范围的法律。之所以要求该类全国性法律必须列于附件三,一是因为《香港基本法》的条文结构不适合对该类法律作列举性规定;二是因为附件三相较《香港基本法》正文更容易修改变动。《香港基本法》第 159 条所规定的基本法修改程序较为繁杂,与之相比,附件三的修改却较简洁,从而确保全国人大常委会因应香港特别行政区政制发展的需要作出动态的调整。对该类全国性法律的范围作出限制性要求,主要是基于对香港特别行政区自治权的尊重和维护,从而确保该类法律在香港特别行政区的适用既能够维护国家主权,又不损害其的自治权。(2)列于附件三的全国性法律必须由香港特别行政区在当地公布或者立法之后,方才能够在香港特别行政区实施。作出该项限制性要求,一是基于对香港特别行政区自治权的尊重和维护;二是为了实现全国性法律在香港特别行政区的实施性转化。在香港特别行政区实施的全国性法律是由全国人大及其常委会制定的,但内地的国家机关无权在香港特别行政区贯彻实施。如果不经过前述转化程序,将导致内地国家机关无权实施、香港特别行政区公权机关也无法实施的尴尬局面。此外,全国人大及其常委会制定的全国性法律尽管关涉国家主权事项,但也要尽可能地实现和香港特别行政区实际情况的衔接。因此,列于附件三的全国性法律,香港特别行政区要根据实际情况采取公布或者立法实施性转化的方式加以贯彻落实。(3)列于附件三的全国性法律可以根据情况增减,但应当由全国人大常委会决定,且全国人大常委会在行使该项权力时必须征询其所属的香港特别行政区基本法委员会和香港特别行政区政府的意见。决定某项全国性法律是否在香港特别行政区实施是主权范围内的事情,应当由中央国家机关决定,而不能由香港特别行政区的某机关决定。《香港基本法(草案)征求意见稿》曾规定由国务院决定哪些全国性法律在香港特别行政区实施,但是,由于全国性法律是全国人大及其常委会制定的,国务院是最高国家权力机关的执行机关,由国务院决定哪些全国性法律在香港特别行政区实施不太合适。与之相比,全国人大常委会是最高国家权力机关的常设机关,有权解释法律、监督法律,因此,由它来决定更加合适。当然,为了能够和香港特别行政区有关方面进行充分的沟通,全国人大常委会在作出增删决定前,应当征询其所属的香港基本法委员会和香港特别行政区政府的意见。

其二,非常规状态下在香港特别行政区实施的全国性法律。该类法律在《香港基本法》中有明文规定,但常规状态下不在香港特别行政区实施,而且,《香港基本法》中对该类法律并未作列举性的规定,只是限定了一个框架性的范围。《香港基本法》第18条第4款规定,"全国人民代表大会常务委员会决定宣布战争状态或因香港特别行政区内发生香港特别行政区政府不能控制的危及国家统一或安全的动乱而决定香港特别行政区进入紧急状态,中央人民政府可以发布命令将有关全国性法律在香港特别行政区实施”。依据该规定,非常规状态下全国性法律在香港特别行政区的实施必须符合三个条件:(1)必须发生特定情况,即全国人大常委会决定宣布战争状态或因香港特别行政区发生香港特别行政区政府不能控制的危及国家统一或安全的动乱而决定香港特别行政区进入紧急状态;(2)发生前述情况时,中央人民政府发布命令,将有关全国性法律在香港特别行政区实施;(3)该类全国性法律是指与“战争或紧急状态”有关的全国性法律,如有关戒严、动员、宵禁等方面的法律。

其三,《香港基本法》没有明文规定,但实际上在香港特别行政区实施的全国性法律。该类法律在《香港基本法》中没有规定,具体范围不甚确定,在香港特别行政区实施的条件不甚清晰。按照本章的写作思路,该类“全国性法律”不属于本章着力研究的范围。在实践中,该类全国性法律多表现为全国人大及其常委会、香港特别行政区筹委会专门为解决香港问题作出的决定或者决议,内容上属于香港特别行政区自治范围之外的事项,适用范围主要限定于或者仅适用于香港特别行政区。目前,在香港特别行政区实施的该类决定、决议有十几个,主要包括:《全国人民代表大会关于〈中华人民共和国香港特别行政区基本法〉的决定》《全国人民代表大会关于设立香港特别行政区的决定》《香港特别行政区选举第九届全国人民代表大会代表的办法》《全国人民代表大会常务委员会关于设立全国人民代表大会常务委员会香港特别行政区筹备委员会预备工作委员会的决定》《全国人民代表大会香港特别行政区筹备委员会关于基本法第二十三条立法问题的决定》《全国人民代表大会香港特别行政区筹备委员会关于设立香港特别行政区临时区域组织的决定》等。该类全国性法律的性质究竟是否属于法律,学理上存在一定争议。

三、全国性法律在香港特别行政区实施的程序

(一)《香港基本法》附件三所列全国性法律在香港实施的程序

《香港基本法》第18条第2款规定:“全国性法律除列于本法附件三者外,不在香港特别行政区实施。凡列于本法附件三之法律,由香港特别行政区在当地公布或立法实施。”《香港基本法》附件三规定:“下列全国性法律,自一九九七年七月一日起由香港特别行政区在当地公布或立法实施。”依据前述规定,列于《香港基本法》附件三的全国性法律必须经由香港特别行政区在当地公布或者立法方才能够在香港特别行政区实施。未经香港特别行政区公布或者立法,全国性法律即便列于基本法附件三,也不能在香港特别行政区实施。也就是说,由香港特别行政区在当地公布或者立法是全国性法律在香港特别行政区实施的必经程序。前者是全国性法律在香港特别行政区的直接实施程序,后者是全国性法律在香港特别行政区的间接实施程序。公布和立法之间的差别比较大,公布程序相对比较简单,由香港特别行政区政府在其政府宪报上刊登即可完成该程序;与之相比,立法程序则较复杂,要由香港特别行政区政府向香港特别行政区立法会提出在香港特别行政区实施全国性法律的议案,然后由香港特别行政区立法会对该全国性法律进行具体化,以适应香港特别行政区的制度环境。前述《香港基本法》第18条第2款和《香港基本法》附件三所作规定有三个衍生问题。

1.由谁决定《香港基本法》附件三所列全国性法律以何种方式在香港特别行政区实施。对此,《香港基本法》第18条第2款和附件三没有作出明确规定。有学者认为:“在行政主导政治体制下,不论是公布程序还是立法程序,列于附件三的全国性法律在香港特区的实施首先必须经过香港特区政府这一主体,因此一项全国性法律究竟采取何种程序实施,应当由香港特区政府视具体情况而定。”[1]对此,笔者秉持类同立

---

〔1〕 张小帅:《论全国性法律在香港特区的实施——基于对〈香港基本法〉第十八条的分析》,载《港澳研究》2015年第3期。

场。主要理由有两点：其一，从《香港基本法》第18条第2款和附件三所作规定的字面含义来看，全国人大已经授权香港特别行政区决定；其二，香港特别行政区实行的是行政主导型的政治体制。

2. 列于《香港基本法》附件三的全国性法律中，究竟哪些应当采取公布的方式在香港特别行政区实施，哪些应当采取立法的方式实施？对此，《香港基本法》第18条第2款和附件三也没有作出明确规定，实践中要由香港特别行政区政府根据具体情况加以决定。就一般情形而言，规定比较具体，不需要制定实施细则，且适应香港特别行政区具体情况的全国性法律，可以由香港特别行政区政府直接在其政府宪报上公布实施，如《关于中华共和国国都、纪年、国歌、国旗的决议》《香港特别行政区驻军法》《外交特权与豁免条例》等都可以采取该种方式。相比之下，规定比较原则或者不太适合香港特别行政区具体情况的全国性法律，可以由香港特别行政区立法会制定适应性立法加以实施。例如，为实施《国旗法》《国徽法》，香港特别行政区立法会制定了《国旗及国徽条例》；为实施《国庆日的决议》，香港特别行政区立法会制定了《特区假日条例》等。

3. 在公布或者立法实施全国性法律的过程中，香港特别行政区政府或者立法会是否可以对相关全国性法律作出变更呢？对此，《香港基本法》中没有作出明确规定，学界对此的理解也不甚相同，主要有三种立场。其一，否定说。该种观点认为，“未经相应中央国家机关的授权，行政长官或立法会不得对有关的全国性法律做出调整或修改。在当地公布或立法实施程序性的，不是实质性的，也不是指根据有关全国性法律的条文由香港特区制定具体的实施细则”。[1] 其二，肯定说。该种观点认为，香港特别行政区立法会在通过本地立法实施全国性法律时，可以根据具体情况对全国性法律中的相关规定进行转化。一是根据普通法系法律文化的特点，对全国性法律的法条用词进行转化。二是根据香港

---

[1] 宋小庄：《论“一国两制”下中央和香港特区的关系》，中国人民大学出版社2003年版，第154页。

特别行政区的法制特点，对具有内地法制特点的全国性法律进行转化，具体分为三种情况。(1)如果某项内容为内地法制所独有，那么香港特别行政区在进行本地立法时可以不作规定。例如，《国旗法》第19条规定，对某些行为可以参照《治安管理处罚法》处以15日以下拘留，由于香港特别行政区没有行政拘留制度，因此不需要对该规定进行本地立法。(2)如果某项内容是内地与香港特别行政区法制所共有的，那么香港特别行政区进行本地立法时，应当比照全国性法律进行转化。例如，《国旗及国徽条例》第7条对侮辱国旗罪的法定最高刑罚与内地《刑法》第299条的规定相同。(3)如果某项内容为香港特别行政区法制所独有或者属于其强制性规定，那么香港特别行政区本地立法对此仍然应当遵循。[1] 其三，折中说。该观点认为，香港特别行政区对列于附件三的全国性法律能否变更，不能一概而论，要根据具体的实施方式而定：如果采取公布方式在香港特别行政区实施列于附件三的全国性法律，由于公布程序是形式性的而非实质性的，因此，香港特别行政区政府不得对全国性法律作出任何实质性变更；如果采取立法方式在香港特别行政区实施列于附件三的全国性法律的，由于列于附件三的全国性法律的实质内容关涉国家主权、统一和领土完整，香港特别行政区立法会为实施全国性法律而进行本地立法时，不得变更全国性法律的实质内容，但可以根据香港特别行政区所属普通法系法律文化和香港特别行政区自身法制的特点，对全国性法律作出相应适应性转化。[2]

(二)非正常状态下全国性法律在香港特别行政区实施的程序

《香港基本法》第18条第2款规定："全国性法律除列于本法附件三者外，不在香港特别行政区实施。凡列于本法附件三之法律，由香港特别行政区在当地公布或立法实施。"该规定所指向的是常规意义上全国

---

〔1〕 参见马正楠：《论全国性法律在香港适用的权力冲突——以香港"侮辱国旗案"为例》，载《法律适用》2012年第11期。

〔2〕 参见张小帅：《论全国性法律在香港特区的实施——基于对〈香港基本法〉第十八条的分析》，载《港澳研究》2015年第3期。

性法律在香港特别行政区实施的程序,可以理解为全国性法律在香港特别行政区实施的原则性规定。《香港基本法》第18条第4款规定:“全国人民代表大会常务委员会决定宣布战争状态或因香港特别行政区内发生香港特别行政区政府不能控制的危及国家统一或安全的动乱而决定香港特别行政区进入紧急状态,中央人民政府可发布命令将有关全国性法律在香港特别行政区实施。”该规定所指向的是非正常状态下全国性法律在香港特别行政区实施的程序,可以理解为全国性法律在香港特别行政区实施的例外规定。与前者相比,非正常状态下全国性法律在香港特别行政区实施的情形在实践中发生的概率比较少,程序与前者不甚相同,不需要香港特别行政区的公布或实施。依据该规定,非正常状态下全国性法律在香港特别行政区实施的程序包括以下三点。

1. 必须发生特定的情形:战争状态或紧急状态。所谓战争状态,是指当国家安全受到严重威胁时,将军队处于最高级的备战状态,并向全国发布战争动员令的一种战斗紧张形势,是交战国之间的敌对状态。一旦进入战争状态,交战国之间的外交关系、经济贸易等关系即告断绝,原签订的协议也告中止。双方将撤回外交人员和侨民。战争状态通常以签订停战或和平协定而告结束,也有战胜国单方面宣布结束战争状态的。战争状态通常需要国家间宣战,表示正式进入战争状态,但也有例外。例如,德国突袭波兰,日本偷袭珍珠港。法律上的战争状态,指战争正式开始至正式结束期间交战国之间关系的法律状态。单纯发生武装敌对行为的事实并不自动产生法律上的战争状态。法律上战争状态的开始和结束通常通过一定的法律程序,并伴随一系列的法律后果。所谓紧急状态,是指发生或者即将发生特别重大突发事件,需要国家机关行使紧急权力予以控制、消除其社会危害和威胁时,有关国家机关按照宪法、法律规定的权限决定并宣布局部地区或者全国实行的一种临时性的严重危急状态。在紧急状态下,各国的法律都有相应规定,政府可以采取特别措施,来限制社会成员一定的行动;政府还有权强制有关公民有偿提供一定劳务或者财物,社会成员也有义务配合政府紧急状态下采取的措施,来应对和解除突发事件。实行紧急状态的目的是通过对国家一些权力的调整、对社会成员一些权利义务的重新确定,以及时、有效地控制、消除威胁和危害。

2. 战争状态或者紧急状态必须由全国人大常委会决定宣布,其中,紧急状态的决定宣布必须是因为香港特别行政区内发生香港特别行政区政府不能控制的危及国家统一或安全的动乱。战争状态、紧急状态属于非正常法律状态。我国《宪法》在第四次修正前规定了三类非常法律状态:战争、动员和戒严。2004 年 3 月 14 日,中华人民共和国第十届全国人民代表大会第二次会议通过的第四个宪法修正案,用紧急状态取代了戒严,紧急状态包括戒严但不限于戒严。由此,《宪法》规定的非常法律状态仍然保持三类:紧急、战争、动员。

《宪法》第 62 条第 15 项、第 67 条第 19 项对战争状态的决定权作了明确规定,内容是全国人大有权“决定战争和和平的问题”,全国人大常委会有权“在全国人大闭会期间,如果遇到国家遭受武装侵犯或者必须履行国际间共同防止侵略的条约的情况,决定战争状态的宣布”。依据前述规定,全国人大、全国人大常委会均有权决定宣布战争状态,《香港基本法》第 18 条第 4 款将战争状态的决定宣布权单一地限定为全国人大常委会可能主要是基于应对战争的突发性而作的制度设计,理论上全国人大也具有当然的战争状态决定宣布权。根据《宪法》第 67 条第 21 项、第 89 条第 16 项的规定,有权决定紧急状态的机关分别是全国人大常委会和国务院。其权限划分是,全国人大常委会有权决定全国或者个别省、自治区、直辖市进入紧急状态,国务院有权依照法律规定决定省、自治区、直辖市范围内部分地区进入紧急状态。此外,为了及时作出应急反应,对于全国或者个别省、自治区、直辖市进入紧急状态的决定,国务院依法还应有提请全国人大常委会作出决定的请求权。根据《宪法》第 80 条、第 89 条第 16 项的规定,有权宣布进入紧急状态的分别是国家主席和国务院。国家主席根据全国人大常委会的决定,宣布全国或者个别省、自治区、直辖市进入紧急状态;国务院决定并宣布省、自治区、直辖市范围内部分地区进入紧急状态。因此,对全国或者个别省、自治区、直辖市实施紧急状态,其决定机关和宣布机关是不同的,决定机关是国家的权力机关,而宣布机关是国家主席;对省、自治区、直辖市范围内部分地区实施紧急状态,由国务院作出决定并宣布。值得注意的是,《宪法》中并无关于全国人大常委会决定香港特别行政区、国务院决定香港特别行政区内部分地区进入紧急状态的规定,也无关于宣布香港特别行政区进入紧急状态的规定,而《香港基本法》第 18 条第 4 款笼统地规定为全国人大常委会决定香港特别行政区进入紧急状态,二者的内容不甚一致,似乎应该由全国人大常委会通过释法决定的形式对此加以阐释和说明。

3. 中央人民政府发布有关全国性法律在香港特别行政区实施的命令。香港特别行政区一旦发生《香港基本法》第 18 条第 4 款所规定的情形,全国人大常委会决定宣布进入战争状态或国家主席宣布香港特别行政区进入紧急状态,中央人民政府将根据全国人大常委会的决定发布命令,将与战争状态或紧急状态有关的全国性法律在香港特别行政区实施,进而依据该类法律在香港特别行政区行使职权,如实施战争动员、戒严、宵禁等。在该种情形下,香港特别行政区的有关法律将停止实施,香港居民的基本权利和自由将受到限制。与《香港基本法》附件三所列全国性法律在香港特别行政区的实施程序不同,该类与战争状态、紧急状态有关的全国性法律在香港特别行政区实施,既不需要提前征询香港特别行政区基本法委员会和香港特别行政区政府的意见并将其列于《香港基本法》附件三,也不需要香港特别行政区公布或者立法转化,中央人民政府直接发布命令将其实施于香港特别行政区即可。该种制度设计的原因在于:《香港基本法》所列全国性法律在香港特别行政区的实施程序较烦琐,不适合战争状态、紧急状态下对国家主权、统一和领土完整维护的需要;战争状态、紧急状态下全国性法律在香港特别行政区的实施是暂时性的,而附件三所列全国性法律在香港特别行政区的实施是长期的。

四、《香港基本法》附件三所列全国性法律在香港特别行政区的实施情况

(一)《香港基本法》附件三所列全国性法律在香港特别行政区实施总体情况的框架性分析

早在1990年全国人大审议通过《香港基本法》时,列于附件三中的全国性法律就有6部。1997年香港特别行政区成立当天,全国人大常委会审议通过了对基本法附件三中所列全国性法律进行增减的决定(以下简称"第一次决定"),将《国旗法》《领事特权与豁免条例》《国徽法》《领海及毗连区法》《驻军法》五部全国性法律增入附件三,同时删除附件三中原有的《中央人民政府公布中华人民共和国国徽的命令》。1998年、2005年和2017年,全国人大常委会先后通过"第二次决定"、"第三次决定"和"第四次决定",将《专属经济区和大陆架法》《外国中央银行财产司法强制措施豁免法》《国歌法》等3部全国性法律增入附件三。至此,列于《香港基本法》附件三的全国性法律共13部。根据《香港基本法》第18条第2款及附件三的规定,凡列于基本法附件三之法律,由香港特别行政区在当地公布或立法实施。1997年7月1日,时任香港特别行政区行政长官董建华颁布了题为《1997年全国性法律公布》的行政命令:"鉴于《中华人民共和国香港特别行政区基本法》第十八条规定,列于该法附件三的全国性法律须由香港特别行政区在当地公布或立法实施。因此本人,香港特别行政区行政长官董建华,现公布:列于各附表的全国性法律在香港特别行政区实施。"该行政命令所附五个附表的内容分别是基本法附件三中的5部全国性法律,其中不包括《中央人民政府公布中华人民共和国国徽的命令》。全国人大常委会同日作出的"第一次决定"将《国徽法》增入基本法附件三,删除了《中央人民政府公布中华人民共和国国徽的命令》,因此,该命令自然也就没有公布的必要。1997年7月1日香港特别行政区行政长官发布的《1997年全国性法律公布(第2号)》同样以附表的形式宣布将全国人大常委会"第一次决定"增入附件三的3部全国性法律《领海及毗连区法》《驻军法》《领事特

权与豁免条例》公布实施,其中不包括《国旗法》《国徽法》。1998 年,香港特别行政区行政长官以同样的方式宣布全国人大常委会 1998 年"第二次决定"中增加附件三的《专属经济区和大陆架法》在香港特别行政区实施。此后,特别行政区没有再发布过相关的公布全国性法律在香港特别行政区实施的法律文件。由此可见,《香港基本法》附件三中所列的 13 部全国性法律中,《国旗法》《国徽法》《外国中央银行财产司法强制措施豁免法》3 部全国性法律没有通过公布的方式在香港特别行政区实施。那么,这 3 部全国性法律是否通过适应性地方立法的方式在香港特别行政区实施了呢?

就《外国中央银行财产司法强制措施豁免法》而言,应该没有。该部法律原本是应香港特别行政区的请求制定的,在将其列入基本法附件三之后,香港特别行政区倾向于通过本地配套立法的方式予以实施,[1] 但香港特别行政区迄今为止并未制定过相关的地方适应性配套立法,因此,该部全国性法律在香港特别行政区没有获得真正的实施。就《国旗法》《国徽法》而言,学界的理解不甚一致,主要有两种观点。其一,肯定说。该观点认为,香港特别行政区已经通过适应性地方立法(《国旗及国徽条例》)的形式在香港特别行政区实施了《国旗法》《国徽法》。学界主流秉持该种立场。香港特别行政区终审法院在"香港特别行政区政府诉吴恭劭、利建润侮辱国旗、区旗案"终审判决书中就曾经指出,"1997 年 7 月 1 日,全国人大常委会把中国国旗法增补入《基本法》附件三内,香港特别行政区因此要透过公布或立法程序在特区实施这法例。香港特别行政区立法机关为履行这项责任制定国旗条例"。其二,否定说。该观点认为,《国旗及国徽条例》早在香港回归之前就已经由香港特别行政区临时立法会审议通过了,而《国旗法》《国徽法》直至 1997 年 7 月 1 日香港回归方才由全国人大常委会将其增入基本法附件三。既然如

[1] 参见《在香港实施有关外国中央银行财产豁免的全国性法律》,载香港特别行政区政府新闻网:http://www.info.gov.hk/gia/general/200510/27/p200510270275.htm,2020 年 7 月 18 日最后访问。

此，先于《国旗法》《国徽法》制定的《国旗及国徽条例》怎么有可能是《国旗法》《国徽法》在香港特别行政区的实施性地方立法呢？笔者倾向于认为，尽管《国旗及国徽条例》在香港回归之前就已经制定，而《国旗法》《国徽法》在香港回归后方才列入基本法附件三，但是，从实际情况来看，为了保持二者之间的衔接，《国旗及国徽条例》实际上是根据《国旗法》《国徽法》制定的，其性质应当属于《国旗法》《国徽法》的适应性地方立法。因此，《国旗法》《国徽法》并未通过适应性立法方式在香港特别行政区获得实施。

《国籍法》是1990年《香港基本法》制定之初就列于附件三的全国性法律，1997年7月1日香港回归时，香港特别行政区行政长官董建华颁布的题为“1997年全国性法律公布”的行政命令中也将《国籍法》公布实施。该法除第15条之外，其他条文均可直接适用于香港特别行政区。该条规定：“受理国籍申请的机关，在国内为当地市、县公安局，在国外为中国外交代表机关和领事机关。”香港特别行政区没有公安局，尽管外交部驻港特派员公署作为外交部代表机构，但是，因为香港特别行政区属于国内，该机构无法在香港特别行政区受理关涉国籍的申请。因此，该条无法在香港特别行政区直接实施，进而导致整部《国籍法》无法在香港特别行政区直接适用。如果由香港特别行政区立法会通过本地适应性立法予以实施，不具有必要性。鉴于此，全国人大常委会1996年颁布了《关于〈中华人民共和国国籍法〉在香港特别行政区实施的几个问题的解释》，“授权香港特别行政区政府指定其出入境事务处为香港特别行政区受理国籍申请的机关，香港特别行政区入境事务处根据《中华人民共和国国籍法》和以上规定对所有国籍申请事宜作出处理”。该解释较妥当地解决了《国籍法》第15条在香港特别行政区的适用问题，在公布实施与立法实施两种方式之外，开辟出了一条依托公布实施、辅之以立法解释的新路。

（二）全国性法律在香港特别行政区的实施主体

《香港基本法》附件三所列全国性法律是由《宪法》和《立法法》规定

的国家立法机关制定的，但其实施主体却并非内地国家公权机关，而是香港特别行政区立法、行政、司法机关。对此，《香港基本法》第 18 条第 2 款及附件三中均规定，凡列于《香港基本法》附件三的全国性法律，由香港特别行政区在当地公布或立法实施。该规定是关于附件三所列全国性法律在香港特别行政区实施的原则性规定，其目的是维护香港特别行政区的宪制性权力。依据《香港基本法》第 18 条第 3 款的规定，任何列入附件三的全国性法律，限于有关国防、外交和其他按本法规定不属于香港特别行政区自治范围的法律。香港特别行政区政府对关涉前述事项的任何全国性法律都有实施权，但是，香港特别行政区法院实施关涉前述事项之全国性法律的权力却受到限制。依据《香港基本法》第 19 条第 3 款的规定，“香港特别行政区法院对国防、外交等国家行为无管辖权。香港特别行政区法院在审理案件中遇有涉及国防、外交等国家行为的事实问题，应取得行政长官就该等问题发出的证明文件，上述文件对法院有约束力。行政长官在发出证明文件前，须取得中央人民政府的证明书”。依据该规定，香港特别行政区实施的全国性法律如关涉国防、外交等国家行为，香港特别行政区没有司法管辖的宪制性权力。此外，在香港特别行政区实施的全国性法律中，《香港特别行政区驻军法》对一些事务的管辖权问题作了比较详细的规定，相关问题或者纠纷的管辖权要根据该法的具体规定加以确定，不能一概认为该法在香港特别行政区的实施主体完全是香港特别行政区公权机关。例如，《香港特别行政区驻军法》第 20 条规定：“香港驻军人员犯罪的案件由军事司法机关管辖；但是，香港驻军人员非执行职务的行为，侵犯香港居民、香港驻军以外的其他人的人身权、财产权以及其他违反香港特别行政区法律构成犯罪的案件，由香港特别行政区法院以及有关的执法机关管辖。”又如，《香港特别行政区驻军法》第 23 条规定：“香港驻军人员违反香港特别行政区的法律，侵害香港居民、香港驻军以外的其他人的民事权利的，当事人可以通过协商、调解解决；不愿通过协商、调解解决或者协商、调解不成的，被侵权人可以向法院提起诉讼。香港驻军人员非执行职务的行为引起的民事侵权案件，由香港特别行政区法院管辖；执行职务的行为引起的民事侵权案件，由中华人民共和国最高人民法院管辖，侵权行为的损害赔偿适用香港特别行政区法律。”

《香港基本法》第18条第4款规定：“全国人民代表大会常务委员会决定宣布战争状态或因香港特别行政区内发生香港特别行政区政府不能控制的危及国家统一或安全的动乱而决定香港特别行政区进入紧急状态，中央人民政府可发布命令将有关全国性法律在香港特别行政区实施。”该条规定的“全国性法律”也在香港特别行政区实施，但并未列于《香港基本法》附件三之内，该类法律在香港特别行政区的实施不受《香港基本法》第18条第2款和附件三的限制，即香港特别行政区无须在当地公布或立法实施。而且，该类法律的具体名称及范围在基本法中也未作出明确规定。全国人大常委会在决定宣布战争状态或者决定香港特别行政区进入紧急状态之后，该类法律通过中央人民政府发布命令的方式径行在香港特别行政区实施，实施主体是各相关全国性法律所规定的内地公权机关，不需要香港特别行政区公权机关实施。除前述两种全国性法律之外，全国人大及其常委会制定的一些专门性法律，如《香港特别行政区选举第九届全国人民代表大会代表的办法》，也在香港特别行政区实施，但是，该类法律也不受《香港基本法》第18条第2款规定的限制，无须香港特别行政区在当地公布或立法实施，可以由全国人大常委会径行决定实施。不过，其实施主体不同于《香港基本法》第18条第4款规定的全国性法律的实施主体，即不是内地相关国家公权机关，而是香港特别行政区公权机关。

（三）《香港基本法》附件三所列全国性法律与香港特别行政区相关立法的效力位阶关系

诚如前述，在香港特别行政区实施的全国性法律包括三种类型：列于《香港基本法》附件三的全国性法律、《香港基本法》第18条第4款所规定的非常规状态下实施于香港特别行政区的全国性法律、《香港基本法》没有明文规定但实际上在香港特别行政区实施的全国性法律。在前述3种类型的全国性法律中，后面两种类型不涉及与香港特别行政区本地法律的位阶比较问题，与之相比，列于《香港基本法》附件三的全国性法律由于涉及与香港特别行政区立法的并行实施问题，因此有必要对它们的效力位阶关系加以比较说明。对于列于附件三之全国性法律与香港特别行政区法律的位阶关系问题，《香港基本法》中并未明确规定，香港特别行政区一些立法中有规定，主要包括两种情况。

其一，在香港特别行政区直接实施的全国性法律与香港特别行政区既有法律之间的位阶关系。列于《香港基本法》附件三的全国性法律中，有一些法律由香港特别行政区在当地公布即可实施，香港特别行政区立法会无须制定适应性立法，该类法律属于此处所说的直接在香港特别行政区实施的全国性法律。由于没有本地配套实施性立法，与其产生效力位阶关系的是香港特别行政区既有的法律。例如，列于《香港基本法》附件三的《外交特权与豁免条例》《领事特权与豁免条例》等2部全国性法律，和香港特别行政区既有的《领事关系条例》均涉及处理外交人员特权等事务。后者在其第8条“全国性法律的实施”中规定，如果该条例和《香港基本法》附件三中的前述两部全国性法律有相互冲突或者抵触之处，均以全国性法律为准，明确宣告了2部全国性法律的效力优先等级。

其二，在香港特别行政区间接实施的全国性法律与香港特别行政区实施性立法之间的效力位阶关系。如前所说，列于《香港基本法》附件三的《国旗法》《国徽法》并未获得香港特别行政区行政长官的公布，它们在香港特别行政区的实施是经由香港特别行政区立法会的立法实现的，香港特别行政区《国旗与国徽条例》是前述2部全国性法律在香港特别行政区的实施性立法。《国旗与国徽条例》第9条规定：“如本条例与根据《基本法》附件三公布的任何全国性法律有不相符之处，本条例须解释为该全国性法律的特别实施或改编本，并如此实施。”依据该规定，《国旗与国徽条例》如果与《国旗法》《国徽法》之间存在冲突，应当以前者为准。对此，有学者提出质疑，认为下位法无权制定一项冲突解决规范,用以自行解决其和上位法之间存在的冲突。[1] 进言之,作为下位法的《国旗及国徽条例》无权确定其相较于上位法《国旗法》《国徽法》的优先适用效力。对此,笔者秉持不同立场。笔者认为,将《国旗及国徽条例》想当然地认为是《国旗法》《国徽法》的下位阶法并没有基本法层面的依据,而且,该条例是《国旗法》《国徽法》在香港特别行政区的实施性立法,即便它们之间是上位法与下位法的关系,也并不意味着它们发生冲突时必须优先适用《国旗法》《国徽法》,而应当秉持"效力优先、适用优先"的准则加以处理。也就是说,在承认《国旗法》《国徽法》上位阶法地位的前提下,优先适用作为下位法的《国旗及国徽条例》。这种情况与前述第一种情况具有本质的不同。

第二节 全国性法律在香港特别行政区实施的理论和实践

一、"一地两检"问题中全国性法律在香港特别行政区的适用

(一)"一地两检"中全国性法律适用的深圳湾模式

所谓"一地两检",一般是指在两个国家(或地区)的边境口岸,在同一处地点完成两地的出境与入境检查、检疫手续。本书所说的"一地两检",是指香港特别行政区和内地进出境执法机关集中于同一地办公,共享一处查验场地,双方按各自的法律法规实施查验,进行清关手续,以求两地人民能够获得交通上的便利。[2] 香港特别行政区和内地实行"一地两检"的做法肇始于深圳湾。2006 年,第十届全国人大常委会第二十三次会议审议了国务院关于提请审议授权香港特别行政区对深圳湾口岸港方口岸区实施管辖的议案;第二十四次会议审议了关于授权香港特别行政区对深圳湾口岸港方口岸区实施管辖的决定(草案)。会议认为,为了缓解内地与香港特别行政区交往日益增多带来的陆路通关压

---

〔1〕 参见马正楠:《论全国性法律在香港适用的权力冲突——以香港"侮辱国旗案"为例》,载《法律适用》2012 年第 11 期。

〔2〕 参见梁美芬:《"一地两检"法律透视》,载香港《文汇报》2017 年 4 月 11 日,第 A11 版。

力，适应深圳市与香港特别行政区之间交通运输和便利通关的客观要求，促进内地和香港特别行政区之间的人员交流和经贸往来，推动两地经济共同发展，在深圳湾口岸内设立港方口岸区，专用于人员、交通工具、货物的通关查验，是必要的。2006年10月31日，第十届全国人大常委会第二十四次会议审议通过《全国人大常委会关于授权香港特别行政区对深圳湾口岸港方口岸区实施管辖的决定》，内容包括以下几点。(1)授权香港特别行政区自深圳湾口岸启用之日起，对该口岸所设港方口岸区依照香港特别行政区法律实施管辖。香港特别行政区对深圳湾口岸港方口岸区实行禁区式管理。(2)深圳湾口岸港方口岸区的范围，由国务院规定。(3)深圳湾口岸港方口岸区土地使用期限，由国务院依照有关法律的规定确定。

2006年12月30日，国务院针对广东省人民政府的请示和香港特别行政区的要求作出批复，即《国务院关于授权香港特别行政区实施管辖的深圳湾口岸港方口岸区范围和土地使用期限的批复》。[1] 该批复指出，"广东省人民政府、香港特别行政区政府：依照2006年10月31日第十届全国人民代表大会常务委员会第二十四次会议通过的《全国人民代表大会常务委员会关于授权香港特别行政区对深圳湾口岸港方口岸区实施管辖的决定》和有关法律法规，根据广东省人民政府请示并应香港特别行政区政府要求，现就在深圳湾口岸区内设立的授权香港特别行政区实施管辖的深圳湾口岸港方口岸区的范围和土地使用期限批复如下：一、深圳湾口岸港方口岸区范围包括港方查验区和与之相连接的深圳湾公路大桥部分桥面。港方查验区总用地面积为41.565公顷（具体以界址点坐标控制，详见附件1）。深圳湾公路大桥部分桥面是指从港方查验区东南部边界至粤港分界线的部分（具体以界址点坐标控制，详见附件2）。二、深圳湾口岸港方口岸区的土地使用权，由香港特别行政区政府同广东省深圳市人民政府签订国有土地租赁合同，以租赁的方式取

---

〔1〕 国函〔2006〕132号。

得,土地使用期限自口岸启用之日起至 2047 年 6 月 30 日止。经双方协商并按程序报经国务院批准,可提前终止土地使用权或者在租赁期满后续期”。

2007 年 4 月 25 日,香港特别行政区立法会审议通过了《深圳湾港方口岸区条例》,确立了以下四项关键原则:港方口岸区属禁区;香港特别行政区法律适用于港方口岸区;港方口岸区内的土地视为香港特别行政区政府土地;香港特别行政区法院在港方口岸区有司法管辖权。2007 年 6 月 28 日,深圳市政府、香港特别行政区政府签订深圳湾口岸“一地两检”合作安排,协议内容包括土地租赁合同、深圳湾口岸重大事宜合作安排、深圳湾口岸运作实施方案以及深圳湾公路大桥深圳段运作及保养维修安排合作协议。

(二)业内人士对香港特别行政区西九龙车站实施“一地两检”中全国性法律适用的不同立场

广深港高铁是内地与香港特别行政区大型基础设施建设重大合作项目,为实现香港特别行政区与全国高铁网络互联互通,保障广深港高铁香港段的运输、经济和社会效益最大化,中央有关部门、广东省人民政府与香港特别行政区政府经反复研究,一致认为,在广深港高铁香港特别行政区西九龙站设立口岸并实施“一地两检”是最佳方案。该方案的主要内容是,在西九龙站设立口岸,分为香港特别行政区口岸区和内地口岸区,由双方分别按照各自法律,对乘坐高铁往来于内地与香港特别行政区的人员及其随身物品和行李,进行出入境边防检查、海关监管、检验检疫等出入境监管。

在香港特别行政区西九龙车站实施“一地两检”,意味着要让内地检查人员在该站内执行内地的出入境及清关管制制度及相关内地法律,这涉及相关全国性法律(包括海关、边检、检疫等方面的法律)在香港特别行政区境内实施的法律问题。对此,业内人士普遍认为,应当在《香港基本法》的框架范围内解决。香港特别行政区律政司司长袁国强表示,“特区政府和中央政府日后实行的一地两检安排必须完全符合《基本法》及‘一国两制’的原则，绝对不会出现曲解《基本法》或削弱自治的情况”。[1] 但是，对于究竟如何在《香港基本法》的框架范围内解决，主要有三种观点。其一，将内地相关法律纳入《香港基本法》附件三。该观点认为，全国人大常委会应当依法宣布《香港基本法》附件三增加内地出入境、海关、检疫条例等适用于香港特别行政区的规定，但同时注明适用范围只限于广深港高速铁路西九龙总站范围。如是以来，定位明确，内地行政执法人员在香港特别行政区执法就有了法律依据，且不会对“一国两制”造成任何冲击和障碍。[2] 对此，个别人表示担忧，认为将内地相关法律纳入《香港基本法》附件三的做法将开创一个不好的先例，为引入内地其他法律打开缺口，对“一国两制”和基本法造成破坏。[3] 其二，参照深圳湾模式，不必将内地相关法律纳入《香港基本法》附件三。该观点认为，“一地两检”是在香港特别行政区西九龙车站这个特定范围实施内地出入境等方面的相关法律，不是把相关内地法律在香港特别行政区整体实施，所以不必通过将它们纳入《香港基本法》附件三的方式处理。较妥当的方式应当是参照深圳湾模式，即先由深圳、香港方面达成协议，再由全国人大来决定。[4] 全国人大常委会可以通过决议，将香港特别行政区西九龙车站内部分区域划出，作为“内地边检区”，内地相关全国性法律在该区域实施，由内地行政执法人员进驻该区域执法。如是以来，该区域就是内地行政执法范围，内地行政执法人员在该区域执法就不是跨境执法，“一地两检”因之就可以顺畅实施。[5]

---

〔1〕《立法会三题：广深港高速铁路香港段》，载香港特别行政区政府运输及房屋局官网：https://www.thb.gov.hk/sc/psp/pressreleases/transport/land/2017/20171129b.htm，2020年5月4日最后访问。

〔2〕参见《“一地两检”有范畴，依法实施符“两制”》，载香港《大公报》2015年12月11日，第A4版；朱晋科：《梁爱诗：“一地两检”方案很多》，载香港《大公报》2017年3月7日，第6版。

〔3〕参见《“一地两检”有范畴，依法实施符“两制”》，载香港《大公报》2015年12月11日，第A4版。

〔4〕参见朱晋科：《绕戈平：“一地两检”不违基本法，不需透过附件三处理》，载香港《大公报》2016年3月14日，第A3版。

〔5〕参见郑群：《李少光倡高铁“一地两检”效深圳湾》，载香港《文汇报》2017年3月11日，第A8版。

对此,有学者提出了不同观点,认为香港特别行政区西九龙车站实行"一地两检"不能采用深圳湾模式。其原因在于:尽管深圳湾和香港特别行政区西九龙站的"一地两检"直观上似乎都属于香港特别行政区和内地之间的执法合作,但二者之间具有本质的差别。深圳湾的"一地两检"属于香港特别行政区高度自治范围的扩张,香港特别行政区西九龙车站的"一地两检"却属于香港特别行政区高度自治范围的限缩。前者可以在《香港基本法》第20条[1]中找到依据,后者却无法在《香港基本法》中找到任何依据。[2] 其三,将香港特别行政区部分区域划入内地行政区域中。有学者认为,国务院可以将香港特别行政区的部分区域划入内地的行政区域,并在此区域内适用内地法律。该种观点的理由是,全国人大1990年通过的《关于设立香港特别行政区的决定》提出香港特别行政区的行政区域图由国务院另行公布。也就是说,该行政区域图不属于《香港基本法》的组成部分,其修改不受《香港基本法》第159条限制。舍此而外,《香港基本法》第7条规定,香港特别行政区境内的土地和自然资源属于国家所有,中央人民政府可以发出国务院行政指令,将西九龙口岸一小部分土地划归由内地边境检查站使用。[3] 对此,有学者提出不同意见,认为香港特别行政区的区域范围由全国人大决定,国务院只是依照全国人大的决定制图,不能反其道而行。全国人大按我国《宪法》第31条,决定自1997年7月1日起设立香港特别行政区,从而制定《关于设立香港特别行政区的决定》,该决定第2条明确规定:"香港特别行政区的区域包括香港岛、九龙半岛,以及所管辖的岛屿和附近岛屿。香港特别行政区的行政区域图由国务院另行公布。"1997年5月7日,国务院以第221号命令执行全国人大的决定,以文字和地图表述香港特

---

〔1〕《香港基本法》第20条规定:香港特别行政区可享有全国人民代表大会和全国人民代表大会常务委员会及中央人民政府授予的其他权力。

〔2〕参见孙煜华:《"一地两检"问题宜透过香港〈基本法〉附件三处理》,载《政治与法律》2017年第7期。

〔3〕参见宋小庄:《"一地两检"情理之中法理之内》,载香港《明报》2015年12月2日,第A9版。

别行政区的区域界线。[1] 在全国人大没有决定改变香港特别行政区区域范围的情况下，国务院无权改变其行政区域图。

（三）全国人大常委会对香港特别行政区西九龙车站实施"一地两检"之全国性法律适用的立场

鉴于在西九龙站实施"一地两检"涉及在香港特别行政区区域内设立内地口岸区以及内地与香港特别行政区管辖权（包括司法管辖权）的划分和法律适用，需要根据《香港基本法》明确相应的法律依据和具体实施办法，中央有关部门和香港特别行政区政府经过深入研究后同意采取"三步走"程序作出有关安排：第一步，内地和香港特别行政区签署《内地与香港特别行政区关于在广深港高铁西九龙站设立口岸实施"一地两检"的合作安排》（以下简称《合作安排》）；第二步，由国务院提请全国人大常委会批准《合作安排》；第三步，双方通过各自法律程序落实《合作安排》。

经国务院授权，2017 年 11 月 18 日，广东省人民政府省长马兴瑞代表内地与香港特别行政区行政长官林郑月娥签署了《合作安排》。

2017 年 12 月，第十二届全国人大常委会第三十一次会议审议了国务院关于提请审议《关于批准〈内地与香港特别行政区关于在广深港高铁西九龙站设立口岸实施"一地两检"的合作安排〉的决定（草案）》的议案。全国人大常委会在审议中充分考虑了香港特别行政区和内地有关方面对广深港高铁连接口岸设置及通关查验模式的意见。12 月 27 日下午，第十二届全国人大常委会第三十一次会议表决通过决定，批准《合作安排》，内容包括：根据《宪法》和《香港基本法》，全国人大常委会作出以下决定。（1）批准 2017 年 11 月 18 日广东省人民政府与香港特别行政区政府签署的《合作安排》，并确认其符合《宪法》和《香港基本法》。香港特别行政区应当立法保障《合作安排》得以落实。（2）西九龙站内地口岸区的设立及具体范围，由国务院批准。西九龙站内地口岸区自启

〔1〕 参见吴霭仪：《"一地两检"试探〈基本法〉值几多》，载香港《信报》2015 年 12 月 3 日，第 A5 版。

用之日起,由内地依照内地法律和《合作安排》实施管辖,并派驻出入境边防检查机关、海关、检验检疫机构、口岸综合管理机构和铁路公安机关依法履行职责,上述机构及其人员不在西九龙站内地口岸区以外区域执法。(3)西九龙站口岸启用后,对《合作安排》如有修改,由国务院批准,并报全国人大常委会备案。会议认为,“建设广深港高铁并实现香港特别行政区与全国高铁网络的互联互通,有利于促进香港特别行政区与内地之间的人员往来和经贸活动,有利于深化香港特别行政区与内地之间的互利合作,有利于香港特别行政区更好地融入国家发展大局,对保持香港特别行政区长期繁荣稳定具有重要意义。为充分发挥高铁高速高效优势,使广大乘客充分享受快捷便利的服务,确保广深港高铁香港段的运输、经济和社会效益,在广深港高铁香港特别行政区西九龙站实施‘一地两检’,设立内地口岸区,专门用于高铁乘客及其随身物品和行李的通关查验,是必要的。会议认为,《合作安排》符合‘一国两制’方针,符合宪法和香港特别行政区基本法。在西九龙站设立内地口岸区,不改变香港特别行政区行政区域范围,不影响香港特别行政区依法享有高度自治权,不减损香港特别行政区居民依法享有的权利和自由。会议认为,在西九龙站实施‘一地两检’,符合香港特别行政区基本法关于香港特别行政区政府应当制定适当政策促进和协调各行业发展、提供适当的经济和法律环境促进经济发展等规定,符合‘一国两制’方针和香港特别行政区基本法的根本宗旨”。

2018 年 1 月 26 日,香港特别行政区政府公布《广深港高铁(一地两检)条例草案》并刊宪,以期在广深港高铁西九龙站落实“一地两检”安排。2018 年 1 月 31 日,《广深港高铁(一地两检)条例草案》提交特区立法会首读及动议二读,开始本地立法工作,落实“一地两检”“三步走”程序的最后一步。2018 年 2 月 2 日,香港特别行政区立法会成立由 64 名议员组成的法案委员会,对该草案详细研究。2018 年 5 月 7 日,法案委员会完成审议,并确定于 6 月 6 日在立法会大会恢复该草案二读辩论。审议期间经过 17 次会议及两次公听会。2018 年 6 月 6 日,香港特别行政区立法会恢复对《广深港高铁(一地两检)条例草案》的二读辩论及审议。2018年6月13日,香港特别行政区立法会完成《广深港高铁(一地两检)条例草案》的二读工作,"一地两检"在香港特别行政区的本地立法程序进入全体委员会审议及三读阶段。2018年6月14日,香港特别行政区立法会"三读"通过《广深港高铁(一地两检)条例草案》。2018年6月21日,香港特别行政区署理行政长官张建宗签署《广深港高铁(一地两检)条例》。2018年6月22日,香港特别行政区政府宪报刊登由特区署理行政长官张建宗签署的《广深港高铁(一地两检)条例》。《广深港高铁(一地两检)条例》在刊宪后正式生效成为法律。2018年9月4日,该条例开始实施。

二、《国旗法》《国徽法》在香港特别行政区的适用

1998年香港特别行政区发生了香港特别行政区政府诉吴某劭一案,具体案情及背景情况是,1998年1月1日,"香港市民支持爱国民主运动联合会"经相关部门批准,组织了一次游行示威活动,活动中有人对国旗和区旗作出了侮辱行为。警方以两被告人的行为违反了《国旗及国徽条例》第7条、《区旗及区徽条例》第7条关于禁止侮辱国旗、区旗的规定,对两被告人提出刑事检控。被告方辩称,《国旗及国徽条例》及《区旗及区徽条例》将侮辱国旗和区旗的行为列为刑事罪行,违反了《公民权利和政治权利国际公约》和《香港基本法》对表达自由的保障,与《香港基本法》第39条关于《公民权利和政治权利国际公约》适用于香港特别行政区的有关规定继续有效的内容相抵触。香港特别行政区裁判法院1998年5月18日作出一审判决,判决两名被告侮辱国旗罪及区旗罪的两项罪名成立。两名被告不服,向香港特别行政区高等法院原诉庭提起上诉。1998年12月8日,在双方共同提出申请之下,该案转由香港特别行政区高等法院上诉庭审理。1999年3月,上诉庭裁定:《国旗及国徽条例》《区旗及区徽条例》中将侮辱国旗、区旗行为犯罪化的规定违反《公民权利和政治权利国际公约》第19条和《香港基本法》第39条

对发表自由的保障,因而无效,遂撤销对两名被告人的定罪。香港特别行政区政府不服,上诉至香港特别行政区终审法院。香港特别行政区终审法院裁定:《国旗及国徽条例》《区旗及区徽条例》的规定符合《香港基本法》,其通过侮辱国旗、区旗行为犯罪化来限制发表自由具有充分的理由,故维持裁判法院一审判决。该案涉及《国旗法》《国徽法》在香港特别行政区的适用问题,对于该问题主要从以下三个方面展开。

(一)《国旗法》、《国徽法》与《国旗及国徽条例》之间的逻辑关系

1990 年 4 月 4 日,第七届全国人大第三次会议审议通过《香港基本法》。《香港基本法》附件三中所列在香港特别行政区实施的全国性法律包括 6 部,其中包括《中央人民政府公布中华人民共和国国徽的命令》(附:国徽图案、说明、使用办法),但并没有《国徽法》,更没有《国旗法》。1997 年 7 月 1 日《全国人民代表大会常务委员会关于〈中华人民共和国香港特别行政区基本法〉附件三所列全国性法律增减的决定》[1]将《国旗法》《国徽法》纳入《香港基本法》附件三,使之成为可以在香港特别行政区实施的全国性法律。此外,在将《国徽法》纳入《香港基本法》附件三的同时,删去《中央人民政府公布中华人民共和国国徽的命令》(附:国徽图案、说明、使用办法)。根据《香港基本法》第 18 条第 2 款及附件三的规定,附件三中列明的可以在香港特别行政区实施的全国性法律,应当由香港特别行政区在当地公布或立法实施。1997 年 7 月 1 日,香港特别行政区行政长官颁布了题为"1997 年全国性法律公布"的行政命令,将 1990 年第七届全国人大第三次会议审议通过的《香港基本法》附件三所罗列之全国性法律予以公布实施,共包括 5 部,其中不包括《中央人民政府公布中华人民共和国国徽的命令》。同日,行政长官还发布了《1997 年全国性法律公布(第 2 号)》,公布了全国人大常委会 1997 年 7 月 1 日"第一次决定"中所增补的 5 部全国性法律 3 部,其中不包括《国旗法》《国徽法》。1998 年,香港特别行政区行政长官以同样的

---

〔1〕 1997 年 7 月 1 日第八届全国人民代表大会常务委员会第二十六次会议通过。

方式公布了全国人大常委会 1998 年“第二次决定”所增加的《专属经济区和大陆架法》。此后,没有再公布其他任何全国性法律。也就是说,迄今为止,《国旗法》《国徽法》是没有为香港特别行政区公布的。那么,香港特别行政区是否通过本地立法的方式对其加以实施了呢?通说认为,香港特别行政区制定的《国旗及国徽条例》是《国旗法》《国徽法》在当地的配套实施性立法。香港特别行政区终审法院在“香港特别行政区政府诉吴恭劭等二人案”中指出,“1997 年 7 月 1 日,全国人大常委会把中国国旗法增补入《基本法》附件三内,香港特别行政区因此要透过公布或立法程序来在特区实施这法例。香港特别行政区立法机关为履行这项责任而制定了国旗条例”。[1] 但是,从香港特别行政区的法治实践来看,《国旗及国徽条例》早在《国旗法》《国徽法》纳入《基本法》附件三之前就已经完成了制定程序,鉴于此,如何理解前者是后两者在香港特别行政区的实施性立法呢?

早在 1997 年 5 月 3 日,香港特别行政区临时立法会就已经开始审议《国旗及国徽条例草案》。当时的法律顾问报告对其与《国旗法》《国徽法》的关系作了说明:“国旗及国徽条例草案旨在将《中华人民共和国国旗法》(1990 年)、《中华人民共和国国徽法》(1991 年),以及分别在 1949 年及 1950 年公布的国旗制法说明及国徽图案制作说明,制定为本地法例。由于该两项法律在《基本法》颁布后才制定,故此《基本法》附件三所载在香港特别行政区实施的全国性法律并不包括该等法律。”[2] 该草案委员会几天后提交的一份报告对这部本地立法的背景和考虑因素作了进一步说明:“国旗及国徽条例草案就在香港特别行政区内适用

---

〔1〕“香港特别行政区政府诉吴恭劭等二人案”终审判决书。See HKSAR v. Ng Kung Siu and Lee Kin Yun, FACC4/1999,官方中译本判决书摘自中华人民共和国香港特别行政区司法机构官网:http://legalref. judiciary. gov. hk/lrs/common/search _ result _ detail _ frame. jsp? DIS = 29368&QS = %28% E5%90% B3% E6%81% AD% E5%8A% AD%29& TP = JU,第 58 段,2020 年 2 月 28 日最后访问。

〔2〕香港特别行政区临时立法会 202/96 - 97 号文件:1997 年 5 月 10 日内务委员会会议文件,载香港特别行政区立法会官网:http://www. legco. gov. hk/yr97 - 98/chinese/hc/papers/h1005202. htm,2019 年 12 月 8 日最后访问。

及保护国旗、国徽的事宜及就附带事宜订定条文。此法案将《中华人民共和国国旗法》(1990年)及《中华人民共和国国徽法》(1991年)中的有关条文纳入为特区法律,借此确保以国旗、国徽为主权及国家尊严的象征,以及只有按正确图案制造的国旗、国徽才可在特区内展示。"[1]基于前述文件,《国旗及国徽条例》与《国旗法》《国徽法》之间的关系脉络似乎是这样的:香港回归前夕,《国旗法》《国徽法》这两部晚于《香港基本法》制定的法律尚未纳入基本法附件三,但特区成立在即,需要就在香港特别行政区如何使用、保护作为国家主权象征的国旗和国徽制定规范。香港特别行政区《国旗及国徽条例》是为适应当时的迫切需要,参考《国旗法》《国徽法》的部分条文制定的。香港特别行政区临时立法会在1997年6月14日便"三读"通过了该条例草案。[2] 1997年7月1日,全国人大常委会颁布决定,将《国旗法》《国徽法》增入附件三,作为在香港特别行政区实施的全国性法律。从时间逻辑上来看,《国旗及国徽条例》制定在前,《国旗法》《国徽法》纳入《基本法》附件三在后,似乎不足以凸显《香港基本法》第18条及附件三中所规定的"香港特别行政区立法实施"。但是,考虑到《国旗及国徽条例》制定的特殊历史背景及其和《国旗法》《国徽法》之间内容上的高度重合性,将其视为《国旗法》《国徽法》在香港特别行政区的实施性立法是可以的。

(二)《国旗及国徽条例》与《国旗法》《国徽法》的关系及其与《香港基本法》的潜在冲突

1990年6月28日,第七届全国人大常委会第十四次会议审议通过《国旗法》。该法第19条规定:"在公共场合故意以焚烧、毁损、涂划、玷污、践踏等方式侮辱中华人民共和国国旗的,依法追究刑事责任;情节较轻的,参照治安管理处罚条例的处罚规定,由公安机关处以十五日以下

---

〔1〕 香港特别行政区临时立法会322/96－97号文件:1997年5月31日内务委员会会议文件,载香港特别行政区立法会官网:http://www.legco.gov.hk/yr97－98/chinese/hc/papers/h3105322.htm,2019年12月8日最后访问。

〔2〕 参见袁求实编著:《香港回归大事记1979—1997》,香港三联书店2015年版,第410页。

拘留。”通过《国旗法》的同一天，全国人大常委会审议通过了《关于惩治侮辱中华人民共和国国旗国徽的决定》，规定：“在公众场合故意以焚烧、毁损、涂划、玷污、践踏等方式侮辱中华人民共和国国旗、国徽的，处三年以下有期徒刑、拘役、管制或者剥夺政治权利。”1997 年修订后的《刑法》第 299 条正式规定了该项罪名。依据《香港基本法》第 18 条第 2 款的规定，凡列入基本法附件三之法律，由香港特别行政区在当地公布或立法实施。但是，究竟应该通过公布的方式还是通过立法实施的方式，该条并未作出明确规定，由香港特别行政区裁量决定。笔者认为，香港特别行政区只能通过地方适应性立法的方式加以实施，不能通过径行公布的方式实施，其原因在于：《香港基本法》第 18 条第 3 款规定，“任何列入附件三的法律，限于有关国防、外交和其他按本法规定不属于香港特别行政区自治范围的法律”。依据该规定，《国旗法》不属于香港特别行政区自治范围的法律，香港特别行政区的自治权不包括对《国旗法》所管事项的立法权。但是，依照《香港基本法》的规定，《刑法》不属于《香港基本法》附件三规定的能够在香港实施的全国性法律，而《国旗法》第 19 条和《刑法》第 299 条的规定是关联在一起的，因此，《国旗法》中对侮辱国旗的刑事处罚问题只能由香港特别行政区立法会自行立法。香港特别行政区《国旗及国徽条例》第 7 条规定，“任何人公开及故意以焚烧、毁损、涂划、玷污、践踏等方式侮辱国旗或国徽，即属犯罪，一经定罪，可处第 5 级罚款及监禁 3 年”。第 9 条规定：“(1)香港特别行政区内触犯有关国旗及国徽的规定的罪行，按香港特别行政区现行法律调查及予以检控。(2)如本条例与根据《基本法》附件三公布的全国性法律有不相符之处，本条例须解释为该全国性法律的特别实施或改编本，并如此实施。”从直观层面来看，《国旗及国徽条例》第 7 条、第 9 条第 1 项的规定与《国旗法》第 19 条、《刑法》第 299 条的规定是高度重合的，不存在冲突，香港特别行政区公权机关依据该规定加以贯彻落实即可。

但是，该条例第 7 条、第 9 条的规定却与《香港基本法》中的相关条款之间存在潜在的冲突，具体表现在：其一，《国旗及国徽条例》的前述规定与《香港基本法》第 27 条的规定相抵触。依据《国旗及国徽条例》第 7 条、第 9 条第 1 项的规定,侮辱国旗、国徽的行为属于犯罪行为,对该类行为要按照香港特别行政区相关法律进行调查、检控。但是,依据《香港基本法》第 27 条的规定,"香港居民享有言论、新闻、出版的自由,结社、集会、游行、示威的自由,组织和参加工会、罢工的权利和自由"。也就是说,如果前述"侮辱国旗、国徽"的行为被视为言论自由,则《国旗及国徽条例》第 7 条、第 9 条第 1 项的规定违反《香港基本法》。反之,则合乎《香港基本法》。如此一来,法官对该类行为之性质的判定将直接影响到对《国旗及国徽条例》第 7 条、第 9 条第 1 项的规定是否违反基本法的判定。其二,《国旗及国徽条例》的前述规定与《香港基本法》第 39 条的规定相抵触。《香港基本法》第 39 条规定:"《公民权利和政治权利国际公约》、《经济、社会与文化权利的国际公约》和国际劳工公约适用于香港的有关规定继续有效,通过香港特别行政区的法律予以实施。香港居民享有的权利和自由,除依法规定外不得限制,此种限制不得与本条第一款规定抵触。"依据该规定,《公民权利和政治权利国际公约》适用于香港特别行政区。目前,《香港人权条例》已经将该条约的内容纳入该条例之中。《公民权利和政治权利国际公约》第 19 条规定:"人人有权持有主张,不受干涉。人人有自由发表意见的权利;此项权利包括寻求、接受和传递各种消息和思想的自由,而不论国界,也不论口头的、书写的、印刷的、采取艺术的、或通过他所选择的任何其他媒介。本条第 2 款所规定的权利的行使带有特殊的义务和责任,因此得受某些限制,但这些限制只应由法律规定并为下列条件所必需:(甲)尊重他人的权利或名誉;(乙)保障国家安全或公共秩序,或公共卫生或道德。"依据前述规定,如果《国旗及国徽条例》第 7 条、第 9 条第 1 项所规定的侮辱国旗、国徽的行为被视为表达自由,则该条例违反《香港基本法》第 39 条。反之,则合乎《香港基本法》的规定。如此一来,法官对该类行为之性质的判定将直接影响对《国旗及国徽条例》是否违反《香港基本法》的判定。

(三)香港特别行政区法院对《国旗及国徽条例》的司法审查权及其衍生问题

《香港基本法》第 11 条规定:“根据中华人民共和国宪法第三十一条,香港特别行政区的制度和政策,包括社会、经济制度,有关保障居民的基本权利和自由的制度,行政管理、立法和司法方面的制度,以及有关政策,均以本法的规定为依据。香港特别行政区立法机关制定的任何法律,均不得同本法相抵触。”依据该规定,《香港基本法》是香港特别行政区的最高法律。但是,由哪一个机关来判断特别行政区立法机关制定的法律是否与《香港基本法》相抵触呢?全国人大常委会固然拥有该项权力,但不是唯一拥有该项权力的机关,而且它事实上也不可能经常性地行使该项权力。通说认为,香港特别行政区法院拥有判断特别行政区立法是否符合《香港基本法》的权力。其原因有三个方面。(1)《香港基本法》第 18 条第 1 款规定,“在香港特别行政区实行的法律为本法以及本法第八条规定的香港原有法律和香港特别行政区立法机关制定的法律”。《香港基本法》第 11 条第 2 款规定,“香港特别行政区立法机关制定的任何法律,均不得同本法相抵触”。《香港基本法》第 80 条规定,“香港特别行政区各级法院是香港特别行政区的司法机关,行使香港特别行政区的审判权”。综合前述,既然香港特别行政区法院是司法机关,在香港特别行政区实行的法律包括《香港基本法》第 8 条规定的香港特别行政区原有法律和香港特别行政区立法机关制定的法律,且香港特别行政区立法机关制定的法律不得与《香港基本法》相抵触,那么,香港特别行政区法院自然就理所当然地拥有审查判断香港特别行政区立法是否符合《香港基本法》的权力。(2)《香港基本法》第 81 条第 2 款规定:“原在香港实行的司法体制,除因设立香港特别行政区终审法院而产生变化外,予以保留。”在香港回归之前,香港形成了由普通司法机关即法院负责“违宪审查”的制度,即司法审查制度。在该种制度下,香港特别行政区法院拥有“违宪审查权”。香港回归之后,根据《香港基本法》的前述规定,这种司法审查制度自然就应该保留下来。[1] (3)《香港基本法》第158条规定:“本法的解释权属于全国人民代表大会常务委员会。全国人民代表大会常务委员会授权香港特别行政区法院在审理案件时对本法关于香港特别行政区自治范围内的条款自行解释。”依据该规定,香港特别行政区法院有基本法解释权,该种权力是香港特别行政区法院行使审查判断香港特别行政区立法是否符合《香港基本法》的权力的前提基础。综合前述三个方面的理由,香港特别行政区法院应当拥有审查判断香港特别行政区立法是否符合《香港基本法》的权力。

在吴某玲、吴某丹诉入境事务处处长案[2]中,香港特别行政区终审法院宣布,香港特别行政区法院具有司法管辖权,可审核香港特别行政区立法机关制定的法例是否符合《香港基本法》,若发现有抵触《香港基本法》的情况,香港特别行政区法院有权裁定有关法例无效。自此,香港特别行政区法院确立了基于《香港基本法》的司法审查权。在香港特别行政区诉吴某砌、利某润侮辱国旗区旗案[3]中,香港特别行政区法院对《国旗及国徽条例》第7条是否违反《香港基本法》第39条进行了司法审查。从直观层面来看,作为法院审查对象的是香港立法会制定的《国旗及国徽条例》第7条。但是,由于《国旗及国徽条例》是列入《香港基本法》附件三之《国旗法》《国徽法》在香港特别行政区的适应性地方立法,且《国旗及国徽条例》第7条有关侮辱国旗罪构成要件的规定与《国旗法》第19条、《刑法》第299条的规定相同,因此,香港特别行政区法院对《国旗及国徽条例》的审查间接构成了对《国旗法》《刑法》的司法审查,并将对《国旗法》在香港特别行政区的实施造成实质性的影响,这就超越了其权限范围,侵犯了中央的立法权。舍此而外,香港特别行政区法院对《国旗及国徽条例》进行审查时,必然涉及对《香港基本法》第39条的解释。依据《香港基本法》第158条的规定,香港特别行政区法院固

---

[1] 参见陈弘毅:《论香港特别行政区法院的违宪审查权》,载《中外法学》1998年第5期。

[2] (1999)2HKCFAR4.

[3] (1999)1HKLRD 783.

然拥有基本法解释权，但是，其解释权仅限于对《香港基本法》关于香港特别行政区自治范围内的条款进行解释。由于对《香港基本法》第39条的解释是和对《国旗及国徽条例》第7条是否违反前者的判定关联在一起的，且《国旗及国徽条例》是《国旗法》在香港特别行政区的适应性立法，《国旗法》不属于香港特别行政区自治范围内的法律，因此，香港特别行政区法院的解释似乎就超出了自身的解释权限范围。

三、《国籍法》在香港特别行政区的实施

（一）《国籍法》关于"国籍"问题的基本立场及香港居民国籍问题的解决路径

中华人民共和国成立之初，中共中央针对印度尼西亚排华风潮，就当地华人的国籍问题作出了三点批示：（1）凡父母双方或一方具有中华人民共和国国籍者，生时亦具有中国国籍；（2）华侨变更国籍根据本人自愿；（3）出籍华侨有要求复籍的权利。[1] 1953年，政务院总理周恩来就印尼华侨的双重国籍问题表态，不反对（或赞成）华侨取得所在国国籍。1954年9月23日，周恩来在第一届全国人大第一次会议上作的《政府工作报告》中特别提到华侨的双重国籍问题。他指出，"凡已经或自愿取得当地国籍的华侨，就当然丧失中国国籍，他们和中国的关系是亲戚关系。华人成为所在国公民以后，应当效忠入籍的国家，应当同当地人民一道为所在国政治、经济独立和文化繁荣作出贡献。同时也希望海外华人为促进所在国人民同中国人民的友谊，为两国之间经济文化交流起积极作用，以利于促进我国同华人众多的国家的友好关系"。[2] 1955年4月22日，中国和印度尼西亚两国政府在万隆正式缔结《中印两国关于华侨双重国籍问题的条约》。根据该条约，凡具有双重国籍的18岁华裔，必须于2年之内自愿选择单一国籍，向有关政府声明放弃中

〔1〕 参见程希：《1954年前后中国解决与印尼"双重国籍"问题的外交形势》，载《南洋问题研究》2004年第3期。

〔2〕 孙俊华：《周恩来总理解决华侨双重国籍问题》，载《文史精华》2007年第2期。

国或印尼国籍;若2年内未按规定自愿选择国籍者,其国籍身份随父亲国籍身份而定;未成年人的国籍也随父亲而定,但成年后1年内必须重新选择;已获印度尼西亚国籍但愿意离开印度尼西亚且自愿选择中国国籍者,即自动丧失印度尼西亚国籍;已获中国国籍离开中国后自愿选择印度尼西亚国籍者,即自动丧失中国国籍;已经明确具有中国公民身份的华侨,不再给予选择国籍的机会。此后,我国政府沿用这一政策,相继与尼泊尔(1956年)、蒙古(1957年)、马来西亚(1974年)、菲律宾(1975年)、泰国(1975年)等周边国家解决了双重国籍问题。[1]

1980年9月10日,第五届全国人大第三次会议审议通过《国籍法》,确立了我国的国籍取得原则,即不承认双重国籍原则和出生地主义与血统主义相结合的原则,具体表现在:(1)中国不承认中国公民具有双重国籍(第3条);(2)父母双方或一方为中国公民,本人出生在中国,具有中国国籍(第4条)。父母双方或一方为中国公民,本人出生在外国,具有中国国籍;但父母双方或一方为中国公民并定居在外国,本人出生时即具有外国国籍的,不具有中国国籍(第5条)。父母无国籍或国籍不明,定居在中国,本人出生在中国,具有中国国籍(第6条)。此外,《国籍法》还对申请加入中国国籍以及国籍的退出、丧失、恢复等问题作了具体规定。关于申请加入中国国籍,《国籍法》规定:(1)“外国人或无国籍人,愿意遵守中国宪法和法律,并具有下列条件之一的,可以经申请批准加入中国国籍:一、中国人的近亲属;二、定居在中国的;三、有其它正当理由。”(第7条)(2)“申请加入中国国籍获得批准的,即取得中国国籍;被批准加入中国国籍的,不得再保留外国国籍。”(第8条)关于国籍的丧失和退出,《国籍法》规定:(1)“定居外国的中国公民,自愿加入或取得外国国籍的,即自动丧失中国国籍。”(第9条)(2)“中国公民具有下列条件之一的,可以经申请批准退出中国国籍:一、外国人的近亲属;二、定居在外国的;三、有其它正当理由。”(第10条)(3)“申请退出

〔1〕参见宋锡祥:《论中国〈国籍法〉的发展与完善——兼论港澳居民的国籍问题》,载《政治与法律》2008年第1期。

中国国籍获得批准的，即丧失中国国籍。”（第11条）（4）“国家工作人员和现役军人，不得退出中国国籍。”（第12条）关于国籍的恢复，《国籍法》规定，“曾有过中国国籍的外国人，具有正当理由，可以申请恢复中国国籍；被批准恢复中国国籍的，不得再保留外国国籍”。（第13条）关于国籍的取得、丧失和恢复程序，《国籍法》规定：（1）“中国国籍的取得、丧失和恢复，除第九条规定的以外，必须办理申请手续。未满十八周岁的人，可由其父母或其他法定代理人代为办理申请。”（第14条）（2）“受理国籍申请的机关，在国内为当地市、县公安局，在国外为中国外交代表机关和领事机关。”（第15条）（3）“加入、退出和恢复中国国籍的申请，由中华人民共和国公安部审批。经批准的，由公安部发给证书。”（第16条）

1990年4月4日，第七届全国人大第三次会议审议通过了《香港基本法》，该法将《国籍法》列入附件三。根据《香港基本法》第18条第2款和附件三的规定，《国籍法》将自1997年7月1日起由香港特别行政区在当地公布实施。《香港基本法》中有若干规定的实施，将首先涉及依据《国籍法》确定香港同胞的中国公民身份的问题，如特区护照的签发范围和《香港基本法》第24条有关香港永久性居民身份的规定等。由于历史的原因，香港居民的国籍状况极为复杂。目前，香港居民中的中国血统人士除持有英国政府签发的“英国属土公民护照”或“英国国民（海外）护照”外，许多人还持有其他国家的护照。1990年英国政府违反其承诺推出的所谓“居英权计划”，单方面决定赋予22.5万名香港中国同胞以英国公民身份，使香港居民的国籍问题更为复杂。如何根据《国籍法》确定香港居民的中国公民身份，成为香港社会各界以及国际社会十分关注的一个问题。因此，尽早明确《国籍法》在香港特别行政区实施中的一些具体问题，有着迫切的现实需要。为保持香港特别行政区的稳定、繁荣，保证《国籍法》的顺利实施，考虑到香港特别行政区的历史和现实情况，应根据《国籍法》和《香港基本法》的规定，以及我国处理香港居民国籍问题的一贯政策，由全国人大常委会对《国籍法》在香港特别行政区的实施问题作出相应的法律解释。为此,香港特别行政区筹备委员会提出了《关于对〈中华人民共和国国籍法〉在香港特别行政区实施作出解释的建议》。委员长会议审议了香港特别行政区筹备委员会的建议,决定向第八届全国人大常委会第十九次会议提出《关于〈中华人民共和国国籍法〉在香港特别行政区实施的几个问题的解释(草案)》。

(二)《国籍法》在香港特别行政区的实施

1996年5月15日,第八届全国人大常委会第十九次会议审议通过《全国人大常委会关于〈中华人民共和国国籍法〉在香港特别行政区实施的几个问题的解释》,主要内容包括五个方面。(1)关于香港居民的中国公民身份问题。根据《国籍法》,所有香港中国同胞都是中国公民。香港居民绝大多数具有中国血统,并出生在中国领土上,他们应当具有中国国籍。因此,在中国国籍的取得方面,该解释第1条在《国籍法》有关规定的基础上作了更明确的解释,即"凡具有中国血统的香港居民,本人出生在中国领土(含香港)者,以及符合《中华人民共和国国籍法》规定的具有中国国籍的条件者,都是中国公民"。这种解释符合《国籍法》所贯彻的以血统主义为主、结合出生地主义的基本原则,能够以比较客观的标准,简便地确定香港居民的中国公民身份。(2)关于"英国属土公民"身份和因英国"居英权计划"而获得的英国公民身份问题。香港居民中的"英国属土公民"的国籍身份问题在《中英联合声明》签署时两国政府交换的备忘录中已经解决;对于英国的"居英权计划",我国早已明确不承认在香港特别行政区的中国公民因"居英权计划"而获得的英国公民身份。为此,该解释第2条、第3条将这两个问题以法律的形式确定了下来,基本立场是:所有香港特别行政区中国同胞,无论其是否持有"英国属土公民护照"或者"英国国民(海外)护照",都是中国公民。自1997年7月1日起,上述中国公民可继续使用英国政府签发的有效旅行证件去其他国家或地区旅行,但在香港特别行政区和中国其他地区不得因持有上述英国旅行证件而享有英国的领事保护的权利。任何在香港特别行政区的中国公民,因英国政府的"居英权计划"而获得的英国公民身份,根据《国籍法》不予承认。这类人仍为中国公民,在香港特别行政区和中国其他地区不得享有英国的领事保护的权利。(3)关于香港居民中的中国公民所持有的外国旅行证件问题。一些香港中国同胞出于方便旅行等考虑,持有其他国家的护照,针对该种情况,该解释第4条作了具体解释,基本立场是,在外国有居留权的香港特别行政区的中国公民,可使用外国政府签发的有关证件去其他国家或地区旅行,但在香港特别行政区和中国其他地区不得因持有上述证件而享有外国领事保护的权利。依据该规定,在确定香港同胞的中国公民身份问题时将不考虑其是否持有外国护照;实际操作中将其持有的外国护照视为旅行证件,允许其去其他国家或地区旅行时继续使用,但上述证件在香港特别行政区和我国其他地区不具有表明国籍身份的法律效力。这是《国籍法》不承认双重国籍的基本原则在香港特别行政区实施时的具体体现,是为方便香港居民出入境所作的一项灵活务实的规定。这对继续保持香港特别行政区自由港和国际金融、经贸等中心的地位,保持香港社会的稳定繁荣起积极的作用。(4)关于香港居民中的中国公民的国籍变更问题。为照顾和方便香港中国公民变更国籍的实际需要和愿望,该解释第5条对《国籍法》中有关国籍变更的规定作了变通解释,规定具有中国血统的香港居民如自愿加入外国国籍,以外国公民的身份在香港特别行政区定居,可随时凭有效证件向香港特别行政区受理国籍申请的机关申报,要求变更国籍。这一规定简化了变更国籍的法律手续。有关香港居民中的非中国籍人士申请加入中国国籍的问题,《国籍法》已有明确规定。对这类申请,香港特别行政区受理国籍申请的机关可根据《国籍法》以及本解释的有关规定予以处理。(5)关于受理国籍申请的机关。考虑到香港居民国籍管理上的特殊性和复杂性,该解释第6条规定香港特别行政区入境事务处为香港特别行政区的受理国籍申请机关,并授权其依法处理香港居民的国籍申请事宜。这一规定明确了《国籍法》在香港特别行政区实施的具体执行机关,为香港特别行政区入境事务处处理有关国籍事宜提供了法律依据,充分体现了"港人治港"、高度自治的原则。

第六章　全国人大常委会对宪法在香港特别行政区实施的监督

宪法在香港特别行政区实施的样式较多元，全国人大及其常委会所作宪法实施性决定、《香港基本法》、《香港基本法》解释、相关全国性法律等均是宪法在香港特别行政区实施的样式。从理论上来说，该类实施方式均应当属于宪法监督的对象范围，但是，在人民代表大会制度的框定下，前述诸种样式在制度层面均未被纳入宪法监督的范围。目前，全国人大常委会对宪法在香港特别行政区实施的监督主要表现为对香港特别行政区立法机关制定法律的违基审查，该审查的依据是《香港基本法》，但是，由于全国人大常委会同时拥有宪法解释权、基本法解释权、违基审查权，且《宪法》是香港特别行政区的宪制基础，在香港特别行政区具有适用性，因此，其违基审查就不可避免地具有了宪法监督的色彩。在普通法传统下，经由香港特别行政区终审法院在“吴某玲案”中的终审判决，香港特别行政区法院也从《香港基本法》中挖掘出了违基审查权，该权力在运行过程中存在一定的法律争议，如何在确保《宪法》和《香港基本法》权威的前提下，实现两种违基审查权的较妥当的衔接，是当下面临的非常现实的问题。

第一节　全国人大常委会对宪法在香港特别行政区实施的监督概说

一、对全国人大常委会宪法监督对象范围的框架性分析

宪法监督对象的厘定直接关涉宪法实施的效果，并影响宪法监督制度设计中一系列相关问题的展开。目前，我国《宪法》和相关法律中的规定还存在一些模糊之处，有待于进一步厘定。依据《宪法》第 67 条第 7 项、第 8 项[1]的规定，宪法监督的对象仅限于国务院制定的行政法规、决定和命令，省级人大及其常委会制定的地方性法规和决议。《全国人大组织法》[2]在此基础上，对宪法监督的对象作了进一步拓展。依据该法第 37 条[3]的规定，宪法监督的对象除国务院制定的行政法规、决定和命令，省级人大及其常委会制定的地方性法规和决议外，还包括国务院部委制定的命令、指示和规章，省级人民政府制定的决定、命令和规章，自治区的自治条例和单行条例等。《立法法》通过后，作为宪法监督对象的地方性法规以及自治条例、单行条例的范围出现了结构性的拓展。依据《立法法》(2015 年)第 97 条第 1 项、第 2 项[4]的规定，作为宪法监督对象的地方性法规除省级人大及其常委会制定的地方性法规外，

---

〔1〕《宪法》第 67 条第 7 项、第 8 项规定，全国人大常委会有权“撤销国务院制定的同宪法、法律相抵触的行政法规、决定和命令”；有权“撤销省、自治区、直辖市国家权力机关制定的同宪法、法律和行政法规相抵触的地方性法规和决议”。

〔2〕1982 年 12 月 10 日第五届全国人民代表大会第五次会议通过，同日公告公布施行。

〔3〕《全国人大组织法》第 37 条第 1 款第 3 项规定，全国人大各专门委员会有权“审议全国人民代表大会常务委员会交付的被认为同宪法、法律相抵触的国务院的行政法规、决定和命令，国务院各部、各委员会的命令、指示和规章，省、自治区、直辖市的人民代表大会和它的常务委员会的地方性法规和决议，以及省、自治区、直辖市的人民政府的决定、命令和规章，提出报告”。第 37 条第 2 款规定，民族委员会有权“审议自治区报请全国人民代表大会常务委员会批准的自治区的自治条例和单行条例，向全国人民代表大会常务委员会提出报告”。

〔4〕《立法法》(2015 年)第 97 条第 1 项、第 2 项与《立法法》(2000 年)第 88 条第 1 项、第 2 项的内容基本相同。《立法法》(2015 年)第 97 条第 1 项、第 2 项规定，全国人大有权“撤销全国人民代表大会常务委员会批准的违背宪法和本法第七十五条第二款规定的自治条例和单行条例。”全国人大常委会有权“撤销同宪法和法律相抵触的行政法规，有权撤销同宪法、法律和行政法规相抵触的地方性法规，有权撤销省、自治区、直辖市的人民代表大会常务委员会批准的违背宪法和本法第七十五条第二款规定的自治条例和单行条例”。

还包括设区的市的人大及其常委会制定的地方性法规；作为宪法监督对象的自治条例除了自治区的自治条例、单行条例之外，还包括自治州、自治县的自治条例、单行条例。2000 年 10 月 16 日，第九届全国人大常委会第三十四次委员长会议审议通过《行政法规、地方性法规、自治条例和单行条例、经济特区法规备案审查工作程序》，[1]将经济特区授权法规纳入宪法监督的对象范围。2005 年，全国人大常委会修订了《行政法规、地方性法规、自治条例和单行条例、经济特区法规备案审查工作程序》，并通过了《司法解释备案审查工作程序》，将最高人民法院、最高人民检察院的司法解释纳入宪法监督的范围。至此，宪法监督的对象包括：国务院制定的行政法规、决定和命令，国务院部委制定的命令、指示和规章，地方性法规，自治条例、单行条例，省级人民政府制定的决定、命令和规章。统合前述可以看出，我国实证法层面对法律、全国人大及其常委会所作授权决定、基本法及其解释、特别行政区立法、党内法规和规范性文件等是否属于宪法监督的对象均未作出规定，学界对此存在诸多理解上的歧义。本部分拟结合本章主题对此进行拓展分析，具体从以下几个方面展开。

（一）法律是否属于宪法监督的对象

由于《宪法》、相关法律以及全国人大内部工作文件中均未规定法律是否属于宪法监督的范围。笔者认为，法律是否属于我国宪法监督的对象应该从实证和应然的角度进行分析。从实证的角度来看，法律不属于我国宪法监督的对象。具体理由有三点。其一，《宪法》第 62 条、第 67 条并未将法律纳入宪法监督的范围。尽管《宪法》第 62 条第 11 项赋予全国人大改变或者撤销全国人大常委会决定的权力，但改变或者撤销的标准是"不适当"，而不是"同宪法相抵触"，这与《宪法》第 67 条第 7 项、第 8 项所规定之全国人大常委会行使宪法监督权的标准"同宪法相抵触"迥异。诚然，可以将《宪法》第 62 条第 11 项之"不适当"拓展理解

[1] 该文件属全国人大内部工作性文件，网络中有相关网址，但内容无法打开，相关内容通过立法机关提供的文件内容获知。

为包括“同宪法相抵触”,[1]但是,问题的症结在于:为什么在《宪法》第62条、第67条之关于宪法监督权的规定中先后使用不同的标准呢?舍此而外,《宪法》第67条所罗列之宪法监督的对象范围仅限于国务院制定的行政法规、决定和命令,以及地方省级人大及其常委会制定的地方性法规和决议,并不包括全国人大及其常委会制定的法律。如果将法律列入其中,将意味着全国人大常委会以其和全国人大制定的法律“同宪法相抵触”为由加以撤销,这在逻辑上是无法成立的。其二,《立法法》没有将法律纳入宪法监督的对象范围。从文本内容来看,《立法法》没有将监督基本法律的权力赋予任何国家机关。《立法法》(2015年)第97条第1项似乎将对其他法律的监督权赋予了全国人大,但是,由于全国人大撤销全国人大常委会制定的其他法律的标准是“不适当”,而不是“违背宪法”或者“同宪法相抵触”,因此,它所秉持的思维逻辑和《宪法》第67条实际上是一致的,没有发生什么实质性的变化,法律依然不属于宪法监督的对象范围。其三,宪法解释权和立法权的合一化客观上排斥法律作为宪法监督的对象。《宪法》第67条规定,全国人大常委会行使宪法解释权。该种宪法解释体制在性质上属于立法机关型宪法解释体制,这是由我国人大主导的政治体制所决定的。之所以赋予全国人大常委会而没有赋予全国人大宪法解释权,主要是基于全国人大常委会的工作方式客观上符合经常性解释宪法的需要。事实上,由于全国人大有权撤销全国人大常委会不适当的决定,因此,全国人大实际上可以间接行使宪法解释权。这样,全国人大及其常委会既拥有立法权,又直接或者间接拥有宪法解释权,法律就无由以合乎逻辑地“与宪法相抵触”。统合前述三个方面的理由,法律在实证层面不属于宪法监督的对象。

但是,从应然的角度来看,法律应当被纳入宪法监督的对象范围。

---

〔1〕 有学者认为,这里的“不适当”自然包括“违背宪法”。参见吴家麟:《论设立宪法监督机构的必要性和可行性》,载《法学评论》1991年第2期;包万超:《设立宪法委员会和最高法院违宪审查庭并行的复合审查制》,载《法学》1998年第4期。

其原因在于以下三点。其一,宪法和法律的民意基础不同。宪法所承载的是人民整体的意志,它是人民经由严格的制宪程序制定出来的。宪法既要反映和维护多数人的意志和利益,又要反映和维护少数人的意志和利益,是多数和少数利益的联结体。与之相比,法律则不甚相同。法律是由人民的代表机关按照少数服从多数的规则制定出来的,也正因如此,宪法中方才设计了抗衡多数民主的诸种机制。事实上,违宪审查制度在较大程度上就是基于对法律的防范而设计出来的制约机制。其二,全国人大及其常委会的立法权限范围不同。依据《宪法》第 62 条、第 67 条的规定,全国人大有权制定和修改刑事、民事、国家机构的和其他的基本法律;全国人大常委会有权制定和修改除应当由全国人大制定的法律以外的其他法律。其三,法律不得与宪法相抵触是维护法制统一的必然要求。《宪法》第 5 条规定,国家维护社会主义法制的统一和尊严,一切法律、行政法规、地方性法规都不得同宪法相抵触。既然如此,将法律纳入宪法监督的对象范围,由有权机关对其实施有效的监督就非常必要。

(二)全国人大及其常委会所作授权决定是否属于宪法监督的范围

全国人大及其常委会所作授权决定是否属于宪法监督的范围,《宪法》、相关法律及全国人大内部工作文件中均未作出明确规定。笔者认为,应当将其纳入宪法监督的对象范围。主要理由如下。

其一,从应然的角度来看,全国人大及其常委会的地位决定了它们必须依据《宪法》行使国家权力。目前,围绕全国人大的宪法地位,学界主要存在两种观点,即主权机关论和最高国家权力机关论。[1] 笔者认为,全国人大在性质上不属于国家主权机关,主权机关论不仅将导致对

[1] 除主权机关论和最高国家权力机关论外,还有一种观点认为,《宪法》第 58 条规定全国人大行使国家立法权,全国人大是国家立法机关。参见周叶中主编:《宪法》,北京大学出版社、高等教育出版社 2000 年版,第 309 页;董和平主编:《宪法》,中国人民大学出版社 2010 年版,第167～168 页;童之伟、殷啸虎主编:《宪法学》,上海人民出版社、北京大学出版社 2009 年版,第 222～223 页;胡锦光、韩大元:《中国宪法》,法律出版社 2007 年版,第 373 页。

人民主权原则的结构性取代,而且将导致对国家结构形式的破坏,“正确的立场应该是:在将其界定为最高国家权力机关性质的基础上,明确其权力行使的依据——宪法,全国人大必须依据宪法行使国家权力”。[1]相应地,全国人大常委会在性质定位上应该是最高国家权力机关的常设机关,和全国人大一样,它也必须依据《宪法》行使权力。

其二,从实证的角度来看,《宪法》对全国人大及其常委会依据《宪法》行使国家权力有明确的规定。《宪法》序言规定:全国各族人民、一切国家机关和武装力量、各政党和各社会团体、各企业事业组织,都必须以宪法为根本的活动准则;《宪法》第5条规定:国家维护社会主义法制的统一和尊严,一切法律、行政法规和地方性法规都不得同宪法相抵触,一切国家机关和武装力量、各政党和各社会团体、各企业事业组织都必须遵守宪法和法律,一切违反宪法和法律的行为,必须予以追究。前述《宪法》序言和第5条中的“一切国家机关”应当包括全国人大及其常委会。《宪法》第62条、第67条对全国人大及其常委会的职权范围有明确的界定,依据该规定,联系《宪法》序言及第5条的要求,全国人大及其常委会必须依据《宪法》行使国家权力。

其三,全国人大及其常委会所作授权立法决定缺乏宪法依据。目前,全国人大及其常委会所作授权立法决定根据被授权主体的不同可以分为三种类型:(1)全国人大对全国人大常委会的立法授权,共五次:1955年、[2]

[1] 刘志刚:《暂时停止法律实施决定的正当性分析》,载《苏州大学学报》(法学版)2015年第4期。

[2] 1955年7月30日第一届全国人大第二次会议审议通过《关于授权常务委员会制定单行法规的决议》。

1959年[1]、1981年、[2]1987年、[3]1989年;[4](2)全国人大及其常委会对国务院的立法授权,共三次:1983年、[5]1984年、[6]1985年;[7](3)全国人大及其常委会对经济特区的立法授权,共五次:1981年、[8]1989年、[9]1992年、[10]1994年、[11]1996年。[12] 但是,由于《宪法》中并无专门的关于授权立法的条款,致使授权立法的宪法依据不甚清楚。从文本内容来看,与授权立法相关的宪法条款主要表现为《宪法》第67条第22项[13]和第89条第18项。[14] 前者可以视为全国人大对全国人大常委会

---

〔1〕 1959年,全国人大在其所作《关于全国人民代表大会常务委员会工作报告的决议》中指出,"为了适应社会主义改造和社会主义建设事业发展的需要,大会授权常务委员会,在全国人民代表大会闭会期间,根据情况的发展和工作的需要,对现行法律中一些已经不适用的条文,适时地加以修改,作出新的规定"。

〔2〕 1981年,第五届全国人大第四次会议在《关于全国人民代表大会常务委员会工作报告的决议》中作出决定:"原则批准《中华人民共和国民事诉讼法草案》,并授权常务委员会根据代表和其他方面提出的意见,在修改后公布试行。"

〔3〕 1987年,第六届全国人民代表大会第五次会议原则通过《中华人民共和国村民委员会组织法(草案)》,并授权全国人大常委会根据宪法规定的原则,参照大会审议中代表提出的意见,进一步调查研究,总结经验,审议修改后颁布试行。

〔4〕 1989年,第七届全国人民代表大会第二次会议决定:授权全国人大常委会在深圳市依法选举产生市人民代表大会及其常委会后,再授权深圳市制定深圳经济特区法规和规章。

〔5〕 1983年,第六届全国人大常委会第二次会议通过《关于授权国务院对职工退休退职办法进行部分修改和补充的决定》。

〔6〕 1984年,第六届全国人大常委会第七次会议决定,"授权国务院在实施国营企业利改税和改革工商税制的过程中,拟定有关税收条例,以草案形式发布试行"。

〔7〕 1985年,第六届全国人大第三次会议作出决定,授权国务院对于有关经济体制改革和对外开放方面的问题,必要时可以根据《宪法》,在同有关法律和全国人大及其常委会的有关决定的基本原则不相抵触的前提下,制定暂行的规定或者条例,颁布实施,并报全国人大常委会备案。

〔8〕 1981年,第五届全国人大常委会第二十一次会议通过《关于授权广东省、福建省人民代表大会及其常务委员会制定所属经济特区的各项单行经济法规的决议》。

〔9〕 1989年,第七届全国人大第二次会议授权深圳市制定深圳经济特区法规和规章。

〔10〕 1992年,第七届全国人大常委会第二十六次会议通过《关于授权深圳市人民代表大会及其常务委员会和深圳市人民政府分别制定法规和规章在深圳经济特区实施的决定》。

〔11〕 1994年,第八届全国人大第二次会议通过《关于授权厦门市人民代表大会及其常务委员会和厦门市人民政府分别制定法规和规章在厦门经济特区实施的决定》。

〔12〕 1996年,第八届全国人大第四次会议通过《关于授权汕头市和珠海市人民代表大会及其常务委员会、人民政府分别制定法规和规章在各自的经济特区实施的决定》。

〔13〕 《宪法》第67条第22项规定,全国人大常委会有权行使"全国人民代表大会授予的其他职权"。

〔14〕 《宪法》第89条第18项规定,国务院有权行使"全国人民代表大会和全国人民代表大会常务委员会授予的其他职权"。

授权的依据,后者可以视为全国人大及其常委会对国务院授权的依据。但是,《宪法》中并无全国人大及其常委会对地方人大及其常委会授权的宪法条款。由此衍生出的问题是,1992 年、1994 年、1996 年,全国人大及其常委会对深圳、珠海、汕头、厦门等四个经济特区城市所作授权决定的宪法依据是什么?

其四,全国人大及其常委会所作授权决定缺乏明确的宪法依据。2013 年 8 月 30 日,第十二届全国人大常委会第四次会议审议通过《关于授权国务院在中国(上海)自由贸易试验区暂时调整有关法律规定的行政审批的决定》。该决定颁布实施后,学界对其宪法依据提出了质疑。有学者将其归入授权立法的范畴。对此,笔者秉持否定立场。其原因在于:《宪法》中并无关于授权立法的明确规定,尽管可以援引《宪法》第 89 条第 18 项的规定,将其视为全国人大常委会授予国务院行使的“其他职权”。但是,问题的症结在于:依据《宪法》第 67 条的规定,全国人大常委会并没有该项权力,既然如此,它又怎么可以授权国务院行使该项职权呢?显然,该项授权决定的宪法依据缺乏。

(三)特别行政区立法是否属于宪法监督的对象

特别行政区立法机关制定的法律是否属于宪法监督的对象,《宪法》、《立法法》、特别行政区基本法以及全国人大内部工作文件中均未作出明确规定。有学者认为,全国人大常委会对特别行政区立法机关制定的法律享有一定的违宪审查权。[1] 显然,在该学者的视野中,特别行政区立法机关制定的法律属于宪法监督的对象。对此,笔者秉持相同立场。但是,必须说明的是,该学者的前述立场是建立在将特别行政区基本法界定为“小宪法”的前提基础上的,该学者所说的违宪审查是依据特别行政区基本法对特别行政区立法会制定之法律的“违宪审查”,而不是依据《宪法》对特别行政区立法会所制定之法律的违宪审查。笔者的立场与此不同。目前,国内学界围绕特别行政区基本法的性质存在许

---

〔1〕 参见王振民:《中国违宪审查制度》,中国政法大学出版社 2004 年版,第 340 页。

多理解上的歧义，主要观点包括："小宪法"[1]"代议机关的制定法、宪法的下位法"[2]"中央和地方关系法"[3]"宪法性法律"。[4] 笔者认为，特别行政区基本法在性质上不是"小宪法"，而是基本法律。因此，审查判断特别行政区立法会制定的法律是否符合特别行政区基本法不属于笔者所理解的违宪审查的范畴，不能以此为据将特别行政区立法纳入宪法监督的范围。当然，此处笔者的意思不是要否认特别行政区立法作为宪法监督对象的地位，而是要强调厘定其宪法监督对象地位的前提，即接受全国人大常委会依据《宪法》对其实施的监督。这一点，与前述学者所秉持立场的逻辑基点不甚相同。笔者认为，特别行政区立法属于宪法监督的对象，应当接受宪法监督。该观点主要有三个方面的理由。

其一，《宪法》在特别行政区具有适用性。2014 年 6 月 10 日，国务院新闻办在其发布的《"一国两制"在香港特别行政区的实践》白皮书中指出，"宪法和香港基本法共同构成香港特别行政区的宪制基础"。依据该白皮书中的前述精神，《宪法》并不是仅仅通过特别行政区基本法在香港特别行政区、澳门特别行政区适用，《宪法》本身在特别行政区也具有适用性。有学者认为，"特别行政区基本法既非'小宪法'，也非代议机关的制定法，而是宪法的特别法"。[5] 该种观点的目的在于解决单一制国家结构下特别行政区基本法所作的制度设计与《宪法》所作框定迥异的困境，但是，该种观点忽略了特别行政区依据《宪法》加以制定的事实，过当限制了特别行政区基本法的效力范围，使其在事实上沦为仅全国人大常委会制定的但却仅适用于特别行政区的地方性法律。这不

[1] 杨静辉、李祥琴：《港澳基本法比较研究》，北京大学出版社 1997 年版，第 15 页；郑贤君：《我国宪法解释技术的发展——评全国人大常委会 99〈香港特别行政区基本法〉释法例》，载《中国法学》2000 年第 4 期。

[2] 许崇德：《港澳基本法教程》，中国人民大学出版社 1994 年版，第 16 页。

[3] 孙笑侠：《法律对行政的控制》，山东人民出版社 1999 年版，第 85 页；郑贤君：《联邦制和单一制下国家整体与部分之间关系之理论比较》，载《法学家》1998 年第 4 期。

[4] 刘茂林：《香港基本法是宪法性法律》，载《法学家》2007 年第 3 期。

[5] 李琦：《特别行政区基本法之性质：宪法的特别法》，载《厦门大学学报》（哲学社会科学版）2002 年第 5 期。

仅不符合该法的应有性质定位,而且将不可避免地导致特别行政区基本法结构性取代《宪法》在特别行政区适用的结果。如是以来,特别行政区基本法就成为《宪法》在特别行政区发挥效力的唯一途径,《宪法》必须经由该途径施展其对特别行政区的作用。对此,国内一些学者似乎认为是理所当然的。[1] 但是,不可忘记的是,"一国"是"两制"的前提基础。特别行政区固然由于历史的原因可以实行迥异于内地的资本主义制度,但不可损及作为其前提的"一国",而承载"一国"精神的规范就是《宪法》。《宪法》中固然规定了不适用于特别行政区的社会主义制度,但是,《宪法》中同时也规定了诸种表征国家主权统一的制度,特别行政区必须予以足够的尊重,并采取切实有效的措施加以保障。因此,特别行政区基本法不足以结构性取代《宪法》在特别行政区的适用,[2]《宪法》在特别行政区具有适用性。

其二,全国人大常委会既有宪法解释权,也有特别行政区基本法解释权,它可以通过对特别行政区基本法的解释,将宪法精神合乎逻辑地注入其中,对特别行政区立法会立法形成有效的管控。宪法解释是宪法监督的技术,宪法监督制度的运行离不开宪法解释。《宪法》第 67 条规定,全国人大常委会有权解释宪法,有权监督宪法的实施。《香港基本法》第 158 条、《澳门基本法》第 143 条规定,全国人大常委会有权解释特别行政区基本法。特别行政区法院尽管也有权解释基本法,但是,它们所拥有的基本法解释权是全国人大常委会授予的,而且,它们只能在审理案件的时候方才能够对特别行政区自治范围内的条款进行解释,无权像全国人大常委会那样对基本法进行主动解释。尽管特别行政区法院对其自治范围以外的其他条款也有权进行解释,但是,如果它们需要对基本法关于中央人民政府管理的事务或者中央和特别行政区关系的条

---

〔1〕 例如,丁焕春认为,"《基本法》是我国宪法对特别行政区发生法律效力的直接结果","宪法的效力是通过《基本法》来实现的"。参见丁焕春:《论我国宪法对香港特别行政区的法律效力》,载《法学评论》1991 年第 3 期。

〔2〕 参见刘志刚:《香港特别行政区的宪制基础》,载《北方法学》2014 年第 6 期。

款进行解释，而且，它们所作的解释将有可能影响案件判决，那么，在它们对案件作出不可上诉的终局判决之前，应当由特别行政区终审法院提请全国人大常委会对相关条款进行解释。由特别行政区基本法的前述规定可以明显看出，全国人大常委会在特别行政区基本法的解释方面占据绝对主导的地位。由于《宪法》和特别行政区基本法是特别行政区共同的宪制基础，《宪法》在特别行政区具有适用性，而且，全国人大常委会既拥有宪法解释权和对特别行政区基本法的主导性解释权，因此，全国人大常委会在解释特别行政区基本法时，可能会掺杂一些对《宪法》的解释，并由此形成对特别行政区立法的合宪性审查，它们自然也就合乎逻辑地成了宪法监督的对象。

其三，全国人大常委会对特别行政区立法会制定的法律有备案审查权。《香港基本法》第 17 条、《澳门基本法》第 17 条均规定，特别行政区立法机关制定的法律须报全国人大常委会备案。尽管备案并不影响该法律生效，但是，失效的可能性是现实存在的。依据两部基本法第 17 条的规定，如果全国人大常委会认为特别行政区立法机关制定的法律不符合特别行政区基本法关于中央管理的事务及中央和特别行政区关系的条款，可以将有关法律发回。在将相关法律发回之前，全国人大常委会应当征求其所属的特别行政区基本法委员会的意见。经全国人大常委会发回的法律立即失效。从直观上来看，全国人大常委会审查判断相关法律是否正当的依据是作为基本法律的特别行政区基本法，而不是《宪法》。但是，由于全国人大常委会既拥有宪法监督权，又同时拥有对《宪法》和特别行政区基本法的解释权，加之《宪法》和特别行政区基本法是特别行政区共同的宪制基础，《宪法》在特别行政区具有适用性，因此，全国人大常委会在审查判断相关法律是否违反特别行政区基本法的时候，不可避免地会将其对宪法精神的理解糅入其对特别行政区基本法相关条款的诠释之中，在对特别行政区立法机关制定的相关法律进行潜在的合宪性审查之后，将其发回或者予以备案。从这个角度来说，特别行政区立法应当属于宪法监督的范围。

（四）宪法实施性决定、《香港基本法》、释法决定是否属于宪法监督的范围

宪法在香港特别行政区的实施方式较多，全国人大及其常委会作的宪法实施性决定、《香港基本法》、全国人大常委会对《香港基本法》的解释、全国性法律[1]等都是宪法在香港特别行政区实施的方式。那么，前述这些宪法实施方式是否属于宪法监督的对象范围呢？对此，《宪法》、相关法律及全国人大内部工作文件中均未作出明确规定。此处笔者拟从三个方面逐层分析。

其一，全国人大及其常委会所作宪法实施性决定是否属于宪法监督的范围？自20世纪80年代初以来，全国人大及其常委会针对香港问题先后作出了30个“决定”“办法”“补充规定”等法律文件。其中，24个“决定”、1个“补充规定”、5个“办法”。该类“决定”是宪法在香港特别行政区实施的重要形式。从实证的角度来看，该类决定不属于宪法监督的范围，但是，从应然的角度来说，应当将它们纳入宪法监督的范围。主要理由有三个方面。(1)全国人大及其常委会是最高国家权力机关及其常设机关，不是主权机关。依据《宪法》第5条的规定，包括全国人大及其常委会在内的一切国家机关都必须遵守宪法，依据宪法行使国家权力，它们不得超越宪法和法律行使国家权力。全国人大及其常委会所作宪法实施性决定是依据《宪法》作出的，如果该类决定不受宪法监督的话，实际上等同于说它们可以凌驾于《宪法》之上行使国家权力，这是背离《宪法》的精神和要求的。(2)《宪法》第62条、第67条对全国人大及其常委会的职权有明确的规定，依据该规定，全国人大有权决定香港特别行政区的设立及其制度，全国人大常委会有权行使全国人大授予它的关涉香港特别行政区制度的其他职权。但是，全国人大及其常委会针对香港特别行政区所作《宪法》实施性决定必须在各自的职权范围内依照

---

〔1〕《宪法》在香港特别行政区实施的方式除前述诸种样式外，还有全国人大及其常委会制定的全国性法律。它们在性质上属于法律的范畴，是否属于宪法监督的范围，前文已经作了分析，此处不再赘述。

法定程序作出,否则,就违反了《宪法》第62条、第67条对二者职权范围的框定。对此,必须进行宪法监督。(3)"一个国家、两种制度"是设立香港特别行政区的基本方针,该方针所关联的基本政策在《中英联合声明》中有明确的阐释,全国人大(或者全国人大常委会根据它的授权)固然可以在《香港基本法》之外,通过宪法实施性决定的形式规定香港特别行政区的制度,但它所作出的决定必须符合"一国两制"的方针政策,否则,就丧失了其存在的正当性。对此,必须进行宪法监督。

其二,《香港基本法》是否属于宪法监督的范围?笔者认为,《香港基本法》既不是宪法,也不是宪法特别法,而是全国人大制定的基本法律。作为基本法律的《香港基本法》是否属于宪法监督的范围,《宪法》《香港基本法》中均未作出明确规定。但是,从应然的角度来说,应当将其纳入宪法监督的范围。主要有两个方面的理由。(1)《宪法》第31条规定,国家在必要时得设立特别行政区,特别行政区实行的制度,由全国人大以法律规定。《香港基本法》序言第3段规定:"根据中华人民共和国宪法,全国人民代表大会特制定香港特别行政区基本法,规定香港特别行政区实行的制度,以保障国家对香港的基本方针政策的实施。"依据前述规定,《香港基本法》的性质应当是全国人大制定的基本法律。依据《宪法》第5条的规定,一切法律都不得同宪法相抵触。因此,《香港基本法》必须接受宪法监督,由特定国家有权机关审查监督其是否违反《宪法》。(2)《香港基本法》序言第2段规定:"为了维护国家的统一和领土完整,保持香港的繁荣和稳定,并考虑到香港的历史和现实情况,国家决定,在对香港恢复行使主权时,根据中华人民共和国宪法第三十一条的规定,设立香港特别行政区,并按照'一个国家,两种制度'的方针,不在香港实行社会主义的制度和政策。国家对香港的基本方针政策,已由中国政府在中英联合声明中予以阐明。"依据该规定,《宪法》中关涉社会主义制度和政策的条款不在香港特别行政区实施,但是,其关涉国家主权、国家统一和领土完整的条款必须在香港特别行政区得到实施。《香港基本法》是贯彻落实《宪法》中"一国"精神条款的重要形式,如果它违背了《宪法》相关条款的规定,就丧失了其由以存在的宪法基础。因此,有必要对其进行宪法监督。

其三,全国人大常委会所作释法决定是否属于宪法监督的范围?1997 年香港回归以来,全国人大常委会针对《香港基本法》先后作了 5 个释法决定,它们是全国人大常委会在香港特别行政区实施宪法的重要方式。笔者认为,该类释法决定理论上应当是宪法监督的范围,但实际上不具有可行性。其原因如下。(1)依据《宪法》第 67 条第 4 项、《香港基本法》第 158 条第 1 款,有权解释《香港基本法》的主体是全国人大常委会。作为最高国家权力机关的常设机关,它必须依据《宪法》第 67 条的规定行使权力,不得凌驾于《宪法》之上。既然如此,全国人大常委会所作的释法决定就应当纳入宪法监督的范围之列。(2)1981 年《全国人大常委会关于加强法律解释工作的决议》规定:“凡关于法律、法令条文本身需要进一步明确界限或作补充规定的,由全国人民代表大会常务委员会进行解释或用法令加以规定。”《立法法》(2015 年)第 45 条第 2 款规定:“法律有以下情况之一的,由全国人民代表大会常务委员会解释:(一)法律的规定需要进一步明确具体含义的;(二)法律制定后出现新的情况,需要明确适用法律依据的。”第 50 条规定:“全国人民代表大会常务委员会的法律解释同法律具有同等效力。”依据前述规定,全国人大常委会对《香港基本法》的解释具有“造法性”,释法决定具有与《香港基本法》类同的法律效力。《香港基本法》作为全国人大制定的基本法律尚不能与《宪法》相抵触,全国人大常委会作的释法决定自然更不能与《宪法》相抵触。否则,将导致相关规定无效。问题的症结在于:全国人大常委会作为最高国家权力机关的常设机关,它不仅有权解释《香港基本法》,还有权解释宪法、监督宪法的实施,前述三种身份是重合的。而且,目前,《宪法》和其他法律中并未规定专门的宪法解释程序、宪法监督程序。在这种身份重合、程序不明朗的前提下,全国人大常委会对其作出的释法决定进行宪法监督不具有可操作性。

二、全国人大常委会对香港特别行政区立法的宪法监督

全国人大常委会对香港特别行政区立法的宪法监督是通过对香港特别行政区立法的备案审查而实现的，该种备案审查往往被称为“违基审查”。本部分拟从以下四个方面进行阐释。

（一）全国人大常委会备案审查制度概说

基于我国的人民代表大会制度和单一制的国家结构形式，我国建立了具有中国特色的备案审查制度。该种备案审查制度包括两种类型：一种是内地范围内对行政法规、地方性法规、规章和司法解释等规范性文件的备案审查制度；另一种是特别行政区范围内对特别行政区立法的备案审查制度。前者是由《宪法》《立法法》《民族区域自治法》《监督法》《行政法规制定程序条例》《规章制定程序条例》《行政法规、地方性法规、自治条例和单行条例、经济特区法规备案审查工作程序》《司法解释备案审查工作程序》等宪法和法律文件规定的，后者是由《香港基本法》《澳门基本法》规定的。根据《宪法》和《立法法》等前述法律文件的规定，行政法规、地方性法规、自治条例和单行条例、规章、司法解释等制定、批准或者通过之后，必须在法定期限内报上级有关国家机关备案，接受备案的国家机关有权对其进行审查。此外，根据2012年《中国共产党党内法规和规范性文件备案审查规定》，党组织制定的党内法规应当向上级有关党组织报备，由党组织对下级党组织报备的党内法规进行审查。2017年12月24日，全国人大常委会法制工作委员会主任沈春耀在第十二届全国人大常务委员会第三十一次会议上作了题为《全国人大常委会法工委关于十二届全国人大以来暨2017年备案审查工作情况的报告》。该报告指出：“对行政法规、地方性法规、司法解释开展备案审查，是宪法法律赋予全国人大常委会的一项重要职权，是全国人大常委会履行宪法法律监督职责的一项重要工作。宪法第六十二条、第六十七条规定，全国人大及其常委会行使监督宪法实施的职权，全国人大常委会有权撤销同宪法法律相抵触的行政法规、地方性法规。宪法第一百条规

定,地方性法规报全国人大常委会备案。立法法第五章‘适用与备案审查’、监督法第五章‘规范性文件的备案审查’对备案审查制度作出具体规定,并明确将行政法规、地方性法规、司法解释纳入全国人大常委会备案审查范围。根据宪法、法律、行政法规、地方性法规以及党内法规和军事法规有关规定,目前我国已经形成由党委、人大、政府、军队各系统分工负责、相互衔接的规范性文件备案审查制度体系。基本框架是:全国人大常委会对行政法规、地方性法规、司法解释进行备案审查;国务院对地方性法规、部门规章、地方政府规章进行备案审查;地方人大常委会对本级及下级地方政府规章以及下一级地方人大及其常委会的决议、决定和本级地方政府的决定、命令进行备案审查;党中央和地方党委对党内法规和党内规范性文件进行备案审查;中央军事委员会对军事规章和军事规范性文件进行备案审查。”特别行政区范围内的备案审查制度是由《香港基本法》《澳门基本法》规定的。《香港基本法》第 17 条规定:“香港特别行政区享有立法权。香港特别行政区的立法机关制定的法律须报全国人民代表大会常务委员会备案。备案不影响该法律的生效。全国人民代表大会常务委员会在征询其所属的香港特别行政区基本法委员会后,如认为香港特别行政区立法机关制定的任何法律不符合本法关于中央管理的事务及中央和香港特别行政区的关系的条款,可将有关法律发回,但不作修改。经全国人民代表大会常务委员会发回的法律立即失效。该法律的失效,除香港特别行政区的法律另有规定外,无溯及力。”依据该规定,有权对香港特别行政区立法机关制定的法律进行备案审查的主体是全国人大常委会。有学者认为,之所以由全国人大常委会对香港特别行政区立法进行备案审查,主要有 5 个原因:(1)《香港基本法》是作为最高国家权力机关的全国人大制定的基本法律,而不是香港特别行政区立法机关制定的法律;(2)《香港基本法》是全国人大制定的全国性法律,而不是仅在香港特别行政区范围内有效的地方性法律;(3)全国人大常委会有权解释基本法;(4)中央负有维护“一国两制”及特别行政区稳定的责任;(5)全国人大常委会通过对香港特别行政区立法的备案审查,可以维护基本法的最高效力,保证基本法统一秩序,这是保障基本法作为香港特别行政区最高法的唯一机制。[1] 与内地范围内的备案审查制度相比,全国人大常委会不可以将香港特别行政区立法机关报送的法律直接加以撤销,但可以通过将其发回的方式使其失效。在发回之前,全国人大常委会应当征询香港特别行政区基本法委员会的意见,发回的审查判断标准是《香港基本法》中关于中央管理的事务及中央和香港特别行政区的关系的条款。这与内地范围的备案审查制度不甚相同;在审查判断标准和处置手段方面,二者之间存在明显差别。

坚持依法治国首先要坚持依宪治国。全面贯彻实施宪法,宪法监督是重要保障。对法规、规章、司法解释等规范性文件实行备案审查,是维护宪法法律尊严、保障宪法法律实施、保证国家法制统一的重要制度安排。加强备案审查工作是完善宪法监督制度的重要着力点。党的十八大以来,以习近平同志为核心的党中央高度重视宪法实施和监督,强调加强备案审查工作。2012 年 12 月,习近平总书记在首都各界纪念现行宪法公布施行 30 周年大会上的讲话指出,全国人大及其常委会和国家有关监督机关要担负起宪法和法律监督职责,加强对宪法和法律实施情况的监督检查,健全监督机制和程序,坚决纠正违宪违法行为。2013 年党的十八届三中全会提出,健全法规、规章、规范性文件备案审查制度。2014 年党的十八届四中全会提出,加强备案审查制度和能力建设,把所有规范性文件纳入备案审查范围,依法撤销和纠正违宪违法的规范性文件,禁止地方制发带有立法性质的文件。2015 年中央办公厅出台工作指导性文件提出,建立党委、人大、政府和军队系统之间的规范性文件备案审查衔接联动机制,实现有件必备、有备必审、有错必纠。全国人大常委会高度重视备案审查工作。2004 年 5 月,全国人大常委会在法制工作委员会内设立法规备案审查室,专门承担对行政法规、地方性法规、司法解释的具体审查研究工作,为全国人大常委会履行备案审查职责提供

---

〔1〕 参见胡锦光:《论香港基本法审查权及其界限》,载《武汉大学学报》(哲学社会科学版)2017 年第 6 期。

服务保障。第十二届全国人大以来,全国人大常委会将备案审查工作列入每年的工作要点和立法、监督工作计划,在全国人大常委会领导下,法制工作委员会与全国人大专门委员会、常委会办公厅和有关工作机构密切配合,坚持以习近平新时代中国特色社会主义思想为指导,认真贯彻落实以习近平同志为核心的党中央的决策部署,坚持党的领导、人民当家作主、依法治国有机统一,坚决维护宪法法律权威,依据宪法法律和有关规定,按照全国人大常委会工作部署,积极开展备案审查工作,取得明显成效。在备案工作方面,根据《立法法》第 98 条、《各级人民代表大会常务委员会监督法》(以下简称《监督法》)第 31 条的规定,行政法规、地方性法规、自治条例和单行条例、经济特区法规、司法解释,应当在公布后 30 日内按照规定程序报全国人大常委会备案。备案是审查的前提,也是制定机关自觉接受监督的重要体现。第十二届全国人大以来,截至 2017 年 12 月上旬,常委会办公厅共接收报送备案的规范性文件 4778 件,其中,行政法规 60 件,省级地方性法规 2543 件,设区的市地方性法规 1647 件,自治条例 15 件,单行条例 248 件,经济特区法规 137 件,司法解释 128 件。2017 年,常委会办公厅共接收报送备案的规范性文件 889 件,其中,行政法规 18 件,省级地方性法规 358 件,设区的市地方性法规 444 件,自治条例 1 件,单行条例 24 件,经济特区法规 24 件,司法解释 20 件。[1] 在审查工作方面,根据《立法法》(2015 年)第 99 条、《监督法》第 32 条的规定,国务院、中央军事委员会、最高人民法院、最高人民检察院和各省、自治区、直辖市的人大常委会,认为行政法规、地方性法规、自治条例和单行条例、司法解释同《宪法》或者法律相抵触的,可以向全国人大常委会书面提出进行审查的要求,由常委会工作机构送有关专门委员会进行审查、提出意见;有关国家机关和社会团体、企业事业组织以及公民,认为行政法规、地方性法规、自治条例和单行条例、司法

---

〔1〕 沈春耀(全国人大常委会法制工作委员会主任):《全国人民代表大会常务委员会法制工作委员会关于十二届全国人民代表大会以来暨 2017 年备案审查工作情况的报告——2017 年 12 月 24 日在第十二届全国人民代表大会常务委员会第三十一次会议上》。

解释同宪法或者法律相抵触的，可以向全国人大常委会书面提出审查建议，由常委会工作机构进行研究，必要时，送有关的专门委员会进行审查、提出意见；有关的专门委员会和常委会工作机构可以对报送备案的规范性文件进行主动审查。在备案审查工作实践中，法制工作委员会主要采取依申请进行的审查、依职权进行的审查、有重点的专项审查等方式开展审查研究工作。

《香港基本法》第 17 条第 2 款规定，香港特别行政区立法机关制定的法律须报全国人大常委会备案，但备案不影响法律的生效。依据该规定，全国人大常委会似乎只负责备案，并不负责审查。但是，如果结合该条第 3 款的规定加以分析，全国人大常委会似乎应当有权对特别行政区立法进行审查。其原因在于，全国人大常委会有权在香港特别行政区立法机关报请备案之后将其发回，而发回的前提是，认为报请备案的香港特别行政区法律不符合《香港基本法》关于中央管理的事务及中央和香港特别行政区关系的条款。但是，问题的症结在于：如果全国人大常委会有权对特区立法机关报请备案的法律进行审查的话，应当依据什么程序进行审查呢？对此，《香港基本法》第 17 条并未加以规定。基于前文其他章节所作的分析，全国人大常委会在行使《香港基本法》赋予的职权时，可以适用《香港基本法》附件三所列全国性法律之外的其他法律，如《立法法》《监督法》等。就此处所涉及的主题而言，如果全国人大常委会对香港特别行政区立法有权审查的话，它可以依据前述两部法律所规定的程序进行审查。《立法法》(2015 年)第 101 条规定，全国人民代表大会有关的专门委员会和常务委员会工作机构应当按照规定要求，将审查、研究情况向提出审查建议的国家机关、社会团体、企业事业组织以及公民反馈，并可以向社会公开。《监督法》第 7 条规定，各级人民代表大会常务委员会行使监督职权的情况，向社会公开。根据 2014 年国务院新闻办发布的《“一国两制”在香港特别行政区的实践》白皮书，截至 2013 年年底，全国人大常委会收到香港特别行政区报请备案的法律共 570 件。但是，截至目前，全国人大常委会对报请备案的特区立法并未依据前述规定向社会公开过相关情况，更无将香港特别行政区立法发回的情况。2017 年 12 月 14 日，第十二届全国人民代表大会常务委员会第一百零五次委员长会议原则通过《全国人大常委会 2018 年工作要点》。2018 年 4 月 17 日第十三届全国人民代表大会常务委员会第二次委员长会议对其作了部分修改。该要点指出，要“全面准确贯彻‘一国两制’方针，严格依照宪法和基本法办事，完善与基本法实施相关的制度和机制，加强基本法理论研究和宣传工作，引导港澳社会全面准确认识‘一国两制’方针、宪法和基本法。跟踪研究基本法实施中的重大问题。继续做好对香港特别行政区和澳门特别行政区本地立法的备案审查工作”。

（二）全国人大常委会对香港特别行政区立法备案审查的性质

有学者认为，“全国人大常委会对基本法的审查从性质上说，属于政治审查”。对此，笔者秉持不同立场。笔者认为，全国人大常委会对香港特别行政区立法机关制定的法律的审查固然具有“主权宣示”的政治色彩，但这并不意味着该种审查是政治性的。其原因在于以下几点。(1)全国人大常委会对香港特别行政区法律进行审查的依据是《香港基本法》，该法固然是依据民主政治程序制定出来的，但是，它一经产生就成为一种既定的法律规则，具有相应的法律效力。也就是说，关涉香港问题的诸种立场分歧已经通过民主程序得到了折中性的处置，实现了政治问题的法律化。依据该既定规则审查判断香港特别行政区立法，应该是一种立基于尊重既定法律规范基础上的逻辑操作，而不应当是置既定法律规范于不顾的纯粹政治性的推演，否则，《香港基本法》作为香港特别行政区宪制基础的地位就难以得到维系。(2)全国人大常委会对香港特别行政区法律进行审查的方式的抽象性不足以说明该种审查的政治性。与具体的审查方式相比，抽象审查方式似乎不直接涉及争议双方的权益冲突，有可能滋生备案审查的消极主义情绪，使所谓的备案审查在事实上蜕变为一种纯粹的主权宣示，没有实质的审查意义。但是，从理论上来说，抽象审查方式和审查的消极懈怠之间并不具有逻辑上的必然对应性，不能把备案审查制度的不健全、不完善所导致的所谓“主权宣示"色彩与抽象审查方式结构性关联在一起。从国际社会来看,对立法的具体审查方式固然发挥了积极作用,抽象审查方式也展现了其独特的优势。这一点,在法国、德国表现得非常明显。(3)全国人大常委会作为最高国家权力机关常设机关的身份不足以说明其对香港特别行政区法律的审查是政治性的。与法院相比,全国人大常委会似乎是一种政治性的国家机关,它对香港特别行政区法律的审查自然可能是政治性的。这是一种误解。尽管全国人大常委会是最高国家权力机关的常设机关,但它也必须依据宪法、遵照法律行使职权,它没有凌驾于宪法和法律之上的任何特权。全国人大常委会在审查香港特别行政区法律时,必须依据《香港基本法》、遵循宪法的精神加以审查,这种审查可能会涉及政治层面的问题,但它是依据《宪法》和《香港基本法》作出的判断,而不是一种纯政治性的判断,因此,该种审查不是政治性的,而是对政治性问题作出的法律判断。

笔者认为,全国人大常委会对香港特别行政区立法机关制定法律的审查属于立法监督的范畴。所谓立法监督,通常是指对立法过程和立法结果事实监督的制度。从整个世界范围来看,立法监督制度包括四种类型:立法复决制度、立法否决制度、立法审查制度、公民公决制度。[1] 其中,立法审查是指立法监督主体依据法定职权和程序对立法过程和立法文件的合宪性或合法性进行监督制约的活动,该活动经过规范化、法律化之后便形成了立法审查制度。从各国立法审查的实践来看,作为立法审查主体的机关较多元,既有立法机关作为立法监督主体的,也有法院或者专门机构作为立法监督主体的。立法审查的范围也较广泛,既有立法机关的立法,也有行政机关的立法;既有中央国家机关的立法,也有地方国家机关的立法。立法审查制度在具体运作实践中,又逐步形成了违宪审查、备案审查等制度。其中,备案审查制度是指制定机关将其制定的规范性文件报送法定备案机关并接受其审查监督的制度。《香港基本

〔1〕 参见肖金明、尹凤桐:《世界各国立法监督制度论纲》,载《东方论坛》1999年第2期。

法》第 17 条所确立的备案审查制度属于立法监督制度中的立法审查制度的范畴。备案审查制度是我国立法监督制度的一种重要形式。在我国内地范围的备案审查制度中,作为立法监督主体的既包括作为立法机关的人大及其常委会,也包括国家行政机关和法院;立法审查对象既包括中央行政立法,如行政法规、规章,也包括地方行政立法,如地方政府规章。此外,还包括地方国家权力机关制定的地方性法规、自治条例、单行条例等。作为一种立法监督制度,香港特别行政区法律的备案审查制度的适用范围是有严格限制的。依据《香港基本法》第 17 条的规定,只有香港特别行政区立法机关制定的法律才必须向全国人大常委会报备审查,香港特别行政区立法机关制定的法律以外的其他规范性文件如决议等,不必向全国人大常委会报备,香港特别行政区行政长官制定的政策、发布的命令以及香港特别行政区法院审理案件过程中形成的判例等更不在报备审查的范围之列。

从立法监督的时间切入点来看,有事前监督和事后监督两种情形。事前立法监督是指监督有权机关在立法机关通过的法案成为法律之前对其进行的监督。例如,《香港基本法》第 76 条规定,"香港特别行政区立法会通过的法案,须经行政长官签署、公布,方能生效"。行政长官对立法会通过的法案有事前审查监督权。依据《香港基本法》第 49 条的规定,如果香港特别行政区行政长官认为立法会通过的法案不符合香港特别行政区的整体利益,可在 3 个月内发回立法会重议。为了对行政长官的该种事前立法监督权进行制约,《香港基本法》中又设计了其他制度。《香港基本法》第 49 条规定:"立法会如以不少于全体议员三分之二多数再次通过原案,行政长官必须在一个月内签署公布或按本法第五十条的规定处理。"《香港基本法》第 50 条规定,香港特别行政区行政长官如拒绝签署立法会再次通过的法案,经协商仍不能取得一致意见,行政长官可以解散立法会。行政长官在解散立法会前,须征询行政会议的意见。行政长官在其一任期内只能解散立法会一次。与事前立法监督不同,事后立法监督是在立法机关制定的法案成为法律甚至生效之后再由法定有权监督机关对其进行的审查监督。《香港基本法》第 17 条所规定的备案审查制度就属于该种类型。《香港基本法》第 17 条第 2 款规定："香港特别行政区的立法机关制定的法律须报全国人民代表大会常务委员会备案。备案不影响该法律的生效。"依据该规定，香港特别行政区立法会制定的法律在获得行政长官签署、公布，成为法律后，甚至在法律生效之后，方才需要向全国人大常委会报备审查。在此之前，不需要向全国人大常委会报备。而且，即便将香港特别行政区立法会制定的法律向全国人大常委会报备，对该法律的效力也不产生任何影响。依据该条第 3 款的规定，只有在全国人大常委会经审查认为该法律在内容上不符合《香港基本法》关于中央管理的事务及中央和香港特别行政区的关系条款，且征询了其所属的香港特别行政区基本法委员会之后，方才可以将该法律发回，使其丧失效力。该法律的失效，除香港特别行政区的法律另有规定外，无溯及力。

从立法监督的主体来看，香港特别行政区立法机关制定的法律的审查监督主体是作为最高国家权力机关常设机关的全国人大常委会。诚如前述，在整个世界范围内，立法监督主体既包括立法机关，也包括行政机关和司法机关。我国内地范围内的立法监督体制是由《宪法》和相关法律所确立的，其特点是以国家权力机关为主要立法监督主体并享有核心的监督权力，行政机关、司法机关为次要的立法监督主体并享有相应的监督权力。[1] 在这种监督体制下，对行政法规、地方性法规、自治条例、单行条例、规章等规范性文件的监督主要是各级人大常委会的职权。与内地范围的立法监督体制相比，香港特别行政区的立法监督机关主要表现为全国人大常委会、香港特别行政区行政长官、香港特别行政区法院。其中，香港特别行政区行政长官进行的立法监督是事前监督，全国人大常委会与香港特别行政区法院进行的立法监督是事后监督。与行政长官、香港特别行政区法院的立法监督相比，全国人大常委会对香港

〔1〕 参见徐育苗主编：《中外政治制度比较》，中国社会科学出版社 2004 年版，第 311 页。

特别行政区法律进行的监督更具有权威性,这是由我国实行的人民代表大会制度和单一制的国家结构形式决定的。依据《香港基本法》第43条第2款,香港特别行政区行政长官依照《香港基本法》的规定对中央人民政府负责,也就是说,他必须确保香港特别行政区立法机关制定的法律符合《香港基本法》关于中央管理的事务及中央和香港特别行政区关系的条款,他必须就此向中央政府负责,而中央政府依据《宪法》的规定必须向全国人大常委会负责。很明显,全国人大常委会对香港特别行政区立法的监督更具有根本的意义。舍此而外,依据《香港基本法》第158条的规定,全国人大常委会有权解释《香港基本法》,且其解释相较于香港特别行政区法院所作的解释更具有根本的意义。因而,全国人大常委会与香港特别行政区法院对香港特别行政区法律的立法监督相比,也具有当之无愧的更根本的意义。更为关键的是,全国人大常委会不仅有权解释《香港基本法》,而且有权解释《宪法》,这样一来,它对《香港基本法》的解释就不可避免地掺杂有对《宪法》的理解,对香港特别行政区的立法监督自然也就具有了宪法监督的意义。

(三)全国人大常委会对香港特别行政区法律备案审查的法理基础

香港特别行政区立法机关制定的法律需要报全国人大常委会备案审查,主要是我国实行的人民代表大会制度和单一制的国家结构形式决定的。《立法法》(2000年)第89条第2项规定,"省、自治区、直辖市的人民代表大会及其常务委员会制定的地方性法规,报全国人民代表大会常务委员会和国务院备案"。香港特别行政区与省、自治区、直辖市均是我国省一级地方行政区域单位,但是,为何香港特别行政区立法机关制定的法律仅需报全国人大常委会备案,而省、自治区、直辖市人大及其常委会制定的地方性法规却需要同时报国务院备案呢?笔者认为,这里面牵涉两个层面的问题:其一,为什么香港特别行政区立法机关制定的法律需要报送中央备案审查?其二,为什么香港特别行政区立法机关制定的法律仅需报送中央国家机关中的全国人大常委会备案审查?

在前述两个问题中，第一个问题是前提，第二个问题是前者基础上的进一步延伸。第一个问题是我国单一制的国家结构形式决定的，第二个问题是我国实行的人民代表大会制度决定的。我国《宪法》规定，中央和地方国家机构职权的划分，遵循在中央的统一领导下，充分发挥地方的主动性、积极性的原则。这说明我国是单一制国家。[1] 香港特别行政区的设立并没有改变我国单一制的国家结构形式。所谓单一制，是指国家由若干普通行政单位或者自治单位、特别行政区等组成，各组成单位都是国家不可分割的一部分的国家结构形式。单一制国家结构形式的特点是：(1)全国只有一部宪法，只有一个中央国家机关体系(包括立法机关、行政机关和司法机关)；(2)每个公民只有一个统一的国籍；(3)各行政单位或自治单位均受中央政府的统一领导，不能脱离中央而独立；(4)各行政单位或自治单位所拥有的权力是中央授予的；(5)国家整体是代表国家进行国际交往的唯一主体。在单一制国家结构形式下，国家权力完全掌控在中央，地方没有外在于中央而存在的固有权力，地方的权力完全由中央授予，中央和地方之间是授权与被授权的关系，中央没有授予地方行使的权力归属于中央，不存在剩余权力归属地方的问题。该种情形与联邦制国家结构形式下的情况迥异。在联邦制国家结构形式下，联邦和其成员国分别有自己的宪法和法律，以及各自的国家机关体系；公民有双重国籍，既是成员国的公民，又是联邦的公民；联邦的最高立法机关通常采取两院制，其中一院由联邦成员国选派代表组成；通过宪法划分联邦与成员国之间的权力，联邦的权力包括立法权、行政权和司法权，来自成员国的授予，凡未授予联邦的权力通常由各成员国保留；在对外关系方面，联邦的成员单位一般没有权力。可以明显看出：单一制国家结构形式下中央和地方之间的关系是授权与被授权的关系；联邦制国家结构形式下联邦和组成单位之间是分权的关系。在单一制国家中央和地方的授权关系结构下，中央作为授权者拥有固有、完整

---

〔1〕 全国人大常委会港澳基本法委员会办公室编：《中央有关部门发言人及负责人关于基本法问题的谈话和演讲》，中国民主法制出版社2011年版，第141页。

的管治权,这是其对地方作出授权的前提。中央对地方作出授权后,对于地方行使被授予权力的行为一方面秉持尊重的立场,另一方面也保持监督的状态。中央在作出授权之后,对于地方国家机关行使被授予权力的行为,有权根据自身的实际需要,按照特定的程序进行监督,甚至在作出授权时便对其授权的权力的行使设置相应的限制性规定。与之相比,联邦制国家结构形式下的分权关系则不同。在联邦制国家结构形式下,联邦的权力并不是其固有的,而是由其成员邦通过制定联邦宪法予以明确规定的。联邦和组成单位的权力经由宪法作出分割之后,联邦的权力便严格限定在宪法框定的范围之内,宪法没有授予联邦的权力由各组成单位享有。联邦对各组成单位的权力行使不能干涉;反之,各组成单位对联邦的权力行使也不能进行干涉,它们之间的权力划分严格以联邦宪法的规定为准。在宪法修改之前,联邦和各组成单位均无权改变。由于我国实行的是单一制的国家结构形式,且该种国家结构形式不因香港特别行政区、澳门特别行政区的设立而发生改变,因此,中央和香港行政区的关系构筑必须体现单一制国家结构形式的特点。事实上,全国人大通过其制定的《香港基本法》来框定香港特别行政区实行的制度,已经集中体现了这种单一制国家结构形式的特点。既然香港特别行政区的立法权来源于中央的授权,那么,香港特别行政区立法机关行使立法权的行为受到来自授权者的监督就是题中应有之义了。依据《香港基本法》的规定,香港特别行政区立法机关制定的法律所涉及的事项应当是香港特别行政区自治范围内的地方性事务,与中央管理的事务及中央与地方关系的条款关联不大,似乎没有必要报请中央备案审查。但是,实际情况却并非如此。其原因在于:自治性事务和非自治性事务的划分标准实际上是很难确定的,而且,自治性事务和中央管理的事务往往是关联在一起的,这样,香港特别行政区立法机关制定的法律就很有可能牵涉中央管理的事务以及中央与地方关系的条款。例如,香港永久性居民的身份确定问题,依照《香港基本法》的规定,这属于香港特别行政区自治范围内的事务。但是,对香港永久性居民身份的确定涉及内地居民进入香港特别行政区的问题,这就不可避免地涉及中央和特别行政区的关系问题。鉴于此,中央有必要对香港特别行政区立法机关制定的法律进行备案审查。但是,为什么只能由全国人大常委会审查,而不能同时由国务院进行审查呢?笔者认为,这是由我国实行的人民代表大会制度决定的。全国人大及其常委会均属于中央国家机关,但是,全国人大及其常委会是最高国家权力机关及其常设机关,而国务院仅仅是它们的执行机关,要对其负责,受其监督。香港特别行政区立法机关的立法权是全国人大经由《香港基本法》授予的,而不是国务院授予的,因此,香港特别行政区立法机关制定的法律自然只需要向全国人大常委会报请备案审查,而不需要向国务院报请备案审查。对此,有人会提出质疑,在单一制国家结构形式下,省、自治区、直辖市人大及其常委会的立法权也是全国人大授予的,为什么省级地方性法规需要报请国务院备案审查呢?对此,笔者的理解是,香港特别行政区固然与省、自治区、直辖市一样,均属于省级地方行政区域单位,但是,它实行的制度却迥异于一般地方行政区域单位,实行高度自治。对香港特别行政区立法机关制定的法律进行备案审查必然涉及对《香港基本法》的解释,全国人大常委会拥有基本法解释权,国务院却没有,而且,香港特别行政区立法机关制定法律只需要依据《香港基本法》,不需要依据国务院制定的行政法规,因此,只能由全国人大常委会对香港特别行政区立法进行备案审查,而不能由国务院对其进行备案审查。

(四)全国人大常委会对香港特别行政区立法机关制定的法律进行备案审查的依据

《香港基本法》中有多个条款均直接或者间接涉及全国人大常委会对香港特别行政区立法机关制定的法律进行备案审查的依据,具体表现如下。(1)《香港基本法》第11条规定:“根据中华人民共和国宪法第三十一条,香港特别行政区的制度和政策,包括社会、经济制度,有关保障居民的基本权利和自由的制度,行政管理、立法和司法方面的制度,以及有关政策,均以本法的规定为依据。香港特别行政区立法机关制定的任何法律,均不得同本法相抵触。”(2)《香港基本法》第 73 条第 1 项规定,香港特别行政区立法会应当“根据本法规定并依照法定程序制定、修改和废除法律”。(3)《香港基本法》第 17 条第 3 项规定,“全国人民代表大会常务委员会在征询其所属的香港特别行政区基本法委员会后,如认为香港特别行政区立法机关制定的任何法律不符合本法关于中央管理的事务及中央和香港特别行政区的关系的条款,可将有关法律发回,但不作修改。经全国人民代表大会常务委员会发回的法律立即失效”。依据前述规定,全国人大常委会对香港特别行政区立法机关制定的法律进行备案审查的依据是《香港基本法》。对此,学界并不存在分歧。但是,问题的症结在于:《香港基本法》有三部分组成,即序言、正文和附件。以《香港基本法》正文作为全国人大常委会备案审查的依据,学界不存在理解上的歧义。但是,对于《香港基本法》序言和附件能否作为全国人大常委会对香港特别行政区法律进行备案审查的依据,却存在不同的理解。此处可以从两个方面逐层进行分析。

其一,《香港基本法》序言能否作为全国人大常委会的备案审查依据。序言一般只有宪法中才有,具体法律中一般没有序言。目前,我国只有三部法律中有序言,分别是《民族区域自治法》《香港基本法》《澳门基本法》。序言的语言特色和正文不甚相同,它通常是以叙述性文字阐述以法律规范的形式难以表述的内容。其阐述的内容主要是立法背景、立法目的、立法指导思想、立法原则等。《香港基本法》序言阐述的基本内容是:香港地区的历史,香港回归的过程,设立香港特别行政区的原因及依据,设立香港特别行政区的方针,香港特别行政区实行的制度依据等。从文字表述来看,该部分内容既不涉及香港特别行政区自治范围内的相关事务,也不涉及中央管理的事务及中央和香港特别行政区关系的条款。直观上,这似乎不足以作为全国人大常委会对香港特别行政区法律进行备案审查的依据。从国际社会违宪审查的实践来看,各国的做法似乎也不甚相同。有学者指出,“全国人大常委会及特区法院在行使基本法审查权,对于能否将基本法序言作为审查的直接依据时,可以参考宪法序言在各国违宪审查中的作用”。[1] 该学者将各国违宪审查实践中宪法序言的作用分为三种类型。(1)宪法序言不能作为违宪审查的直接依据。该做法的理由是,宪法序言采取的是叙事性的表述方式,不是严谨的规范性规定,其具体内涵很难加以清晰界定。而且,宪法序言中有一部分内容是关于历史的表述,难以起到宪法规范的功能。(2)将宪法序言作为解释宪法正文的参考。该种做法的意思是,宪法序言不直接作为违宪审查的依据,但是,可以在解释宪法正文时,将宪法序言的内容和规定合乎逻辑地注入其中,通过宪法正文发挥作用。(3)将宪法序言作为违宪审查的直接依据。目前,法国采取的就是该种做法,这和法国宪法的文本结构有关。在笔者看来,前述第1种做法和第2种做法本质上是一样的,均不把宪法作为违宪审查的直接依据。笔者认为,宪法序言是否可以作为违宪审查的依据和对宪法序言法律效力的理解有关。从整个世界范围来看,学界关于宪法序言法律效力的讨论是在德国《魏玛宪法》颁布实施后开始的,虽然《魏玛宪法》并不是第一部设置序言的宪法,但是它第一次在宪法序言中增加了对制宪目的的规定,在此之前,各国宪法序言的内容仅是对制宪的发展进行陈述,没有规定宪法目的、宪法宗旨等内容,此后,各国学者开始普遍关注这一问题。我国在《共同纲领》和中华人民共和国成立后制定的四部宪法中都有宪法序言部分,但是各部宪法对于宪法序言的法律效力问题均未作出明确规定,对此学界的理解不甚一致,主要有四种观点。(1)全部无效说。该观点主张宪法序言不具有任何法律效力。[2] (2)部分有效说。该观点认为,宪法序言是否具有效力,应该根据序言的具体内容来判断。宪法序言中历史陈述类的语句是完全没有法律效力的,但宪法序言中规定国家根本任务和基本原则的段落应当被认为是具有法律效力的,[3] 我国《宪法》序言的

---

[1] 胡锦光:《论香港基本法审查权及其界限》,载《武汉大学学报》(哲学社会科学版)2017年第6期。

[2] 参见蔡定剑:《宪法精解》,法律出版社2006年版,第123～125页;黄惟勤:《论我国宪法序言的法律效力》,载《法学杂志》2010年第2期。

[3] 参见陈玉山:《中国宪法序言研究》,清华大学出版社2016年版,第93页。

最后一个自然段具有法律效力。有学者认为,宪法序言所规定的一些原则、政策或原理本身是无法直接适用的,只有与宪法正文中的具体条文相结合,才具有可操作性,进而才具有法律效力。[1] (3)全部有效说。该观点认为,根据法律整体的特性,如果一部法律是有效的,那么这部宪法包括宪法序言在内的所有组成部分也自然是具有法律效力的。如果否认这一特性,就意味着人们要对一部法律中的所有条文进行逐条分析,才能确认每一个条文是否具有法律效力。[2] (4)强于正文效力说。该观点认为,宪法序言不但具有法律效力,而且效力是高于宪法正文的。[3] 总体来看,目前,多数学者认为宪法序言是有法律效力的。笔者认为,宪法序言具有法律效力,但是,宪法序言的效力更多的是通过立法、宪法解释等方式表现其效力,这是其文本表述方式决定的。在我国,由于缺乏违宪审查层面的具体实践,对宪法序言法律效力的认识主要存在于理论层面。反观前述主题,笔者认为,《香港基本法》的性质不是宪法,而是全国人大制定的全国性法律。全国人大常委会对香港特别行政区立法机关制定法律的备案审查不是违宪审查,而是违基审查。因此,《香港基本法》序言是否可以作为全国人大常委会违基审查的依据与宪法序言是否可以作为违宪审查的依据不是同一个层面的问题,但是,可以适度地进行类比分析。《香港基本法》序言不是全国人大常委会对香港特别行政区法律进行备案审查的直接依据,因为其文本表述中既不涉及中央管理的事务,也不涉及中央与特别行政区关系的条款,更不涉及香港特别行政区自治范围内的相关事务。但是,全国人大常委会对香港特别行政区立法的备案审查和其对《香港基本法》的解释是关联的,因此,《香港基本法》序言也就合乎逻辑地被注入《香港基本法》的解释中,成为事实上的备案审查依据。

---

〔1〕 参见何华辉:《比较宪法学》,武汉大学出版社 1988 年版,第 44 页。

〔2〕 参见黄惟勤:《论我国宪法序言的法律效力》,载《法学杂志》2010 年第 2 期。

〔3〕 参见黄惟勤:《论我国宪法序言的法律效力》,载《法学杂志》2010 年第 2 期;殷啸虎、李莉:《宪法序言的功能与效力研究》,载《上海交通大学学报》(哲学社会科学版)2004 年第 6 期。

其二,《香港基本法》附件是否属于全国人大常委会对香港特别行政区立法备案审查的依据。该问题的核心是《香港基本法》附件是否属于《香港基本法》的有机组成部分？对此,《香港基本法》没有作出明确规定,人们的理解也不甚一致。从直观层面来看,《香港基本法》与其附件似乎是不一样的,集中表现在《香港基本法》与其附件的修改程序不同。依据《香港基本法》第 159 条、第 18 条第 3 款、附件一《香港特别行政区行政长官的产生办法》第 7 条、附件二《香港特别行政区立法会的产生办法和表决程序》第 3 条的规定,二者在修改权主体、修改提案权主体、修改程序、修改的限制性要求等方面均不甚相同。由此可以推导出的结论似乎是《香港基本法》附件不属于《香港基本法》,相应地,《香港基本法》附件也就不属于全国人大常委会对香港特别行政区立法备案审查的依据。但是,《香港基本法》附件和《香港基本法》的修改程序不同并不意味着两者是相对独立的、《香港基本法》附件不属于《香港基本法》的组成部分。事实上,《香港基本法》附件所涉及的内容并不是单纯由附件规定的,而是附件和《香港基本法》主体部分共同规定的。这一点,笔者在本书第四章“香港基本法解释”部分已经作了阐释,此处不再赘述。笔者此处意图申明的立场是,《香港基本法》附件是《香港基本法》的有机组成部分,它们是全国人大常委会对香港特别行政区立法的备案审查依据。

《宪法》是否能够作为全国人大常委会对香港特别行政区立法备案审查的依据,《香港基本法》没有述及。有学者指出,“宪法是基本法的制定依据,宪法在效力位阶上高于基本法。因此,在审查特区法律是否符合基本法时,只能依据基本法进行审查,而不能直接依据宪法进行审查”。“虽然在审查特区法律是否符合基本法时,不能直接适用宪法作为审查依据,但在说明理由部分,必要时是可以引用宪法规定予以补强的。”[1]对此,应当结合《宪法》与《香港基本法》的关系加以理解。在实

---

〔1〕 胡锦光:《论香港基本法审查权及其界限》,载《武汉大学学报》(哲学社会科学版)2017年第6期。

践中，人们对《宪法》与《香港基本法》的关系的理解主要表现为对《宪法》在香港特别行政区适用问题的理解。目前，围绕该问题，学界存在诸多理解上的歧义，主要观点包括："宪法整体有效、部分不适用说""宪法效力区际差异说""宪法自我限制说""基本法变通适用宪法说""部分条款失却效力补充适用说""基本法是宪法的特别说""基本法中介说""宪法在特区适用及它与基本法的关系不确定论""宪法效力和直接适用适度区分说""既要区分宪法效力和宪法适用，又不能割裂宪法条文来讨论宪法效力说"等。[1] 笔者认为，我国是单一制的国家，该种国家结构形式没有因为特别行政区的设立而发生任何改变，因此，《香港基本法》的性质不是宪法、特别宪法、小宪法，而是全国人大制定的基本法律。《香港基本法》框定了香港特别行政区的具体制度，但是，它不足以结构性取代《宪法》在香港特别行政区的适用。《宪法》和《香港基本法》是香港特别行政区共同的宪制基础，《宪法》在香港特别行政区具有适用性。作为《香港基本法》的制定根据，《宪法》不是全国人大常委会对香港特别行政区立法进行备案审查的直接依据，但是，全国人大常委会既有特别行政区基本法解释权，也有宪法解释权。而且，特别行政区基本法解释权是和备案审查制度关联在一起的，全国人大常委会在审查香港特别行政区立法是否符合《香港基本法》时，可以将《宪法》的规范内容和精神注入对《香港基本法》的解释中，从而使其在事实上成为对香港特别行政区立法进行备案审查的依据。

第二节　香港特别行政区法院的违基审查权及其与全国人大常委会违基审查权的衔接

一、香港特别行政区法院的违基审查权

国内学界围绕香港特别行政区法院"违宪审查权"的理解不甚相同，主要有两种观点：(1)认为香港特别行政区法院的"违基审查权"缺

[1] 参见邹平学：《宪法在香港特别行政区的效力和适用研究述评》，载《深圳大学学报》(人文社会科学版)2013年第5期。

乏法律依据;〔1〕(2)认为普通法的传统、香港回归祖国后的新法治秩序及全国人大常委会审查权的不完整性共同促成了香港特别行政区法院"违基审查"的实践。〔2〕 有学者认为,香港特别行政区法院对违反《香港基本法》的行为行使的审查权究竟是"违基审查权"还是"违宪审查权"完全是一个学术视角的问题。〔3〕 也就是说,如果将《香港基本法》视为"宪法",香港特别行政区法院行使的审查权就是"违宪审查权";反之,如果将其视为"法律",香港特别行政区法院行使的审查权自然就是"违基审查权"。从实践来看,香港学者大多使用"违宪审查权"的表述。例如,有香港特别行政区的学者认为,香港特别行政区法院的"违宪审查权"是指"香港法院就香港特别行政区立法机关的立法的审查权,如裁定香港特别行政区立法是否因与基本法相抵触而无效"。〔4〕 相比之下,内地学者更倾向于采取"违基审查权"的表述方式。内地学者一般认为,法院是由人民代表大会选举产生并向其负责和报告工作,无权挑战权力机关的立法权威。如果将香港特别行政区法院的"违基审查权"称为"违宪审查权",意味着香港特别行政区法院可以审查全国人大制定的法律,而这将会损害最高国家权力机关的权威,最终导致整个法律秩序的混乱。〔5〕 有内地学者认为,"中华人民共和国作为一个整体上的单一制国家,属于成文宪法国家,因此基本法作为宪法性法律是与宪法密切相连的法律,但基本法不是宪法。在我国,违宪审查权指的是以宪法为依据进行的合宪性审查"。〔6〕 对于这一问题,本部分拟从三个方面展开分析。

---

〔1〕 参见董立坤、张淑钿:《香港特别行政区法院的违反基本法审查权》,载《法学研究》2010年第3期。

〔2〕 参见李树忠、姚国建:《香港特区法院的违基审查权——兼与董立坤、张淑钿二位教授商榷》,载《法学研究》2012年第2期。

〔3〕 参见陈永鸿:《论香港特别行政区的违宪审查权》,载《法商研究》2013年第1期。

〔4〕 陈弘毅:《论香港特别行政区法院的违宪审查权》,载《中外法学》1998年第5期。

〔5〕 参见陈永鸿:《论香港特区的"违宪审查权"》,载《法商研究》2013年第1期。

〔6〕 董立坤、张淑钿:《香港特别行政区法院的违反基本法审查权》,载《法学研究》2010年第3期。

(一)回归前香港法院的违宪审查权

回归之前,香港的宪制秩序是由英国女皇维多利亚于 1843 年以英皇特权立法形式颁布的《英皇制诰》和《皇室训令》确立的。《英皇制诰》共 24 条,其主要内容包括:确立总督一职及其权力、权威,设立行政局、立法局,两局成员的职责及其与总督的关系,法官的任命与退休等。《英皇制诰》中关于香港本地立法的规定主要有两个方面:(1)《英皇制诰》第 7 条第 1 款规定:"总督,经咨询立法局并取得其同意,可为了殖民地的和平、秩序和良好管制而立法。"(2)《英皇制诰》第 12 条规定:"总督与立法局在制定任何法律时,应当遵守并服从任何'训令'所规定的制度、规则与指令。"《皇室训令》在很大程度上是为了执行《英皇制诰》而颁布的,其主要内容是规定行政局、立法局运行的具体细则、立法程序,厘定和规范总督的权力等。鉴于《英皇制诰》和《皇室训令》在香港宪制层面上的根本性,这两个文件通常被称为香港的"宪法性文件"。有观点认为,港英政府统治下的香港法院没有违宪审查权,其原因在于:英国奉行的是议会至上"的宪法理念,而且没有成文宪法,英国法院不能依据宪法对议会立法进行违宪审查。香港作为英国统治下的普通法地区,在法律理念和司法制度上秉承了普通法传统,英国的宪制理念及制度框架对香港有决定性的影响。香港不是一个独立的政治实体,没有自己的宪法,《英皇制诰》和《皇室训令》虽然是宪法性法律,但并不是香港法院审查议会立法的唯一依据,因为依据《英国地法律效力法》的规定,任何与适用于香港的英国制定法相抵触的立法局条例都是无效的。因此,香港法院有司法审查权,但没有违宪审查权。对此,有学者秉持不同立场,认为否定香港法院具有违宪审查权的观点是对殖民地时代香港法院权力的一种误解,其原因在于:殖民地时代的香港立法局并不具有英国议会那种"议会至上"的地位,它只是一个被赋予有限权力的机关,它的权力来自英国为香港制定的《英皇制诰》。作为解释和执行法律的机关,香港法院有权审查香港立法机关制定的法律是否违反《英皇制诰》,并在认定其违反的时候将其宣布为无效。[1] 当然，该种观点主要是从法理层面加以诠释的，并不意味着港英政府统治下的香港法院在事实上行使该种权力。

从香港的司法实践来看，1991 年以前，香港法院根据《英皇制诰》对香港立法机关的立法进行审查的案例绝无仅有。造成这种现象的主要原因是，《英皇制诰》赋予香港总督与立法局的立法权非常广泛，对立法权行使的约束比较松散，基本上不存在有章可循的规范性条款。1991 年之后，随着《香港人权法案条例》的制定和《英皇制诰》的修订，前述情况发生了明显的变化，香港法院的违宪审查权从理论转化成了现实。1991 年，香港立法机关制定了《香港人权法案条例》，该条例第 8 条就是著名的"香港人权法案"，该法案以香港本地立法的形式移植了《公民权利和政治权利国际公约》中适用于香港的规定。《香港人权法案条例》中与本部分主题有关的内容包括：(1)《香港人权法案条例》第 2 条第 3 款规定："在解释及应用本条例时，须考虑本条例的目的是将《公民权利和政治权利国际公约》中适用于香港的规定收纳入香港法律，并对附带及有关联的事项作出规定。"(2)《香港人权法案条例》第 3 条规定："所有先前法例，凡可作出与本条例没有抵触的解释，须作如是解释。""所有先前法例，凡不可作出与本条例没有抵触的解释的，其与本条例抵触的部分现予废除。"(3)《香港人权法案条例》第 4 条规定："在生效日期或其后制定的所有法例，凡可解释为与《公民权利和政治权利国际公约》中适用于香港的规定没有抵触的，须作如是解释。"从法理上来看，《香港人权法案条例》是香港立法机关制定的，其性质属于香港的法律，对于该条例颁行之前的"法例"的审查，可以依据"后法优于前法"的规则加以审查，该种审查的性质不属于违宪审查。前述《香港人权法案条例》第 3 条所规定的内容即属于此类。与之相比，前述《香港人权法案条例》第 4 条所规定的内容并不属于此类，它所针对的场景是对该条例颁

---

〔1〕 参见陈弘毅：《论香港特别行政区法院的违宪审查权》，载《中外法学》1998 年第 5 期。

行之后的“法例”的审查。由于《香港人权法案条例》的性质仅仅是香港的普通立法,不是宪法,因此,前述第4条的规定很有可能被此后制定的香港立法本着“后法优于前法”的规则推翻。为了防止该种潜在风险,英国1991年修订了《英皇制诰》,并于1991年6月8日与《香港人权法案条例》同时生效。修订之后的《英皇制诰》第7条第5款规定:“联合国大会于1996年12月16日通过的《公民权利和政治权利国际公约》的规定,适用于香港,应当通过香港法律予以实施。在1991年《英皇制诰》(第2号)施行之后,任何法律不得以与适用于香港的该公约不相一致的方式限制在香港享有的权利与自由。”如此一来,前述《香港人权法案条例》第4条的效力位阶就在事实上被提升了,违反该条内容的同时也违反了1991年《英皇制诰》(第2号)第7条第5款。综合前述,可以看出,自1991年6月8日之后,《香港人权法案条例》成为对此前生效的香港与人权相关的立法进行审查的法律依据,而《英皇制诰》成为对此后生效的香港与人权相关的立法进行审查的法律依据。前述变化对1991年之后香港的司法审查实践产生了重大影响。

总体来看,1991年之后香港法院对立法的审查可以分为两种类型。(1)根据“后法优于前法”规则进行的司法审查,该种审查性质上不属于违宪审查。例如,在香港上诉法院1991年9月30日判决的“冼某明案”(R. v. Sin Yau Ming)[1]中,双方的法律争议焦点是,1969年施行的《危险药物管理条例》第46条、第47条中的部分规定是否与《香港人权法案条例》第11条第1款相抵触。香港上诉法院经审理后认为,《危险药物管理条例》第46条、第47条中的部分规定与《香港人权法案条例》第11条第1款的规定相抵触,相关内容已经于1991年6月8日被废除。(2)根据《英皇制诰》第7条进行的司法审查,该种审查的性质是违宪审查。例如,香港高等法院1992年7月27日判决的“冼某明案”。该案是在香港上诉法院于1991年9月30日对香港政府诉林某明案(R. v. Sin Yau

〔1〕［1992］Hong Kong Criminal Law Reports 127.

Ming)的判决之后、香港立法局于 1992 年 6 月 26 日对《危险药物管理条例》第 46 条、第 47 条修正之后发生的。该案涉及的法律争议是:1992 年 6 月 26 日修正后的《危险药物管理条例》第 47 条第 1 款中的部分规定是否允许作出与适用于香港的《公民权利与政治权利国际公约》第 14 条第 2 款相一致的解释?如果不能,它将与《英皇制诰》第 7 条第 5 款的规定相抵触。香港高等法院对此的理解是,它们可以依据《英皇制诰》第 7 条审查和推翻任何在 1991 年 6 月 8 日之后制定的、违反《公民权利与政治权利国际公约》(也违反内容与此相同的《香港人权法案条例》)的人权标准的立法。[1] 香港高等法院在判决中宣告,《危险药物管理条例》第 47 条中的部分规定因抵触《公民权利与政治权利国际公约》第 14 条第 2 款被废除。[2] 香港高等法院在该案中秉持的立场在 1995 年年底的李某玲诉律政司(Lee Miu-Ling v. Attorney General)案[3]中得到了香港上诉法院的确认。在该案中,香港上诉法院审查了 1994 年香港立法机关制定的新选举法中关于功能组别选举的规定,并裁定这些规定并没有违反《香港人权法案条例》中有关普及和平等的选举权及人在法律面前一律平等并受法律平等保护原则。由于香港上诉法院是港英统治时期香港本地的最高法院,所以香港上诉法院于 1995 年 11 月 24 日对李某玲诉律政司案的判决被普遍视为确立香港法院违宪审查权的案件。[4]

(二)学界对香港特别行政区法院是否有权审查香港特别行政区法律的争论

对香港特别行政区法院是否有权审查特区立法机关制定的法律的问题,《香港基本法》没有明确规定。对此,学界的理解不甚相同,主要有两种立场。

---

〔1〕 See R. v. Chan Chak Fan[1994]3 Hong Kong Cases 145,153.

〔2〕 See R. v. lum Wai Ming,Hcc75/1991,para. 50.

〔3〕 [1996]Hong Kong Cases 124.

〔4〕 参见陈弘毅:《香港特别行政区法院的违宪审查权》,载陈弘毅:《法理学的世界》,中国政法大学出版社 2003 年版,第 429 页;邵善波:《成文宪法对香港原有司法体制的影响》,载《庆祝香港回归十周年——“基本法回顾与前瞻研讨会”论文集》,香港一国两制研究中心 2008 年版,第 201 页。

其一,肯定说。该观点认为,香港特别行政区法院有权审查香港立法机关制定的法律,该种权力内蕴于《香港基本法》的相关条款之中。该观点的主要理由包括:(1)香港特别行政区法院有独立的司法权和终审权。《香港基本法》第19条第1款规定,“香港特别行政区享有独立的司法权和终审权”;第2款规定,“香港特别行政区法院除继续保持香港原有法律制度和原则对法院审判权所作的限制外,对香港特别行政区所有的案件均有审判权”。香港特别行政区终审法院在“吴某玲案”的判决书中认为,根据《香港基本法》第19条,香港特别行政区法院享有独立的司法权和终审权;根据《香港基本法》第80条,香港特别行政区各级法院是香港特别行政区的司法机关,行使香港特别行政区的审判权,故“毫无疑问,香港法院有权审核特区立法机关制定的法例或行政机关的行为是否符合基本法,倘若发现有抵触基本法的情况出现,则法院有权裁定有关的法例或行为无效”。[1] 在“马某騜案”中,该案主审法官蔡守律认为,《香港基本法》第19条可以推导出法院有“违宪审查权”的结论。[2] (2)香港特别行政区法院有《香港基本法》解释权。《香港基本法》第158条规定,香港特别行政区法院审理案件时对《香港基本法》关于香港特别行政区自治范围内的条款有权解释,对自治范围以外的其他条款也有权进行解释。从实践来看,《香港基本法》解释权和违基审查权是关联在一起的。在“吴某玲案”中,香港特别行政区终审法院认为,“在行使基本法所赋予的司法权时,特区的法院有责任执行及解释基本法。毫无疑问,香港法院有权审核立法机关所制定的法例或行政机关之行为是否符合基本法,倘若发现有抵触基本法的情况出现,则法院有权裁定有关法例或行为无效”。[3] (3)《香港基本法》第8条、第11条足以推导出香港特别行政区法院有权审查香港特别行政区法律的结论。《香港基本法》第8条规定:“香港原有法律,即普通法、衡平法、条例、附属立法和

---

〔1〕 FACV14Y/1998. para. 10.

〔2〕 参见邵善波:《成文宪法对香港原有司法体制的影响》,载《港澳研究》2007年冬季号。

〔3〕 FACV14Y/1998. para. 10.

习惯法,除同本法相抵触或经香港特别行政区的立法机关作出修改外,予以保留。”第11条第2款规定:“香港特别行政区立法机关制定的任何法律,均不得同本法相抵触。”对此,有观点认为,“根据基本法在香港的最高法律效力地位,经授权的香港法院在审理特区自治范围内的案件包括行政行为和立法行为时,如果认为相关行政行为和立法行为有悖基本法规定,可以依据基本法对有关条款进行解释,并作出是否违反上位法即基本法,以及该行为是否合宪的判决”。[1] (4)《香港基本法》第39条等相关条款的规定足以推导出香港特别行政区法院有权审查香港特别行政区法律的结论。《香港基本法》第39条规定:“《公民权利和政治权利国际公约》、《经济、社会与文化权利的国际公约》和国际劳工公约适用于香港的有关规定继续有效,通过香港特别行政区的法律予以实施。香港居民享有的权利和自由,除依法规定外不得限制,此种限制不得与本条第一款规定抵触。”有学者认为,“在1991年以外,《英皇制诰》对香港立法机关的立法权并没有设定实质性的限制,所以违宪审查的空间几乎不存在。1991年后《英皇制诰》引进了国际人权公约,香港特别行政区法院才开始根据《公民权利和政治权利国际公约》的人权标准审查香港立法机关的立法。《基本法》第39条肯定了这些人权标准,《基本法》第三章更为特区居民的基本权利提供全面的保障。除了一般人权保障外,《基本法》又提供对财产权的保障(第6条、第105条)。此外,《基本法》十分详细地规划了特别行政区行政机关和立法机关的权力平衡关系,订明了特区政府须采用的社会和经济政策,并保障了一些界别和团体的具体权益。上述这些《基本法》条文都足以构成将来法院审查特别行政区的立法和政策的法理依据”。[2] (5)《香港基本法》没有列明的“剩余权力”应当由香港特别行政区行使,就对特区立法的审查监

〔1〕 徐静琳等:《香港特别行政区法院违宪审查权研究》,载全国人大港澳基本法委员会研究室主编:《香港基本法、澳门基本法研讨会论文集》,第417页。转引自董立坤、张淑钿:《香港特别行政区法院的违反基本法审查权》,载《法学研究》2010年第3期。

〔2〕 陈弘毅:《论香港特别行政区法院的违宪审查权》,载《中外法学》1998年第5期。

督权而言,应当由香港特别行政区法院行使。所谓“剩余权力”,是指《香港基本法》没有明确规定应当由谁行使的权力。1986 年在起草《香港基本法》的过程中,香港方面起草委员李柱铭等提出所谓“剩余权力”问题,其核心观点是,在即将建立的香港特别行政区制度下,由中央政府行使国防、外交事务的权力,国防、外交以外的其他权力作为“剩余权力”应当由香港特别行政区行使。受该种观念的影响,香港特别行政区终审法院认为对违反《香港基本法》审查权的限制只能是《香港基本法》以列举方式明确规定的,《香港基本法》没有明确列举的权力理应由香港特别行政区行使,而且这种行使不需要经过中央的授权或者同意。在“吴某玲案”[1]及“马某騉案”[2]中,香港特别行政区终审法院均表达了该种立场。(6)香港原有法律制度和原则并未限制香港特别行政区法院对香港特别行政区立法机关立法的审查监督。《香港基本法》第 19 条第 2 款规定:“香港特别行政区法院除继续保持香港原有法律制度和原则对法院审判权所作的限制外,对香港特别行政区所有的案件均有审判权。”依据该规定,如果香港原有法律制度和原则对香港特别行政区法院行使违宪审查权有限制的话,香港特别行政区法院就不可以拥有该项权力。但是,香港原有法律制度和原则中并不存在该种限制。有观点认为,因为殖民地时代的香港立法局并未享有类同于英国议会那般的“国会至上”地位,因此,回归前的香港特别行政区法院理论上是拥有违宪审查权的。[3] 基于遵循先例原则和香港上诉法院所处的特殊地位,香港上诉法院于 1995 年 11 月 24 日对李某玲诉律政司案所作的判决被认为是回归前确立香港违宪审查制度的典型判例。这也足以说明香港原有法律制度和原则是不排斥法院行使违宪审查权的。

其二,否定说。该观点认为,“无论从基本法的规定、香港原有法律传统还是其他法律理论或实践来看,香港法院行使违反基本法审查权均

---

〔1〕 FACV14Y/1998. para. 10.

〔2〕 HKSAR v. Ma WaiKwan, David &Others, CAQI1/1997, para. 57.

〔3〕 陈弘毅:《论香港特别行政区法院的违宪审查权》,载《中外法学》1998 年第 5 期。

缺乏法律根据。香港法院自我设定违反基本法审查权，混淆了中央与地方权力关系、偏离了基本法设立的香港政治体制、扭曲了基本法与普通法之间的关系”。[1] 该观点的主要理由如下。(1)独立的司法权和终审权并不意味着香港特别行政区法院拥有违宪审查权。违宪审查权并不是司法权的必然权能，从历史上来看，违宪审查权与司法权不是同时产生的。即便在当今世界，违宪审查权仍然不是所有拥有独立司法权和终审权的国家都认可的法院职权。从整个世界范围来看，违宪审查权固然与司法权有非常密切的联系，但是，行使违宪审查权的主体却并不仅表现为法院，宪法法院、宪法委员会、议会等外在于法院的其他国家机关均可以行使违宪审查权。就我国香港特别行政区而言，法院的司法权和终审权是全国人大根据《宪法》、经由《香港基本法》授予的，但《香港基本法》中并未授予其行使违宪审查权。(2)香港特别行政区法院拥有基本法解释权并不意味着它可以行使违基审查权。从法理上来说，基本法解释权和违基审查权确实往往关联在一起，但这并不意味着二者是同一种权力，由基本法解释权并不必然能够推导出违基审查权。从各国的法学理论和司法实践来看，违宪审查权和法律解释权的主体、功能均不相同。美国的违宪审查权固然是经由“马伯里诉麦迪逊案”通过宪法解释权推导出来的，但这并不具有普遍性。(3)《香港基本法》在香港特别行政区所处的宪制法律效力地位并不意味着赋予了香港特别行政区法院违基审查权。《香港基本法》第8条、第11条是说明《香港基本法》的法律地位及其与香港特别行政区法律之间关系的条款，它们说明了需要有违基审查机制，但并没有授予香港特别行政区法院违基审查权。而且，《香港基本法》明确规定，在香港特别行政区实行的法律违反《香港基本法》的，由全国人大常委会行使审查权。该种审查权应当是全面且充分的。(4)从《香港基本法》第39条等相关条款中挖掘出香港特别行政区法院的基本法审查权有违基本的法律原则，而且也违反《香港基本法》的规

[1] 董立坤、张淑钿：《香港特别行政区法院的违反基本法审查权》，载《法学研究》2010年第3期。

定。权力法定是现代法治的基本原则,香港特别行政区法院不能在《香港基本法》没有明确规定的前提下随意解释《香港基本法》相关条款、任意创设该项权力。《香港基本法》已经明确规定由全国人大常委会行使违基审查权,香港特别行政区法院从《香港基本法》第39条等相关条款中挖掘违基审查权的做法不仅有违《香港基本法》的规定,而且也破坏了中央和地方之间的关系。《香港基本法》中关涉香港居民基本权利的内容及其构建的政治体制架构,固然提供了由香港特别行政区法院行使违基审查权的制度空间,但这不足以成为香港特别行政区法院行使违基审查权的法律依据。(5)以香港特别行政区拥有基本法中所谓的"剩余权力"为由主张香港特别行政区法院的违基审查权,是对《香港基本法》以及香港特别行政区所处法律地位的误解。中国是单一制的国家,这种国家结构形式没有因为香港特别行政区的设立而发生任何改变。在单一制国家结构形式下,《香港基本法》中的"剩余权力"应当归属中央,而不是像一些人所理解的那样归属于香港特别行政区;中央和香港特别行政区之间的关系是授权与被授权关系,而不是分权关系,《香港基本法》中没有授予香港特别行政区法院行使的权力,它无权行使。(6)英国普通法传统中没有违宪审查的规定。香港回归之前,英国通过制定《香港人权法案条例》、修改《英皇制诰》建立起来的香港本地的违宪审查制度,不能作为香港法院行使违基审查权的法律根据。而且,1991年之前,香港法院作出的判例中没有香港法院行使违宪审查权的先例;根据普通法的原则和《香港基本法》的规定,香港上诉法院1995年李某玲诉律政司案的判例是一个无效判例,不足以作为回归之后香港特别行政区法院行使违基审查权的理由。

笔者认为,《香港基本法》的文本规定并未赋予香港特别行政区法院违基审查权。但是,从香港特别行政区设立以来的司法实践来看,香港特别行政区法院已经从《香港基本法》的相关条款中挖掘出了其自身拥有的违基审查权,并进行了积极的司法尝试,香港特别行政区法院自行设定的违基审查权似乎已经成为香港法律体制中不可或缺的一环。

对于香港特别行政区法院自设违基审查权的原因，学界进行了深入讨论。有学者认为，香港特别行政区法院自设违基审查权的原因主要有三个方面：(1)香港特别行政区的普通法传统为香港特别行政区法院的违基审查权提供了法理依据；(2)香港特别行政区的新法治秩序激活了普通法中法院的司法审查权；(3)全国人大常委会审查权的不完整性使香港特别行政区法院的违宪审查成为必要。[1] 也有学者认为，推动香港特别行政区法院自设违基审查权的因素主要包括：(1)基本法某些条款欠缺明确性及香港社会对违反基本法审查的客观需要，为香港特别行政区法院行使违基审查权提供了机会；(2)全国人大常委会未能及时有效行使违基审查权，使香港特别行政区法院直接行使违基审查权成为可能；(3)全国人大常委会所作释法决定没有质疑和挑战香港特别行政区终审法院的违基审查权。[2]

(三)香港特别行政区法院审查香港特别行政区法律的依据

目前，香港特别行政区法院的违基审查权已经在事实上确立了下来。当下对其存在的正当性提出质疑没有实际的意义，由全国人大释法明确其存在也没有必要，比较现实的做法似乎应当是对香港特别行政区法院审查香港特别行政区法律的依据及内蕴于其中的问题进行深层次的思考，以求解决香港特别行政区法院违基审查权运行过程中有可能衍生出的问题。笔者认为，对香港特别行政区法院审查香港特别行政区法律依据问题的思考可以从两个角度进行。

其一，《香港基本法》作为香港特别行政区法院审查香港特别行政区法律的依据时的衍生问题。《香港基本法》是香港特别行政区法院审查香港特别行政区法律的当然依据，这也是其之所以能够获致违基审查权的正当性基础。但是，以《香港基本法》作为其审查依据存在一些衍

---

〔1〕 参见李树忠、姚国建：《香港特区法院的违基审查权——兼与董立坤、张淑钿二位教授商榷》，载《法学研究》2012年第2期。

〔2〕 参见董立坤、张淑钿：《香港特别行政区法院的违反基本法审查权》，载《法学研究》2010年第3期。

生问题,主要包括三个方面。

(1)《香港基本法》序言是否可以作为香港特别行政区法院的审查依据。序言是《香港基本法》的重要组成部分,但是,《香港基本法》对序言的法律效力问题没有作出明确规定。这一点,和我国《宪法》的情况类似。目前,学界对宪法序言是否具有法律效力的认识不甚一致,主要有四种观点:全部无效说、[1]部分有效说、[2]全部有效说、[3]强于正文效力说。[4] 总体来看,多数学者认为宪法序言是有法律效力的。《香港基本法》不是宪法,学界对基本法序言效力的讨论也不多。笔者认为,《香港基本法》的序言具有法律效力,但是,它的法律效力不同于《香港基本法》规范的法律效力,无法对香港特别行政区公权机关的行为产生直接的约束作用,也没有直接赋予香港居民具体的权利和义务,它的效力主要是通过基本法解释机关的释法行为表现出来的。香港特别行政区法院审查香港特别行政区法律时,不可以直接依据《香港基本法》序言加以审查,但是,它可以将其作为解释《香港基本法》正文的指导原则,通过解释《香港基本法》正文中的相关条款,将序言的精神注入其中,从而间接起到审查依据的作用。

(2)《香港基本法》附件三是否可以作为审查香港特别行政区法律的依据。《香港基本法》有三个附件,分别是附件一《香港特别行政区行政长官的产生办法》,附件二《香港特别行政区立法会的产生办法和表决程序》,附件三《在香港特别行政区实施的全国性法律》。它们各自的修改程序不甚相同。附件一的修改程序:立法会全体议员 2/3 多数通过;行政长官同意;报全国人大常委会批准。附件二的修改程序:立法会全体议员 2/3 多数通过;行政长官同意;报全国人大常委会备案。附件

---

[1] 参见蔡定剑:《宪法精解》,法律出版社 2006 年版,第 123 ~ 125 页;黄惟勤:《论我国宪法序言的法律效力》,载《法学杂志》2010 年第 2 期。

[2] 参见何华辉:《比较宪法学》,武汉大学出版社 1988 年版,第 44 页;陈玉山:《中国宪法序言研究》,清华大学出版社 2016 年版,第 93 页。

[3] 参见黄惟勤:《论我国宪法序言的法律效力》,载《法学杂志》2010 年第 2 期。

[4] 参见黄惟勤:《论我国宪法序言的法律效力》,载《法学杂志》2010 年第 2 期;殷啸虎、李莉:《宪法序言的功能与效力研究》,载《上海交通大学学报》(哲学社会科学版)2004 年第 6 期。

三的修改程序:全国人大常委会征询其所属的香港特别行政区基本法委员会和香港特别行政区政府的意见后决定增删。前述三个附件的修改程序与《香港基本法》第159条所规定的基本法的修改程序差异很大,给人的直观感觉是,附件不是《香港基本法》的组成部分。但是,实际情况却并非如此。1990年4月4日《全国人大关于〈香港基本法〉的决定》中明确指出,《香港基本法》包括三个附件。由此观之,香港特别行政区法院在审查香港特别行政区法律时,不仅要依据《香港基本法》正文,而且要依据它的三个附件。但是,问题的症结在于:《香港基本法》附件三的内容是《在香港特别行政区实施的全国性法律》,如果以其作为审查香港特别行政区法律的依据,将涉及列于附件三的全国性法律与香港特别行政区立法机关制定法律之间的位阶关系问题。从法理上来说,既然《香港基本法》是香港特别行政区的最高法,且附件三是《香港基本法》的有机组成部分,因此,一旦全国性法律被列于附件三,自然就具有高于香港特别行政区立法机关制定法律的效力。但是,由于列于附件三的全国性法律需要由香港特别行政区在当地公布或者立法实施,而经由香港特别行政区立法会制定实施性立法之后的法律,在理论上就不再是原初的全国性法律了,而是香港特别行政区立法会"制定"的法律,如是以来,真正作为香港特别行政区法院审查香港特别行政区法律的依据似乎就成了香港特别行政区立法会制定的相关实施性法律了,它们之间的位阶关系就有些微妙。另外,从《香港基本法》附件三的实施实践来看,在香港特别行政区直接实施的全国性法律大多没有本地配套立法,与其产生效力位阶关系问题的基本上都是本地既有法律,它们对自身与相关性立法之间位阶关系的规定不甚一致,有的本地立法规定,全国性法律与其产生冲突时,以全国性法律为准;[1]但也有本地法律规定,如果全国

〔1〕 例如,《外交特权与豁免条例》和《领事特权与豁免条例》均是列于《香港基本法》附件三的全国性法律,它们和香港特别行政区立法机关制定的《领事关系条例》都涉及处理外交人员特权等事务。后者在第8条规定,如果该条例和附件三中的上述两部全国性法律有相互冲突或抵触之处,均以全国性法律为准。

性法律与其产生冲突,依据本地法的规定。[1] 由此可见,列于附件三的全国性法律和香港特别行政区立法机关制定的本地立法之间的位阶关系存在一定的不确定性,在这种情形下,香港特别行政区法院如何依据附件三来审查香港特别行政区立法呢?对此,制度层面似乎没有答案。

(3)国际人权公约是否可以作为香港特别行政区法院审查香港特别行政区法律的依据。《香港基本法》第 39 条规定:"《公民权利和政治权利国际公约》、《经济、社会与文化权利的国际公约》和国际劳工公约适用于香港的有关规定继续有效,通过香港特别行政区的法律予以实施。香港居民享有的权利和自由,除依法规定外不得限制,此种限制不得与本条第一款规定抵触。"依据该规定,前述三个国际人权公约在香港特别行政区继续有效,但并不是直接适用于香港特别行政区,而是经由香港特别行政区立法机关制定的法律予以实施。那么,香港特别行政区法院在审查香港特别行政区法律的时候,是否可以直接依据前述三个国家人权公约进行审查呢?这显然是不行的。香港特别行政区法院似乎只能依据香港特别行政区相关立法(如《香港人权法案条例》)进行审查了,但是,该类立法与被审查的香港特别行政区法律均是香港特别行政区立法机关制定的,它们之间的效力位阶如何确定呢?对此,应当秉持的立场是:由于《香港基本法》第 39 条的规定,香港特别行政区立法机关制定的相关人权立法的效力被补强了,可以作为香港特别行政区法院审查香港特别行政区立法的依据。但是,必须明确的是,审查香港特别行政区立法的真正依据并不是香港特别行政区制定的相关人权立法,而是《香港基本法》第 39 条。

其二,《宪法》能否作为香港特别行政区法院审查香港特别行政区法律的依据问题。《宪法》是否能够作为香港特别行政区法院审查香港特别行政区法律的依据问题可以从三个方面逐层分析。

---

〔1〕 例如,《国旗法》是列于附件三的全国性法律,《国旗及国徽条例》是香港特别行政区立法机关制定的本地立法。后者第 9 条规定,"如本条例与根据《基本法》附件三公布的任何全国性法律有不相符之处,本条例须解释为该全国性法律的特别实施或改编本,并如此实施"。

（1）《宪法》是否可以在香港特别行政区适用？目前，学界对宪法在香港特别行政区的适用问题存在诸多理解上的歧义，主要观点包括："宪法整体有效、部分不适用说""宪法效力区际差异说""宪法自我限制说""基本法变通适用宪法说""部分条款失却效力补充适用说""基本法是宪法的特别法说""基本法中介说""宪法在特区适用及它与基本法的关系不确定论""宪法效力和直接适用适度区分说""既要区分宪法效力和宪法适用，又不能割裂宪法条文来讨论宪法效力说"等。[1] 前述观点的视角不甚相同，但核心观点方面有相通之处，总体上可以归为三类：否定宪法在香港特别行政区适用说；经由《香港基本法》适用说；整体有效、但部分条款不适用说。笔者认为，宪法在香港特别行政区总体上是有法律效力的，宪法不仅适用于中国内地，也适用于香港特别行政区。事实上，《香港基本法》依据《宪法》制定本身就是《宪法》在香港特别行政区适用的表现形式。但是，《香港基本法》并不足以结构性取代《宪法》在香港特别行政区的适用。由于《宪法》和《香港基本法》对《宪法》在香港特别行政区的适用问题上均未作出明确规定，由此衍生出实践层面的诸多问题。笔者认为，在承认《宪法》整体适用于香港特别行政区的前提下，目前应以"一国两制"作为总的指导原则确定《宪法》适用于香港特别行政区的具体内容。《宪法》中关涉国家主权、国家统一的规定，如有关中央国家机关的组成和职权、国家标志、公民资格（国籍）等体现"一国"的规定，均应在香港特别行政区实施。《宪法》中有关"制度"的规定，如关于实行和完善社会主义制度的规定，不适用于香港特别行政区，应依据《香港基本法》中的相关规定。

（2）香港特别行政区法院是否有权适用《宪法》？《香港基本法》第18条规定，"在香港特别行政区实行的法律为本法以及本法第八条规定的香港原有法律和香港特别行政区立法机关制定的法律。全国性法律除列于本法附件三者外，不在香港特别行政区实施。凡列于本法附件三

---

〔1〕 参见邹平学：《宪法在香港特别行政区的效力和适用研究述评》，载《深圳大学学报》（人文社会科学版）2013年第5期。

之法律,由香港特别行政区在当地公布或立法实施”。《香港基本法》附件三所列可以适用于香港特别行政区的全国性法律不包括《宪法》。《香港基本法》第 84 条规定,“香港特别行政区法院依照本法第十八条所规定的适用于香港特别行政区的法律审判案件,其他普通法适用地区的司法判例可作参考”。依据前述规定,《宪法》似乎不是香港特别行政区法院审理案件的依据。从法理上来说,香港特别行政区法院适用《宪法》审理案件必然涉及对《宪法》的解释,但是,依据《宪法》第 67 条的规定,宪法解释权由全国人大常委会行使,其他国家机关均无权行使。而且,必须注意的问题是,香港特别行政区享有独立的司法权和终审权,如果香港特别行政区法院可以适用《宪法》审理案件的话,它所作的终审裁决有可能与我国的人民代表大会制度产生冲突。因此,香港特别行政区法院理论上是不能依据《宪法》审理案件的。但是,从香港特别行政区的司法实践来看,情形似乎并非如此。有学者对《宪法》在香港特别行政区的司法适用作了类型化研究,发现回归后香港特别行政区各级法院至少在 37 份判决书中引用了《宪法》。其中,香港特别行政区法院至少在 5 份判决中将《宪法》作为特定案件争议点的裁判依据。[1] 如是以来,我们就处于一种尴尬的两难困境之中:一方面,《宪法》是国家的根本大法,具有最高的法律效力,是香港特别行政区的重要宪制基础,它应该在香港特别行政区得到适用;另一方面,《香港基本法》是全国人大根据《宪法》制定的基本法律,是香港特别行政区的重要宪制基础,而且是合乎《宪法》的,但是,《香港基本法》中并未明确规定香港特别行政区法院可以适用《宪法》审理案件。在这种情形下,面对实践中香港特别行政区法院依据《宪法》审理案件的情况,应该如何对待呢?如果对此予以认可和接受,如何维护《香港基本法》的权威呢?反之,如果对此不予认可和接受,《宪法》怎么适用于香港特别行政区呢?仅依靠全国人大常委会的释法决定显然是不够的。近年来,国内学界围绕“合宪性解

---

〔1〕 参见王振民、孙成:《香港法院适用中国宪法问题研究》,载《政治与法律》2014 年第 4 期。

释”问题进行了深入的探讨，尽管对“合宪性解释”能否作为宪法司法适用的一种路径存在不同意见，[1]但是，越来越多的学者开始倾向于认为“合宪性解释”可以作为法院适用宪法的一种路径。[2] 如果该种立场可以从目前的理论研究层面付诸司法实践，或许有望解决前述尴尬的两难困境。在这方面，香港特别行政区法院似乎可以作一个先期的尝试。

(3)香港特别行政区法院是否有权依据《宪法》审查香港特别行政区法律？《香港基本法》第11条规定：“根据中华人民共和国宪法第三十一条，香港特别行政区的制度和政策，包括社会、经济制度，有关保障居民的基本权利和自由的制度，行政管理、立法和司法方面的制度，以及有关政策，均以本法的规定为依据。香港特别行政区立法机关制定的任何法律，均不得同本法相抵触。”依据该规定，香港特别行政区法院审查判断香港特别行政区法律的依据仅限于《香港基本法》，并不包括《宪法》。从理论上来说，香港特别行政区立法机关只能就香港特别行政区自治范围内的相关事务进行立法，不能介入《香港基本法》中关于中央管理的事务以及中央和地方事务关系方面的内容，否则，就违反了《香港基本法》的规定。既然香港特别行政区法院已然从《香港基本法》中挖掘出了自身拥有的违基审查权，它就应当对此肩负起审查监督责任。但是，目前存在的问题是，自治范围内的事务和自治范围外的事务的划分标准不甚清晰，而且，中央管理的事务和香港特别行政区自治范围内的事务往往关联在一起，对该类事项的界分固然需要通过对《香港基本法》的解释加以合理诠释，但是，实践中也往往不可避免地和宪法解释关联在一起，如是以来，《宪法》就在事实上成了香港特别行政区法院审查

---

[1] 对法院通过“合宪性解释”适用宪法的主张秉持反对立场的观点如：刘松山：《人民法院的审判依据为什么不能是宪法——兼论我国宪法适用的特点和前景》，载《法学》2009年第2期；谢维雁：《宪法间接适用论质疑》，载《法商研究》2011年第2期。

[2] 主张法院通过“合宪性解释”适用宪法的观点如：(1)上官丕亮：《当下中国宪法司法化的路径与方法》，载《现代法学》2008年第2期；(2)范进学：《人民法院的“审判权”是否蕴含着宪法解释权》，载陈金钊、谢晖主编：《法律方法》(第3卷)，山东人民出版社2008年版，第53～54页；(3)杨海坤、上官丕亮：《在现行体制下法院仍间接适用宪法——也谈“宪法司法化”问题》，载《宪政手稿》2009年第1期。

香港特别行政区法律的依据了。从直观层面来看,似乎可以采用前述所说的“合宪性解释”方式加以解决,即在解释《香港基本法》时,将对《宪法》的解释注入其中,进而通过《香港基本法》解释的外观形式表现出来;由于香港基本法解释和违基审查是关联在一起的,《宪法》就附着在《香港基本法》之上,发挥了审查依据的作用。但是,问题的症结在于:中国是单一制的国家,实行的是人民代表大会制度,香港特别行政区法院具有独立的司法权和终审权,如果它可以采行前述方式“解释宪法”,进而以此为据审查判断香港特别行政区法律,就有可能侵蚀作为我国根本政治制度的人民代表大会制度,危害到《香港基本法》构筑的中央和香港特别行政区之间的关系格局。对此,需要秉持审慎的立场。

二、全国人大常委会违基审查权与香港特别行政区法院违基审查权的衔接

(一)香港特别行政区法院违基审查权的运行实践及其衍生出的相关争议问题

“居港权案”又称“小人蛇案”,是香港特别行政区法院行使违基审查权的典型实践。本部分内容以“居港权”系列案件为切入点,分析梳理内蕴于其中的相关衍生问题。

该案的核心问题是关于香港永久性居民在内地所生的中国籍子女在《香港基本法》实施以后在香港特别行政区的法律地位问题。1997年7月1日以前,香港居民在中国内地所生子女并不享有到港居留的权利。香港回归之后,由于《香港基本法》的实施,港人内地所生子女被赋予香港永久性居民的身份,并因之享有香港居留权。根据相关法律规定,港人在内地所生子女居留权问题的处理程序包括两个环节。(1)辨明身份。该环节由香港特别行政区入境事务处负责,但内地公安机关也参与其中。声称享有香港居留权的内地居民不能直接向香港特别行政区入境事务处提出申请,只能通过向内地县级以上公安机关申请“单程证”的方式提出申请,内地公安机关确定其身份、国籍及其父母的婚姻有

效后，会将其申请转递香港特别行政区入境事务处。香港特别行政区入境事务处根据香港特别行政区临时立法会1997年7月1日制定的《人民入境条例（修订）第2号》判断申请人是否享有香港居留权。如果辨明其确实享有香港居留权，入境事务处会发给其一份"居留权证明书"，该文件通过内地出入境机构转交到申请人手中。（2）进入香港特别行政区定居，实现居留权。依照前述程序确认享有香港居留权的中国公民，进入香港特别行政区定居必须遵循内地法律建立的定额制。《中国公民因私事往来香港地区或者澳门地区的暂行管理办法》第5条规定："内地公民因私事前往香港、澳门定居，实行定额审批的办法，以利于维护和保持香港和澳门的经济繁荣和社会稳定。"《香港基本法》制定时，该规定被嵌入《香港基本法》第22条第4款。该款规定："中国其他地区的人进入香港特别行政区须办理批准手续，其中进入香港特别行政区定居的人数由中央人民政府主管部门征求香港特别行政区政府的意见后确定。"从实践来看，内地公安机关按照每天150名的数量对所有享有权利的居民进行时间排序，只有轮到该居民时才可获得内地出入境管理机关颁发的"单程证"。〔1〕是否颁发"单程证"以及如何具体操作均由内地公安机关负责，香港特别行政区入境事务处并不参与。香港特别行政区临时立法会1997年7月10日制定的《人民入境条例（修订）第3号》第2AA（1）条规定，港人内地所生子女依据《人民入境条例（修订）第2号》附表1第二段规定享有居留权的，只有将入境事务处颁发的"居留权证明书"粘贴在内地出入境管理机关颁发的"单程证"上，方才能够进入香港特别行政区实现其居留权，并依此向入境事务处申请永久性居民身份证。

---

〔1〕根据《中国公民因私事往来香港地区或者澳门地区的暂行管理办法》第12条的规定，内地中国公民往来香港特别行政区的通行证件有"单程证"和"双程证"之分。所谓"单程证"，即"单程通行证"，它是相对于"双程证"即"双程通行证"而言的。后者通常发给因商务、旅游、探亲或其他事务去香港特别行政区短暂逗留的内地居民，"单程证"则发给那些去香港特别行政区定居的内地居民，在获得该证件后，该居民必须在规定时间内注销其在内地的户口并持证前往香港特别行政区。

1997 年 7 月 1 日以后，大批持“双程证”或者未经正常海关关口进入香港的内地人士声称其是香港永久性居民在香港特别行政区以外所生的中国籍子女，根据《香港基本法》第 24 条第 2 款第 3 项的规定，他们也是香港永久性居民，享有香港居留权。如果满足他们的诉求，实现他们声称的“居留权”，将造成大批香港人在内地所生中国籍子女涌入香港特别行政区，由此衍生出许多社会问题。为了防止这种情况的出现，香港特别行政区筹备委员会曾在 1996 年通过《关于实施〈中华人民共和国香港特别行政区基本法〉第 24 条第 2 款的意见》，该意见规定：“基本法第二十四条第二款第（三）项规定的在香港以外所生的中国籍子女，在本人出生时，其父母双方或一方须是根据基本法第二十四条第二款第（一）项或第（二）项已经取得香港永久性居民身份的人。”香港特别行政区临时立法会在修订《人民入境条例（第 2 号）》时采纳了这一意见，并另外规定父母双方中，仅有父亲是香港永久性居民的非婚生子女不享有香港永久性居民身份。该条例修订后自 1997 年 7 月 1 日起生效。1997 年 7 月 9 日，香港特别行政区临时立法会紧急通过《人民入境条例（修订）第 3 号》，确立“双程证”制度，并使该修订具有溯及力，提前于 1997 年 7 月 1 日生效。

“吴某玲案”涉及的基本事实是，该案的 4 位申请人（原告）都是香港永久性居民在内地出生的子女。他们都是在 1997 年 7 月 10 日以前未经正常的入境程序进入香港。在该案中，他们都声称，根据《香港基本法》第 24 条第 2 款第 3 项，他们享有在香港特别行政区的居留权。以入境事务处处长为代表的政府方（被告）依据临时立法会制定的《人民入境条例（修订）第 2 号》和《人民入境条例（修订）第 3 号》及相关规例，指出该案申请人的香港永久性居民身份只能根据附贴有居港权证明书的单程通行证方能确立；由于这些申请人无一持有内地公安机关颁发的单程通行证，因此根据入境条例的规定，他们被视为不享有居留权。代表申请人的律师辩称，上述入境条例的有关规定违反《香港基本法》第 24 条第 2 款第 3 项，属违宪无效。此外，由于这些条例为香港特别行政区临时立法会所制定，而全国人大设立香港特别行政区临时立法会的行为不符合《香港基本法》，因此香港特别行政区临时立法会亦无权制定上述条例。该案在经过香港特别行政区高等法院原诉庭的初审、上诉庭的复审之后，有关人士继续上诉，并最终成为向香港特别行政区终审法院上诉的1998年第13～16号案，统称“居港权”案。“居港权”系列案件中相关当事人的上诉请求总体如下。

(1)1997年7月1日起生效的《人民入境条例(修订)第2号》规定，香港特别行政区的男性居民在中国内地的非婚生子女不能享有《香港基本法》第24条第3款赋予的居留权，该规定与《香港基本法》相抵触而无效。

(2)1997年7月1日起生效的《人民入境条例(修订)第2号》规定，港人在香港特别行政区以外所生的中国籍子女，如要享有在港的居留权，则其父亲或母亲在此名子女出生时必须已经是香港永久性居民并享有香港特别行政区居留权。该规定与《香港基本法》第24条第3款的规定不符而无效。

(3)1997年7月10日的《人民入境条例(修订)第3号》规定，该条例的生效时间是1997年7月1日。这一有溯及力的条款违反《公民权利和政治权利国际公约》中的相关规定，而《公民权利和政治权利国际公约》在香港特别行政区的适用效力是《香港基本法》第39条明确规定了的。因此，该规定与《香港基本法》相抵触、无效。

(4)1997年7月10日的《人民入境条例(修订)第3号》规定，身在内地的香港永久性居民必须获得内地公安部门颁发的证件才能进入香港特别行政区。该规定与《香港基本法》相抵触、无效。

1999年1月29日，香港特别行政区终审法院对上诉案第13号及上诉案第14、15、16号宣布了终审判决。第13号案为陈金椏等81人，均在父母取得香港永久性居民资格前出生，部分人持双程证来港，部分人未经关卡入境；第14号案为吴某玲和吴某丹两姐妹，未经关卡入境；第15号案为徐某能，未经关卡入境；第16号案为张某华，非婚生子女，持双程证来港。他们向香港特别行政区法院上诉,认为自己享有香港特别行政区居留权,香港特别行政区终审法院最终判决他们胜诉。香港特别行政区终审法院所作终审判决中与本章主题相关联的裁判要点包括以下几点。

(1)关于香港特别行政区法院的违基审查权

61. 在行使《基本法》所赋予的司法权时,特区的法院有责任执行及解释《基本法》。毫无疑问,香港法院有权审核特区立法机关所制定的法例或行政机关之行为是否符合《基本法》,倘若发现有抵触《基本法》的情况出现,则法院有权裁定有关法例或行为无效。法院行使这方面的司法管辖权乃责无旁贷,没有酌情余地。因此,若确实有抵触之情况,则法院最低限度必须就该抵触部分,裁定某法例或某行政行为无效。虽然这点未受质疑,但我等应藉此机会毫不含糊地予以阐明。行使这方面的司法管辖权时,法院是按《基本法》执行宪法上的职务,以宪法制衡政府的行政及立法机构,确保它们依《基本法》办事。

(2)关于香港特别行政区法院对全国人大及其常委会立法行为的审查权

62. 一直引起争议的问题是,特区法院是否具有司法管辖权去审核全国人民代表大会或其常务委员会的立法行为是否符合《基本法》,以及倘若发现其抵触《基本法》时,特区法院是否具有司法管辖权去宣布此等行为无效。依我等之见,特区法院确实有此司法管辖权,而且有责任在发现有抵触时,宣布此等行为无效。关于这点,我等应藉此机会毫不含糊地予以阐明。

(3)关于《人民入境条例(修订)第3号》与《香港基本法》抵触的问题

《人民入境条例(修订)第3号》要求身在内地的香港永久性居民必须获得内地公安部门颁发的证件方才可以进入香港,违反《香港基本法》中毫无保留地将居留权授予香港永久性居民的规定,造成对永久性居民的歧视性对待。因此,居留权证必须附着于有效旅行证件之上的条款违宪无效。

《人民入境条例(修订)第3号》具有溯及力,违反《公民权利和政治权利国际公约》第15条第1款;而该公约由《香港基本法》第39条明文规定为在香港施行之任何法律不得与其相抵触。该条例的溯及力条款违宪无效。

(4)关于《人民入境条例(修订)第2号》与《香港基本法》抵触的问题

《人民入境条例(修订)第2号》中的相关规定采取了性别歧视的标准来判断非婚生子女的永久性居民身份,有违《香港基本法》第25条和《公民权利和政治权利国际公约》第3条、第26条,此种基于性别的区分违宪无效。

香港特别行政区终审法院的判决一经宣布就引起了激烈的争论,其中,与本部分主题相关联的法律争议点包括:香港特别行政区法院是否有权审查全国人大及其常委会的立法行为?全国人大常委会的违基审查权和香港特别行政区法院的违基审查权如何衔接?

(二)香港特别行政区法院是否有权审查全国人大及其常委会的立法行为

香港特别行政区成立以来,最早涉及该问题的是香港特别行政区上诉法庭1997年7月29日判决的"香港特别行政区诉马某騝案"。该案三名被告人因妨害司法程序而受到刑事起诉。案件的一审从1997年6

月16日开始,直到1997年6月27日尚未审结。1997年7月3日,法庭重新开庭审理时,被告方突然提出:随着香港特别行政区的设立,香港特别行政区主权已经变更,原有法律在香港特别行政区已经不再有效。因此,被告方请求法庭驳回起诉。被告方的论点依据是《香港基本法》第160条,该条规定:"香港特别行政区成立时,香港原有法律除由全国人民代表大会常务委员会宣布为同本法抵触者外,采用为香港特别行政区法律……"依据该规定,被告方提出,为了实现香港原有法律过渡成为香港特别行政区的法律,《香港基本法》第160条要求全国人大常委会或香港特别行政区立法会作出一项特别的"采用"行为。由于全国人大常委会及特区立法会从未作出过专门的决议或行为来"采用"香港原有法律,因而香港以往的法律未能过渡到回归之后。对此,起诉方答辩称,《香港基本法》第8条明文规定,香港原有法律除同《香港基本法》相抵触或经香港特别行政区立法机关作出修改者外,均予以保留,并未要求一项特别的"采用"行为使原有法律得以过渡。即使《香港基本法》第160条确实要求有一项特别的"采用"行为,香港特别行政区临时立法会制定的《香港回归条例》也已明文规定了香港原有法律继续适用和法律程序予以延续。对此,被告方进行了反驳,认为《香港回归条例》只是香港特别行政区临时立法会制定的,而该立法会的设立是否符合《香港基本法》,即临时立法会的合法性,是有疑问的。香港特别行政区法院有权根据《香港基本法》对全国人大的行为加以审查,以确定全国人大设立香港特别行政区临时立法会的行为是否符合《香港基本法》的规定。香港特别行政区上诉法庭在判决中接受了起诉方的基本论点,一致判决被告方败诉。在香港特别行政区法院是否有权审查全国人大的行为是否符合《香港基本法》这一问题上,香港特别行政区上诉法庭三位法官的立场不甚相同。以香港特别行政区高等法院首席法官陈兆恺为代表的多数意见认为,香港特别行政区法院在回归之前,原本没有权力对英国议会或枢密院的行为进行违宪审查。《香港基本法》第19条第2款规定:"香港特别行政区法院除继续保持香港原有法律制度和原则对法院审判权所作的限制外,对香港特别行政区所有的案件均有审判权。”由于香港“原有法律制度和原则”对违宪审查权有所限制,陈兆恺法官指出,回归以后中华人民共和国已成为香港特别行政区的主权者,而全国人大是中国最高国家权力机关,它的行为属主权行为,香港特别行政区法院作为地方法院不能质疑主权行为有效与否,而只能考察主权行为的存在与否。在临时立法会合法性的问题上,陈兆恺指出,全国人大在 1997 年 3 月 14 日已通过决议批准临时立法会的设立,这一批准系主权行为,香港法院不能质疑。“马某騉案”的判决对香港特别行政区法院是否有权审查全国人大及其常委会的立法行为问题提出了一个初步的结论,但该问题似乎并没有得到彻底的解决。

1998 年 5 月 20 日,香港特别行政区上诉法庭在张某华等诉入境事务处处长案的判决中,再次遇到了这个问题。在该案件中,代表非法入境儿童的上诉方律师声称临时立法会制定的《人民入境条例(修订)第 2 号》和《人民入境条例(修订)第 3 号》无效,理由是香港特别行政区立法会的设立违反《香港基本法》的规定,因此香港特别行政区立法会无权制定上述条例。上诉方的律师主张香港特别行政区法院对全国人大设立香港特别行政区立法会的行为拥有违宪审查权,并对此提出了一些新的论据。上诉法庭驳回了上诉方的这一主张,指出根据普通法中“遵循先例”的原则,“马某騉案”的判决对上诉法庭有拘束力;即使“马某騉案”的判决是错误的,其错误也只能留待香港特别行政区终审法院纠正。不过,陈兆恺法官在其判词中提到“马某騉案”的判决时,态度较前有明显的变化。他承认把香港特别行政区法院同回归前的香港法院相类比,可能不完全恰当,并指出他在“马某騉案”中发表的有关香港特别行政区法院违宪审查权的意见,是在案件的特定情况下提出的,并不意味着全国人大的法律和行为高于《香港基本法》。他表示,在适当的情况下,香港特别行政区法院或许确实有权审查全国人大的法律和行为是否符合《香港基本法》。由于香港特别行政区上诉法庭在“张某华案”中并没有完全捍卫其在“马某騉案”中的立场,并暗示香港特别行政区终审法院可以推翻“马某騉案”所作的前述论断，因此，当张某华上诉到香港特别行政区终审法院，成为“吴某玲案”的一部分后，香港特别行政区终审法院在该问题上的意见就至关重要，引发了社会各界的广泛关注。

1999 年 1 月 29 日香港特别行政区终审法院在“吴某玲案”中所作的裁决存在许多争议之处。其中，争议最激烈的部分是香港特别行政区终审法院在该案裁决中宣布香港特别行政区法院对于全国人大及其常委会的立法行为拥有所谓的“宪法性管辖权”，即香港特别行政区法院有权在具体案件中就全国人大及其常委会的立法行为是否符合《香港基本法》加以审查，并有权将其认为不符合《香港基本法》的立法行为宣布为无效。香港特别行政区终审法院在“吴某玲案”中所作的判决中宣布，“依我等之见，特区法院确实有此司法管辖权，而且有责任在发现抵触时，宣布此等行为无效。关于这点，我等应藉此机会毫不含糊地予以阐明”。[1] 香港特别行政区法院的理由主要包括四个方面。(1)全国人大及其常委会的立法行为是“主权国行使主权的行为”，香港特别行政区法院的“违宪审查权”来自《香港基本法》，后者是全国人大根据中国《宪法》制定的，因此，香港特别行政区法院的“违宪审查权”源自“主权国”，能够审查“主权国”行使“主权”的行为。(2)《香港基本法》的性质和效力“与其他宪法一样”。既然如此，针对与《香港基本法》相抵触的全国人大及其常委会的立法行为，香港特别行政区法院应当进行审查并宣告其无效。(3)《香港基本法》第 159 条第 4 款规定，对《香港基本法》的任何修改，均不得同中华人民共和国对香港既定的基本方针政策相抵触。“为了行使司法管辖权及解释《基本法》，法院必须具有上述的司法管辖权去审核全国人民代表大会及其常务委员会的行为，以确保这些行为符合《基本法》。”[2] (4)基于“新制度”的实施，港英时期香港法院不能审查主权行为的限制被废止了，香港法院获得了一种可以审查主权行为的“宪法赋予的司法管辖权”，可以审查全国人大及其常委会的立法

[1] “吴某玲案”判词中文本第 62 段；FACV14Y/1998. para. 10。
[2] 同上。

行为。通过"吴某玲案"判决，香港特别行政区终审法院从《香港基本法》中"合乎逻辑地"地挖掘出自己拥有的"违基审查权"，并最终将其作为一种制度在事实上确立了下来。对此，学界争议不大。但是，对于香港特别行政区终审法院宣称自己有权审查全国人大及其常委会立法行为的立场，内地学界表示了强烈的反对立场。有学者指出，香港特别行政区终审法院在"吴某玲案"中关于其有权审查全国人大及其常委会立法行为的判词是违反我国《宪法》、"一国两制"方针和《香港基本法》的，[1]主要理由如下。(1)全国人大及其常委会是我国最高国家权力机关及其常设机关，香港特别行政区是单一制国家结构形式下享有高度自治权的地方行政区域单位，香港特别行政区终审法院仅是单一制国家的地方法院，它无权审查全国人大及其常委会的立法行为。(2)香港特别行政区的高度自治权是中央授予的，香港特别行政区法院的基本法解释权是全国人大常委会授予的，它只能解释香港特别行政区自治范围内的相关条款，香港特别行政区法院对全国人大及其常委会立法行为的审查完全颠倒了这种授权与被授权的关系。(3)《香港基本法》第 19 条规定，香港特别行政区法院对国防、外交等国家行为无管辖权。全国人大及其常委会的立法行为就是国家行为，香港特别行政区无权审查。(4)香港特别行政区终审法院在判决中声称它的审判权是从主权派生而来的，这实际上是说它的审查权带有主权性质，这是违反我国单一制国家结构形式的规定的。还有学者指出，即便在香港回归之前，香港法院也无权对英国国会的行为实施违宪审查，这在原来的普通法体制下是不可能的。[2] 与内地学者相比，香港特别行政区一些学者对该问题没有简单地采用有权审查或者无权审查的立场，而是倾向于认为，香港特别行政区法院对全国人大及其常委会立法行为的所谓"审查"，其实是一种法

---

[1] 参见萧蔚云：《略论香港终审法院的判词及全国人大常委会的释法》，载《浙江社会科学》2000 年第 5 期。

[2] 参见王振民：《"一国两制"实施中的若干宪法问题浅析》，载《法商研究》2000 年第 4 期。

律规范的选择适用。有香港特别行政区学者认为,全国人大及其常委会所作影响香港特别行政区的立法行为可以分为三类。(1)根据《香港基本法》具体条文和按照它所规定的程序作出的行为。具体包括:根据《香港基本法》第18条第3款的规定,且事先征询了香港基本法委员会和香港特别行政区政府的意见,列入附件三的全国性法律;根据《香港基本法》第17条的规定,将香港特别行政区立法机关制定的法律发回的行为;根据《香港基本法》第158条的规定,事先征询香港基本法委员会意见之后对《香港基本法》作出的解释;根据《香港基本法》第159条的规定,对《香港基本法》作出的修改。(2)依据《香港基本法》规定作出但违反《香港基本法》规定的程序的行为。(3)在《香港基本法》框架之外作出没有任何《香港基本法》根据的行为。[1] 对于前述第一类行为,香港特别行政区法院无权审查。如果经由全国人大及其常委会决定列于附件三的全国性法律中的相关条款与《香港基本法》相冲突,且该冲突不可调和,香港特别行政区法院可以自行从中选择适用,不必宣告其违宪无效;[2] 对于前述第二类行为,香港特别行政区法院可以依据《香港基本法》第17条、第18条、第158条、第159条的规定,认定其不符合《香港基本法》所规定的相关程序,因而不属于依据前述这些条款所为的实施行为,不赋予其适用的效力;[3] 对于前述第三类行为,香港特别行政区法院不需要宣告其违反《香港基本法》无效,但可以在审判的时候认定该行为与《香港基本法》不相关因而不予适用。[4] 也有香港特别行政区学者认为,对香港特别行政区法院审查全国人大及其常委会的立法行为问题应当结合全国人大立法权的界限加以审视。该学者认为,香港特别行政区终审法院在"吴某玲案"判决中宣称的"违宪审查权"实际上是对全国人大立法权的某种限制。在我国现行宪法体制下,全国人大的立

---

〔1〕 参见陈弘毅:《终审法院对"无证儿童"案的判决:议会至上和司法审查》,载佳日思等主编:《居港权引发的宪法争论》,香港大学出版社2000年版,第84~85页。

〔2〕 同上书,第85~88页。

〔3〕 同上书,第88页。

〔4〕 同上书,第88~89页。

法权受到两个方面的限制：(1)宪法的限制；(2)全国人大先前立法对后来立法的限制。后者具体包括两种情形。第一，先前立法对对后来立法的实体性限制。例如，《香港基本法》第159条第4款规定："本法的任何修改，均不得同中华人民共和国对香港既定的基本方针政策相抵触。"第二，先前立法对后来立法的形式限制。所谓形式限制，是指先期制定的相关法律中关于该法律的制定、修改和废除所应遵循的方式和程序方面的规定，后来的立法不得违背。例如，《香港基本法》第159条规定，基本法的修改提案权属于全国人大常委会、国务院和香港特别行政区，其他主体不得提起；基本法修改议案在列入全国人大议程前，应当先由香港基本法委员会提出意见。该学者认为，全国人大的立法权不受先前立法中实体规范的限制，但要受先前立法中形式规范的限制。基于此，如果全国人大的立法行为同《香港基本法》中的实体规范相抵触，并不能必然地得出《香港基本法》优先的结论，更不能得出全国人大的立法行为无效的结论；如果全国人大的立法行为违反《香港基本法》中的形式条款，原则上应视为违反"依法治国"的宪法原则，由全国人大将其改变或者撤销。[1] 从直观层面来看，前述两位学者的立场似乎是一样的，均不主张香港特别行政区法院直接审查全国人大及其常委会的立法行为并在认定其违反《香港基本法》时将其宣布为无效，他们似乎更倾向于通过法律规范选择适用的方式来对全国人大及其常委会的立法行为进行"消极"的审查。但是，二者的基本立足点是不一样的。前者建立在认为香港特别行政区法院有权审查全国人大及其常委会立法行为的前提基础上，后者却建立在认为香港特别行政区法院无权依据基本法审查全国人大及其常委会立法行为的基础上。

"吴某玲案"裁决作出后，中央人民政府明确表示香港特别行政区终审法院的有关观点违反《宪法》。鉴于此，香港特别行政区政府律政司请求香港特别行政区终审法院就1999年1月29日的判词进行澄清

---

〔1〕 参见凌兵：《香港特别行政区基本法与全国人大立法权的界限——对香港特区终审法院居留权案判决的宪法思考》，载《法治论丛》2003年第1期。

说明。1999 年 2 月 26 日,香港特别行政区终审法院接受律政司的请求,同意“采取特殊步骤”,就判词中的相关观点作出澄清,指出全国人大及其常委会“依据《基本法》的条文和《基本法》所规定的程序”所作的行为,是“不能质疑”的。全国人大常委会法制工作委员会发言人随即发表谈话,称香港特别行政区终审法院的澄清是“必要的”,并表示全国人大及其常委会将按照一国两制的原则和《香港基本法》行使职权。1999 年 5 月 20 日,香港特别行政区行政长官董建华依据《香港基本法》第 43 条和第 48 条第 2 项所赋予的职权,向国务院提交《关于提请中央人民政府协助解决实施〈中华人民共和国香港特别行政区基本法〉有关条款所遇问题的报告》,请求国务院提请全国人大常委会根据《宪法》和《香港基本法》的有关规定,对《香港基本法》第 22 条第 4 款和第 24 条第 2 款第 3 项作出解释。1999 年 6 月 26 日,第九届全国人大常委会第十次会议审议了国务院《关于提请解释〈中华人民共和国香港特别行政区基本法〉第二十二条第四款和第二十四条第二款第(三)项的议案》,经征询全国人民代表大会常务委员会香港特别行政区基本法委员会的意见,全国人民代表大会常务委员会决定,根据《宪法》第 67 条第 4 项和《香港基本法》第 158 条第 1 款的规定,对《香港基本法》第 22 条第 4 款和第 24 条第 2 款第 3 项的规定作了解释。这场由香港特别行政区终审法院的判决所引发的特区宪制的危机就此暂告平息。

(三)全国人大常委会违基审查权与香港特别行政区法院违基审查权的衔接

香港特别行政区终审法院在“吴某玲案”中所作判决引发了诸多法律争议问题,除香港特别行政区法院是否有权审查全国人大及其常委会的立法行为外,还有全国人大常委会违基审查权与香港特别行政区终审法院违基审查权的衔接问题。该问题在实践层面的表现形式除“吴某玲案”中所显现出来的全国人大常委会违基审查权与香港特别行政区法院违基审查权的竞合问题之外,还包括其他一些表现形式,笔者在本部分内容中一并进行分析,具体从三个方面展开。

其一，全国人大常委会违基审查权与香港特别行政区法院违基审查权的竞合问题。依据《香港基本法》第17条第3款的规定，全国人大常委会拥有违基审查权；根据香港特别行政区终审法院在"吴某玲案"中所作的判决，香港特别行政区法院也从《香港基本法》中挖掘出了《香港基本法》"赋予"它的违基审查权。在该案裁决中，香港特别行政区终审法院指出，"在行使《基本法》所赋予的司法权时，特区的法院有责任执行及解释《基本法》。毫无疑问，香港特别行政区法院有权审核特区立法机关所制定的法例或行政机关之行为是否符合《基本法》，倘若发现有抵触《基本法》的情况出现，则法院有权裁定有关法例或行为无效。法院行使这方面的司法管辖权乃责无旁贷，没有酌情余地。因此，若确实有抵触之情况，则法院最低限度必须就该抵触部分，裁定某法例或某行政行为无效。虽然这点未受质疑，但我等应借此机会毫不含糊地予以阐明。行使这方面的司法管辖权时，法院是按《基本法》执行宪法上的职务，以宪法制衡政府的行政及立法机构，确保它们依《基本法》办事"。[1] 经由香港特别行政区终审法院的前述判决，在"先例拘束"规则的强力塑造下，自此之后，香港特别行政区终审法院的违基审查权就在事实上确立下来。这样，香港特别行政区就存在两种形式的违基审查权，即全国人大常委会的违基审查权和香港特别行政区法院的违基审查权。在常规情形下，二者之间不会产生冲突，其原因在于，全国人大常委会行使违基审查权的判断标准是：是否符合《香港基本法》关于中央管理的事务及中央和特别行政区关系的规定；而香港特别行政区法院行使违基审查权的判断标准是：是否符合《香港基本法》关于香港特别行政区自治范围内相关条款的规定。但是，在某种特殊的情形下，二者之间也有可能出现竞合。例如，在前述"居港权"系列案件中，原告父亲为香港永久性居民中的中国公民且符合《香港基本法》第24条第1

[1] "吴某玲案"判决之第61段。

款、第2款[1]的条件，母亲为中国内地居民的人，依据《香港基本法》第24条第3款[2]的规定，不论婚生与否均是香港永久性居民，享有香港居留权和有资格依照特别行政区法律取得载明其居留权的永久性居民身份证；根据内地的户籍法规，子女户口随母方，他们也是其母户籍所在地居民。根据《香港基本法》第24条的规定，香港永久性居民享有出入境自由。如果香港永久性居民已经通过非法途径于《香港入境条例(修订)》生效前进入香港，香港特别行政区政府不得将其遣返内地。在内地且尚未获得有效入境证件的，香港特别行政区政府有义务与内地协调使其顺利来港。但是，依据内地相关出入境法律的规定，内地居民出入境必须经出入境管理部门批准。这就使此类港人在内地所生子女因两地法律差异而成为具有"双重居民"身份的人：作为香港永久性居民，他们享有《香港基本法》赋予的居港权；作为内地居民，他们进入香港特别行政区必须遵循内地相关法律规定的出境、入境程序。如是以来，就衍生出了全国人大常委会和香港特别行政区法院的违基审查权竞合问题：香港特别行政区法院有权依据《香港基本法》第24条、第39条[3]审查香港特别行政区立法会制定的《人民入境条例(修订)第2号》及《人民入境条例(修订)第3号》是否侵犯了《香港基本法》和国际人权公约所规定的香港居民权利；由于符合《香港基本法》第24条第1项、第2项所

---

〔1〕《香港基本法》第24条第1款、第2款规定："香港特别行政区居民，简称香港居民，包括永久性居民和非永久性居民。""香港特别行政区永久性居民为：(一)在香港特别行政区成立以前或以后在香港出生的中国公民；(二)在香港特别行政区成立以前或以后在香港通常居住连续七年以上的中国公民；(三)第(一)、(二)两项所列居民在香港以外所生的中国籍子女；(四)在香港特别行政区成立以前或以后持有效旅行证件进入香港、在香港通常居住连续七年以上并以香港为永久居住地的非中国籍的人；(五)在香港特别行政区成立以前或以后第(四)项所列居民在香港所生的未满二十一周岁的子女；(六)第(一)至(五)项所列居民以外在香港特别行政区成立以前只在香港有居留权的人。"

〔2〕《香港基本法》第24条第3款规定："以上居民在香港特别行政区享有居留权和有资格依照香港特别行政区法律取得载明其居留权的永久性居民身份证。"

〔3〕《香港基本法》第39条规定："《公民权利和政治权利国际公约》、《经济、社会与文化权利的国际公约》和国际劳工公约适用于香港的有关规定继续有效，通过香港特别行政区的法律予以实施。香港居民享有的权利和自由，除依法规定外不得限制，此种限制不得与本条第一款规定抵触。"

列香港永久性居民在内地所生中国籍子女系内地居民，属于中央管理的事务，他们进入香港特别行政区的审批属于中央与香港特别行政区关系的事务，因此，全国人大常委会对香港特别行政区立法机关制定的关涉该类事务的法律，如前述《人民入境条例（修订）第2号》及《人民入境条例（修订）第3号》有权进行违基审查。那么，对前述香港特别行政区法律的违基审查权究竟应该由谁来行使呢？

其二，香港特别行政区法院对列于附件三之全国性法律在香港特别行政区的实施性立法审查时与全国人大常委会的违基审查权的竞合问题。该问题在"吴某劭案"中表现得非常明显。1999年3月23日，香港特别行政区上诉法庭在"吴某劭案"中，判决香港《国旗及国徽条例》和《区旗及区徽条例》的部分条款，因抵触《香港基本法》而无效。两名被告人事后受到刑事起诉，并被香港特别行政区裁判法院根据《国旗及国徽条例》《区旗及区徽条例》中的相关规定以侮辱国旗、区旗的罪名判定有罪。在上诉时，被告律师辩称：侮辱国旗、区旗属于公民表达自由的一部分。因此，《国旗及国徽条例》和《区旗及区徽条例》中有关将侮辱国旗、区旗规定为犯罪的条款与《香港基本法》相抵触，应属无效。上诉法庭在1999年3月23日的判决中一致裁决被告胜诉，宣称侮辱国旗、区旗的行为依据《公民权利和政治权利国际公约》中表达自由的规定应受到保护，《国旗及国徽条例》和《区旗及区徽条例》中的条款违反《香港基本法》。原告香港特别行政区政府向香港特别行政区终审法院提起上诉。1999年12月15日，香港特别行政区终审法院对该案作出最终判决，一致判定《国旗及国徽条例》和《区旗及区徽条例》中有关将侮辱国旗、区旗规定为犯罪的条款属于对表达自由的合理限制，因而没有违反《香港基本法》和《公民权利和政治权利国际公约》。从直观层面来看，该案所涉及的仅是香港特别行政区法院违基审查权的行使问题，并不涉及全国人大常委会的违基审查权。但是，实际情况却并非如此，其原因如下。（1）《香港基本法》第18条第2款规定："全国性法律除列于本法附件三者外，不在香港特别行政区实施。凡列于本法附件三之法律，由香港特别行政区在当地公布或立法实施。"《香港基本法》附件三也规定,列于基本法附件三的全国性法律由香港特别行政区在当地公布或立法实施。(2)1997 年 7 月 1 日,第八届全国人大常委会第二十六次会议审议通过《全国人民代表大会常务委员会关于〈中华人民共和国香港特别行政区基本法〉附件三所列全国性法律增减的决定》,将《国旗法》增入附件三,该法自 1997 年 7 月 1 日起由香港特别行政区公布或立法实施。(3)《国旗及国徽条例》是《国旗法》在香港特别行政区的实施性立法。香港特别行政区终审法院在"吴某劭案"终审判决书中指出:"1997 年 7 月 1 日,全国人大常委会把中国国旗法增补入《基本法》附件三内,香港特别行政区因此要透过公布或立法程序来在特区实施这法例。香港特别行政区立法机关为履行这项责任而制定了国旗条例。"[1]由此可见,香港特别行政区法院审查的香港特别行政区法律,即《国旗及国徽条例》,并非香港特别行政区立法会制定的一般意义上的特区法律,而是贯彻落实列于《香港基本法》附件三之全国性法律《国旗法》的香港特别行政区实施性立法。这样,该部法律所涉及的就不再仅是香港特别行政区范围内的事务,而是中央管理的事务,涉及中央和香港特别行政区的关系,全国人大常委会有权对该类法律进行违基审查,两种形式的违基审查权因之出现了竞合。

其三,香港特别行政区法院依据《宪法》审查香港特别行政区法律时与全国人大常委会违基审查权的竞合问题。《宪法》是国家的根本大法,具有最高的法律效力,是香港特别行政区的重要宪制基础,《香港基本法》不足以结构性取代宪法在香港特别行政区的适用。因此,从宪法实施的角度来说,香港特别行政区法院适用《宪法》审理案件、审查其立法机关制定的法律似乎有助于促成宪法在香港特别行政区的实施。例

---

〔1〕 HKSAR v. Ng Kung Siu and Lee Kin Yun,FACC4/1999,官方中译本判决书摘自中华人民共和国香港特别行政区司法机构官网法律参考资料系统:http://legalref. judiciary. gov. hk/lrs/common/search_result_detail_frame. jsp? DIS = 29368&QS = % 28% E5% 90% B3% E6% 81% AD% E5% 8A% AD% 29&TP = JU,第 58 段,2020 年 9 月 7 日最后访问。

如,《宪法》第74条规定:“全国人民代表大会代表,非经全国人民代表大会主席团许可,在全国人民代表大会闭会期间非经全国人民代表大会常务委员会许可,不受逮捕和刑事审判。”第75条规定:“全国人民代表大会代表在全国人民代表大会各种会议上的发言和表决,不受法律追究。”为了贯彻落实《宪法》中的前述规定,1992年4月3日,第七届全国人大五次会议审议通过《全国人大和地方各级人大代表法》,此后该法先后于2009年8月27日、2010年10月28日、2015年8月29日进行过三次修正。其第31条规定:“代表在人民代表大会各种会议上的发言和表决,不受法律追究。”第32条规定:“县级以上的各级人民代表大会代表,非经本级人民代表大会主席团许可,在本级人民代表大会闭会期间,非经本级人民代表大会常务委员会许可,不受逮捕或者刑事审判。如果因为是现行犯被拘留,执行拘留的机关应当立即向该级人民代表大会主席团或者人民代表大会常务委员会报告。对县级以上的各级人民代表大会代表,如果采取法律规定的其他限制人身自由的措施,应当经该级人民代表大会主席团或者人民代表大会常务委员会许可。人民代表大会主席团或者常务委员会受理有关机关依照本条规定提请许可的申请,应当审查是否存在对代表在人民代表大会各种会议上的发言和表决进行法律追究,或者对代表提出建议、批评和意见等其他执行职务行为打击报复的情形,并据此作出决定。”依据《宪法》第59条的规定,全国人大由省、自治区、直辖市、特别行政区和军队选出的代表组成,全国人大代表中有一定数量的香港特别行政区选出的全国人大代表。但是,《香港基本法》中对香港特别行政区选出的全国人大代表的人身自由权和言论免责权并未作出规定,《全国人大和地方各级人大代表法》不属于列于基本法附件三的全国性法律,不可以在香港特别行政区适用。如是以来,如果香港特别行政区立法机关制定的法律涉及香港特别行政区选出的全国人大代表的人身自由权、言论免责权,就无法依据《香港基本法》进行审查。由于该类事项关涉“一国”事项,因此,从宪法实施的角度来说,香港特别行政区法院似乎应当有权依据《宪法》第74条、第75条的规定对香港特别行政区法律进行审查。然而，由于该类事项属于中央管理的事务，与中央和香港特别行政区的关系有关，全国人大常委会有权依据《香港基本法》对该类法律进行审查。于是，全国人大常委会的违基审查权和香港特别行政区法院的违宪审查权就出现了竞合。当然，在该种情形下，真正作为审查机关之审查依据的并不是《香港基本法》，而是《宪法》。但是，依据《宪法》进行的审查是依附在违基审查权的基础之上的，因此，理论上也应当属于违基审查权的竞合。

针对前述不同场景下违基审查权竞合问题，应该采取何种应对措施呢？对此，《香港基本法》没有作出明确规定。学界进行了深入讨论。有学者提出，“依基本法，中央的基本法审查权由全国人大常委会行使；香港的基本法审查权最终由香港特别行政区终审法院行使。因此，全国人大常委会与香港特别行政区终审法院之间，应建立常设性的协调机制。考虑到全国人大常委会的实际情况和运作惯例，以及作出决定前应先征询其所属的香港特别行政区基本法委员会的意见的程序性约束，可以由全国人大常委会授权香港特别行政区基本法委员会，就有关‘违宪审查权’行使的事宜，与香港特别行政区终审法院进行协调。从确保法治、高效和平等协商的角度出发，两者均可启动协调程序。协调所达成的一致意见，由香港特别行政区基本法委员会以咨询意见的形式，报全国人大常委会。全国人大常委会则确立按照香港特别行政区基本法委员会咨询意见行事的惯例。这就确保了协调成果的落实”。[1] 该观点有一定的道理，但仅此尚不足行，必须对违基审查权的行使设置一些与该协调机制存在逻辑关联性的限制性条件。例如，关涉宪法解释问题的违基审查，应当尊重全国人大常委会的立场。香港特别行政区终审法院必须在征询全国人大常委会的立场之后，方才可以对相关特区法律进行审查；全国人大常委会秉持审查谦抑原则，将自己的违基审查权限定在《香港基本法》第 17 条第 3 款所规定的事项范围内，对关涉香港特别行

〔1〕 陈欣新：《香港与中央的“违宪审查”协调》，载《法学研究》2000 年第 4 期。

政区自治范围内事务的特区立法原则上不作审查;全国人大常委会和香港特别行政区法院行使违基审查权时恪守各自的基本法解释权限范围。全国人大常委会应当尽可能尊重香港特别行政区终审法院对香港特别行政区法律的违基审查,原则上不通过释法的方式推翻香港特别行政区法院的审查结论。当前,必须看到的制度现实是,全国人大常委会的违基审查权是《香港基本法》明确规定的;香港特别行政区法院的违基审查权尽管在学理上存在一定的分歧,但它作为一种制度已经在事实上确立下来。如何在尊重《宪法》和《香港基本法》权威的前提下,将两种违基审查权较妥当地衔接是当下我们面临的非常重要的现实问题。

后　记

《宪法》和《香港基本法》是香港特别行政区的宪制基础，宪法在香港特别行政区的实施和监督是我国宪法实施与宪法监督制度的重要组成部分。确保宪法在香港特别行政区的实施，健全和完善对宪法在香港特别行政区实施情况的监督，对维护宪法权威、框定香港特别行政区的宪制秩序具有重要意义。

2016年，我申请并获得了国家社科基金重点项目“健全与完善我国宪法实施与宪法监督制度研究”。该课题以全面推进依法治国为背景，围绕“健全与完善我国宪法实施路径与宪法监督制度”展开，总体上将课题分解为八个部分，重点分析健全与完善宪法实施与宪法监督制度中的重大理论与实践问题、宪法实施路径与宪法监督制度方面的相关理论问题、我国宪法实施路径方面存在的问题与完善思路、我国宪法监督体制方面存在的问题与完善思路、我国宪法监督机构设置方面存在的问题与完善思路等五个问题。总体结构编排思路是，各部分内容既相对独立，又存在内在的逻辑关系，环环相扣、逐层推进，既有对宪法实施和宪法监督制度外在理论基础的分析梳理，又有对两大制度自身运作原理与技术的论证，更有对域外制度的研究。我在全面分析论证我国宪法实施与宪法监督制度实际运行效果的基础上，力求为我国宪法实施路径与宪法监督制度的健全与完善提供理论支撑、原理与技术支持、域外经验参考。按照课题研究结构的原初设计,“宪法在香港特别行政区的实施与监督”是其中第一部分“健全与完善宪法实施与宪法监督制度中的重大理论和实践问题”中的一个重要问题。我在收集、整理该部分相关文献资料的过程中,逐步深化了对一些问题的认识,并引发了对该主题领域中一些衍生问题的关联性思考,于是,尝试以“宪法在香港特别行政区的实施与监督”为题进行拓展,撰写成一本独立的书。这样,一方面,可以对该领域及相关领域的法律文献进行系统的梳理和总结,深化对该主题的认识;另一方面,也可以为后续其他相关问题的进一步展开提供知识背景基础。立基于此,我开始着手撰写这本书。这本书的写作从 2019 年年初就开始了,但是,中间由于诸多其他科研教学事务的阶段性介入,书稿的写作不时停顿,不过总体上一直处于不断的延续思考、积累并书之成文的过程中。2020 年年初,随着新型冠状病毒肺炎疫情的暴发,全民居家隔离,固然少了些往昔的喧闹,却也提供了更多的静心读书、潜心写作的时间,先前尚未完工的书稿就因之获得了更多的关注和思考。经过不断的梳理、筛选、键盘敲打之后,终成今天的这种状态。

回看书稿的总体写作样态,对于一些地方我并不是十分满意,总想着随后再进一步对其完善之后再行付梓。令人遗憾的是,由于疫情居家期间偶染微恙,视力不是非常好,无法长时间阅读和敲打键盘,虽几经努力,但短时间内恐怕难以完全改善,只好作罢,留待日后再作进一步学习深化了。个中遗憾,待课题结项报告最终完成提交之时,或许能有些许弥补。果如是,则心愿足矣!

刘志刚

2020 年于佳龙花园寓所

图书在版编目(CIP)数据

宪法在香港特别行政区的实施与监督 / 刘志刚著
. -- 北京 : 法律出版社, 2020
ISBN 978 - 7 - 5197 - 4889 - 0

Ⅰ. ①宪… Ⅱ. ①刘… Ⅲ. ①宪法 - 研究 - 中国②特别行政区基本法 - 研究 - 香港 Ⅳ. ①D921.04 ②D921.94

中国版本图书馆 CIP 数据核字(2020)第 162646 号

宪法在香港特别行政区的实施与监督
XIANFA ZAI XIANGGANGTEBIEXINGZHENGQU DE SHISHI YU JIANDU

刘志刚 著

策划编辑 沈小英
责任编辑 沈小英 单 洁
装帧设计 李 瞻

出版 法律出版社
总发行 中国法律图书有限公司
经销 新华书店
印刷 中煤(北京)印务有限公司
责任校对 杨锦华
责任印制 吕亚莉

编辑统筹 法治与经济出版分社
开本 710 毫米 ×1000 毫米 1/16
印张 19.75
字数 278 千
版本 2020 年 11 月第 1 版
印次 2020 年 11 月第 1 次印刷

法律出版社/北京市丰台区莲花池西里 7 号(100073)
网址/www.lawpress.com.cn
投稿邮箱/info@lawpress.com.cn
举报维权邮箱/jbwq@lawpress.com.cn
销售热线/400 - 660 - 8393
咨询电话/010 - 63939796

中国法律图书有限公司/北京市丰台区莲花池西里 7 号(100073)
全国各地中法图分、子公司销售电话:
统一销售客服/400 - 660 - 8393/6393
第一法律书店/010 - 83938432/8433 西安分公司/029 - 85330678 重庆分公司/023 - 67453036
上海分公司/021 - 62071639/1636 深圳分公司/0755 - 83072995

书号:ISBN 978 - 7 - 5197 - 4889 - 0 **定价:**112.00 元
(如有缺页或倒装,中国法律图书有限公司负责退换)